YORAM KANIUK

ALI BABA

Umschlaggestaltung: Sarah Schumann

Impressum:
Bekenntnisse eines guten Arabers
Übersetzt aus dem Hebräischen
Übersetzer: Wolfgang Lotz
Originaltitel: Aravi tov.

Satz: Caro Druck GmbH
Druck: Fuldaer Verlagsanstalt GmbH
Printed in the Federal Republic of Germany
ISBN: 3-922 723-64-0

YORAM KANIUK

Bekenntnisse eines guten Arabers

Übersetzung von Wolfgang Lotz

ALIBABA VERLAG
Frankfurt am Main

Vorwort

von Josef Scharara

Der Name, unter dem ich schreibe, ist nicht mein richtiger. Ein uralter Traum und zwei Tragödien haben mir den Mut genommen, das Spiel unter meinem wirklichen Namen zu spielen. Die Ahnentafeln meiner Eltern haben mich verbannt. Ich verstecke meine Blöße unter dem Laub des europäischen Herbstes.

Ich lebe unter falschem Namen in Paris, geplagt von der Sehnsucht nach meinem Land, nach meinen Ländern, die eines sind. In der folgenden Geschichte versuche ich, eine Schuld zu begleichen, die ich bei mir selber habe. Ich zahle die Mehrwertsteuer an jene, die glauben, sie hätten bei mir noch etwas gut.

Ich spreche nicht von einer Trauergebühr, von keiner der Reue. Ich trage keine Schuld daran, als der geboren worden zu sein, der ich bin. Ich bin das belanglose, wenn auch nicht zufällige Opfer einer Tragödie. Beide Seiten haben recht, und ich sehe keinen Ausweg. Ich lebe allein in meinem Zimmer, der Spiegel reflektiert keine objektiven Prinzipien. Möglicherweise versuche ich, in Wirklichkeit von einer Liebesschuld zu reden.

Was ich dem Leser anbiete, ist ein Bekenntnis, ein Teil einer Autobiographie. Nachdem ich das Manuskript mehrmals gelesen hatte, wurde mir klar, daß damit zu rechnen ist, daß es Menschen verletzt, die ich liebe. Darum änderte ich Namen und Orte in diesem Bekenntnis (Chava zum Beispiel war nicht die Heldin von Koloniya). Ich änderte Daten, Lebensgeschichten, erfand ein kompliziertes Netz persönlicher Beziehungen, um die Wahrheit so zu verschleiern, daß die Wahrheit, die ich darstellen wollte, genau und richtig ist. (Doch gleichzeitig und im gleichen Umfang auch fiktiv.)

Im Prozeß des Umschreibens wurde daraus eine Geschichte. Und aus mir ein Schriftsteller. Eine Geschichte war das allerletzte, was ich hatte schreiben wollen. Ich wollte weinen und meine Zähne blecken, aber keine Geschichte schreiben. Demzufolge werden nicht nur die historischen Tatsachen beurteilt werden, sondern auch die Art, wie ich sie beschreibe. Schade. Die politische Aussage dieser Geschichte ist einfach ein Nebenprodukt der Wahrheit, die ich aufzuzeichnen versuche. Nicht unbedingt erwünscht, aber notwendig.

Viele, die ich geliebt habe, sind tot. Ich sitze hier vor den ersten Seiten des letzten Buches, das ich schreiben werde, meine Tränen fallen auf das Papier. Franz, mein Großvater auf der Seite meiner Mutter Chava, sagte immer, man muß schon Gott nahestehen, wenn man ein kleiner Hiob sein will. Im Staub neben meinen Schuhen suche die Gottesfurcht; seine Übersetzer und Interpreten haben ihn so grausam gemacht.

Als ich *Eine Amerikanische Tragödie* las, nahm ich mir vor, eines Tages *Eine Israelische Tragödie* zu schreiben. Ich überlasse das einem Begabteren. Was ich hier zeige, ist nur das Äußere der Wunde.

Ich sehe die Welt von der Warte eines widerspenstigen, angeschlagenen Zeitgenossen. Ich bin daher imstande, über mich selbst zu lachen. Wenn sie mich schließlich doch finden sollten, wenn jemand seine Rechnung mit mir begleichen möchte, werde ich lachen. Ich bin am Ende meiner Tränen und meiner Angst. Ich verstecke mich nicht aus

Furcht gefangen zu werden. Ich versuche immer noch, eine Antwort auf das Rätsel meines Lebens zu finden. Wenn es nicht mein eigener Hals wäre, der in der Schlinge steckt, hätte dies sogar ein lustiges Buch werden können. So lustig, wie der Witz vom schnellsten Läufer im Krankensaal der Doppelamputierten.

Die einzige Sprache, in der ich dieses Buch schreiben kann, ist Hebräisch, mein Zorn ist zweisprachig. Wenn ich mich in mich selbst übersetze, muß ich in den Spiegel schießen, bevor er auf mich schießt.

1

Nach drei Jahren an der Bezalel-Kunstakademie in Jerusalem beschloß ich, nach Tel-Aviv zurückzuziehen. Jerusalem erstickte mich, und die Zeitgeschichte, die mich – nach der Wiedervereinigung der Stadt – in zwei Teile gespalten hatte, fraß mich mit Haut und Haaren. Jerusalem war für mich Provinz mit historischer Vergangenheit. Morgens wachte ich in dem Haus im jemenitischen Viertel auf, in dem meine Mutter Chava gelebt hatte, und fragte mich, wo ich am Abend zuvor verlorengegangen war. Ich wollte die Wüste vergewaltigen, Grenzen setzen – vielleicht auch ausruhen. Dinah, meine Freundin seit wir fünfzehn waren, hatte mir schon längst die Tür gewiesen. Ich spionierte ihr nach, heuerte einen Privatdetektiv an, der mir über die armen Irren berichtete, die mit ihr aufs Zimmer gingen, um dort die Tränen zu finden, mit denen sie unserer Liebe ein Ende gesetzt hatte. Ich hatte sie gequält, war nach Akko gefahren, hatte dort Streit mit Asuri angefangen, aber meistens saß ich bei meinem Großvater Franz und ärgerte Gertrude. Meine Großmutter Käthe war schon lange tot. Kurz bevor sie gestorben war, war Gertrude gekommen, um im Haus auszuhelfen, und blieb dann als Köchin. Nach fünfzig Jahren der Gleichgültigkeit, einer Zeit, in der sie geheiratet, drei fette Töchter geboren und ihren Mann begraben hatte, an dessen Namen sie sich nicht mehr erinnerte, verliebte sie sich leidenschaftlich in eine siebzigjährige Vogelscheuche, meinen Großvater Franz, und beschloß, sich zu seiner Königin zu krönen. Ich kam ihr dabei in die Quere, und sie revanchierte sich, indem sie mit ihren Schwiegersöhnen prahlte: Einer von ihnen war der größte Insektensammler in der Bucht von Haifa und pflegte im örtlichen Schachclub Shakespeares Werke im Deutsch vergangener Jahrhunderte vorzutragen. Der zweite war ein Zimbalspieler, und der dritte, ein kleiner Jemenit, der seiner fetten Frau kaum bis zum Bauchnabel reichte, schenkte im Rathaus Tee aus. Im Sommer arbeitete er als Bademeister und blies so lange auf seiner Pfeife, bis die Wellen sich wieder aufs offene Meer zurückzogen. Seine Frau lag mit Sand bedeckt unter einem Sonnenschirm. Einmal war ein Hund gekommen und hatte auf sie gepißt. Gertrude fragte mich immer, warum ich nicht in Jerusalem bliebe, und ich antwortete, daß die heiligen Steine und die heilige Scheiße auf sie warteten, aber nicht auf mich. Sie lachte und gab mir Zettelchen von ihren Töchtern mit, Bittschriften, die ich in die Ritzen der Klagemauer stecken sollte, aber ich wischte damit dem Hund meiner australischen Graphik-Lehrerin den Arsch ab.

In Tel-Aviv war ich hauptsächlich damit beschäftigt, morgens aufzustehen, um auf den Abend zu warten. Ohne Dinah hatte nichts mehr einen Sinn. Gegen Abend stand ich auf der Strandpromenade und beobachtete die Nachwuchsspanner, wie sie mit trauriger Gleichgültigkeit den Frauen nachschauten, die ihre Rassehunde am Strand ausführten. Ich suchte jemand, der mir Geld dafür gab, daß ich die Wüste rot anmalte; so kam ich ins Café Kassit. Künstler fand ich dort nicht, nur Leute, die herumsaßen und auf die Straße starrten. Eines Tages kaufte ich mir eine Galabiyah, zog sie an, ging damit auf die Straße und erzählte den Leuten, ich sei Messias Ben David Rosenzweig. Rosenzweig war der Mädchenname meiner Mutter und Messias Ben David der Name eines Schauspielers, den ich einmal sehr gemocht hatte. Dinah erklärte mir bei unserem täglichen Telefongespräch, daß ich mich zum Narren mache, und vergoß wieder ihre ovalen Tränen. Da sagte ich ihr, ich würde mich Scharara nennen – das war der Name von Asuris Familie – und sie sagte, »Nenn dich, wie du willst.« Ich wurde wütend, weil sie sich nicht festlegen wollte. Sie sagte, »Werde ruhiger, dann kannst du zu mir zurückkommen, und ich werde dir Kinder gebären.« Ich weinte. Das war immer mein Traum gewesen, als wir noch jünger waren, gemeinsam Gedichte lasen und Arrak tranken.

Als ich ins Kassit kam, fing ich an, asthmatisch zu husten. Der Wind fegte alte Zeitungen und trockene Blätter über die Straße. Ich stülpte mir eine Zeitung über den Kopf und spürte den Regen. An einem der Tische saßen ein paar junge Männer und zwei Mädchen; sie schauten zu mir hoch. Sie sahen mich an, als hätten sie sonst nichts zu tun. Einer von ihnen, ein Mann mit beginnender Glatze und halbgeschlossenen Augen, fragte, »Regnet es bei dir?« Und ich antwortete, »Ich bin die Wettervorhersage.« Er lachte nicht, wahrscheinlich machte es ihm zuviel Arbeit. Er sagte, »Du bist ja völlig bekloppt«, und ich sagte, »Ich suche Liebe«, und er sagte, »Scheiße, du hast sie gefunden.«

Ich setzte mich, keiner sagte etwas. Nach einer halben Stunde gingen uns gegenüber die Lichter an, genau dort, wo ich glaubte, Asuri stehen zu sehen. Ich rief den Kellner und bestellte eine Flasche Champagner für den ganzen Tisch. Heskel Kad, der Wirt mit dem Schmerbauch, verbeugte sich vor mir und fragte, ob ich französischen Champagner wolle. Ich sagte ja. Er durfte den Korken herausziehen, alle riefen *Lechaim* und tranken Champagner aus Teegläsern. Ich sagte, ich sei Josef. Sie akzeptierten das als einen angemessenen Namen für diese Gelegenheit und sahen keine Notwendigkeit, sich selber vorzustellen. Das gefiel mir. Nach einer Stunde begann es zu regnen, der gleiche Regen, der mich vorhin durchnäßt hatte, und sie sahen sich an, und einer sagte, »Josef hat den Regen ins Kassit gebracht.« – »Nein«, sagte ich, »ich bin nicht ihr.«

Eines der Mädchen, die bei uns saßen, stand plötzlich auf, ging zur Theke, zog das Telefon zu sich heran und wählte eine Nummer. Sie fing an zu weinen, und die Tränen kullerten. Ohne ein Wort gesprochen zu haben, stand sie auf, legte Heskel den Telefonhörer aufs Knie und kam an den Tisch zurück. »Die Frau dieses Hurensohns hat sich gemeldet«, sagte sie. »Ich soll mich ins Knie ficken.« Rami, der schönste Junge am Tisch, sagte, »Mach dir keine Sorgen, Chedva.« Mir gefiel, wie er es sagte.

Rami trug einen braunen Pullover, dem die Lichter, die durch den Regen drangen, einen violetten Schimmer verliehen, während sein Haar eine Farbe annahm, als hätte es gebrannt. An einem anderen Tisch saß ein alter Schachspieler. Mein Großvater Franz und ich hatten uns oft mit ihm getroffen. Er fragte dann immer nach Käthe, und Franz antwortete, »Es gibt keine Käthe mehr.« Der Mann, von dem Franz behauptete, er sei einmal ein Mathematikgenie gewesen, vergoß Tränen und beweinte unseren Verlust.

Ich wollte die Wüste rot anmalen, mitten in der Wüste ein Mikrophon aufstellen und Botschaften an die Weltgeschichte senden, in deren Namen heute jeder Sprüche klopfte. Ich wollte zwischen der weiß-gelben Wüste und meiner roten einen Strich ziehen – violett oder grün oder rot. Jeder sprach damals über Gott und glaubte, alle Antworten zu kennen. Ich hatte mich der Gesellschaft im Kassit angeschlossen, ohne daß jemand einen Ausweis sehen wollte. Aus Langeweile akzeptierten sie jeden und haßten alles. Ich rief Dinah an und erzählte ihr, ich hätte Freunde nach meinem Herzen gefunden. Traurig lachend sagte sie, »Ja sicher!« Ich sagte ihr, ich säße im Kassit. »Der Haß an diesem Tisch ist abgrundtief, Dinah, jeder hier kommt aus einer anderen Einsamkeit. Das ist nicht die Generation, die im Kindergarten und bei den Pionieren zusammen war.«

Es war zu einer Gewohnheit geworden, jeden Tag von fünf bis acht saß ich mit ihnen zusammen, haßte mit ihnen, trank mit ihnen. Manchmal aß ich sogar etwas. Ich fragte sie, ob sie einen Mann gesehen hätten, der in einem weißen Volvo vorgefahren war, geparkt hatte und gegenüber dem Kassit stand. Sie sagten, nein, und in diesem Moment kam Asuri in seinem strahlendweißen Volvo, fuhr langsam am Café vorbei und stellte sich auf die andere Straßenseite vor einen Ladeneingang.

Dort stand er in Mao-Hemd und elegantem Jackett und sah durch die Goldrandbrille zu mir hinüber. Es regnete. Er stand im Regen und wartete. Vielleicht wollten meine Freunde mich fragen, wer er sei, aber der Aufwand war ihnen zu groß. Sie waren gelangweilt, als wären sie schon müde und gelangweilt auf die Welt gekommen. Chedva fragte, ob er in seinem Autoradio immer klassische Musik spiele, und ich sagte ihr, so würde er alle einwickeln. Rami war der erste, der darauf reagierte. Er war der einzige, der wirklich verstehen wollte, wer ich war. Beim Anblick seiner tollen Figur wurde mir klar, er würde mir Unglück bringen, vielleicht, weil ich für ihn von vorneherein die Rolle als Feind vorgesehen hatte. Ich wußte, ich mußte ihn mit Dinah zusammenbringen.

Nachher erzählte mir Chedva, Ramis Mutter hätte sich aus dem Fenster gestürzt, sich vor seinen Augen umgebracht. Sein Vater hätte dann seine Freundin genommen und sei mit ihr nach Amerika gefahren. Rami hatte etwas, vor dem er davonlaufen mußte, und er hatte wohin zu laufen. Ich wußte, daß er hier der einzige war, der sich für mich interessierte. Er sagte, »Was zum Teufel will dieser Kerl? Warum schaust du ihn nicht an?« Ich sagte ihm, »Dieser Mann hat eine unmenschliche Ausdauer«, worauf Rami sich den restlichen Orangensaft auf die Hose goß. Aber ich wußte, daß dies keine richtige Erklärung war.

Rami war der süßeste Kerl, dem ich je begegnet war. Ich wußte genau, welches Leid ich ihm noch zufügen würde. Ich wollte ihn warnen, so wie Asuri mich davor warnen wollte, hier herumzusitzen. Ich sagte ihm, »Du suchst die Liebe am falschen Platz, Rami.« Rami verstand meine Angst vor Asuri nicht. Ich wußte, daß ich ihm nicht die uralten Geschichten auftischen durfte, die in meinem Innersten so verzweifelt kämpften. Ich wollte, daß Dinah ihm meine beiden Lebensgeschichten erzählte: beide berichteten dieselbe Geschichte, die Ereignisse, deren Opfer ich war, von entgegengesetzten Standpunkten aus. Weder der Geheimdienst noch die Terroristen hatten mich wirklich verstanden. Nachher, als alles vorbei war, und die Journalisten im Kassit herumschnüffelten, um meine Geschichte zu erfahren, behaupteten alle, ich hätte den Regen ins Kassit gebracht, um Eindruck zu schinden. Zu meinem Glück sagte Rami nichts.

Nein, Erklärungen hätten nichts genützt. Ich wollte ganz einfach dazugehören, mich in die Naht zwischen den Einsamkeiten verkriechen und Schutz hinter ihren müden Ritualen suchen. Ich konnte ihnen nicht von Franz und Asuri und Gertrud erzählen, ich hatte Angst. Ich wollte mich nicht ihrem Erstaunen aussetzen. Mein altes Begehren, ein Rami zu sein, erwachte wieder. Lange bevor ich ihn kannte, war er mein Abgott gewesen. Rami, der israelische Bilderbuchheld, mit dem offenen, intelligenten Gesicht und dem Schmerz und der Kraft in seinen Augen. Als ich Dinah sagte, was ich über Asuri erzählt, wie ich mich von ihm abgewandt hatte, weinte sie. Es tat ihr weh. Sie kannte mich nur zu gut, erinnerte sich genau an die vielen Kränkungen und Beleidigungen, an den Tag, wo ich vor lauter Wut ihre Armeeuniform gefickt hatte. Sie wußte, wieviel Zorn in mir war, und wieviel Verrat ich noch begehen mußte, um wieder Respekt vor mir zu haben. Sie wußte, wieviel ich dafür gegeben hätte, als Rami geboren worden zu sein.

Sie wußte auch, wie sehr ich Asuri gequält hatte, als ich bei ihm in Akko gewesen war, oder wenn ich ihn bei Franz in der Wohnung getroffen hatte, wie ich zu ihm gesagt hatte, »Warum, Asuri, nimmst du nicht deine ganzen Diplome von der Wand und hängst sie auf dem Krummsäbel auf, von dem dein Onkel behauptet, er hätte Saladdin gehört? Du spielst ein jüdisches Spiel, Asuri!« Damals versuchte er, eine feste Anstellung an der Universität zu bekommen. Ich konnte diese Demütigung nicht ertragen –

ein arabischer Gelehrter, einer der größten Fachleute für die Geschichte des jüdisch-arabischen Konflikts, bettelt um eine feste Anstellung, und die gelehrten Herren Professoren mit ihrer glorreichen Vergangenheit und ihren Verdiensten im Kampf um die Menschenrechte erklären ihm, es müsse der Reihe nach gehen. Die hatten keine Reihenfolge im Sinn. Die sahen einen Araber vor sich und kamen damit nicht zurecht, daß er ebenso gebildet war wie sie. Asuri ließ sich nicht vom Zorn hinreißen. Er war gemäßigt und vernünftig. »Sie mißtrauen jedem Araber, und dafür haben sie gute Gründe«, sagte er zu mir. Ich kenne diesen kalten Blick sehr gut, wenn man dir die Tür vor der Nase zuschlägt, wenn du nicht mehr Josef Rosenzweig heißt, sondern Scharara. »Wer hat dich denn gebeten, mein Vater zu werden?«, sagte ich zu ihm. Wie hätte ich das Rami und Chedva erklären sollen?

Ich erinnerte mich, wie es vor Jahren war. Ich war Rami. Ich spielte Rami. Ich wohnte mit Dinah zusammen. Ich fuhr nach Akko und saß mit Asuri zusammen. Vom Fenster aus sah man das Meer. Der Maulbeerbaum wuchs in die gespaltene Tür hinein und ins Eisengerüst. Ein berauschender Geruch von Orangenblüten lag in der Luft, und in der Bucht war ein Schiff zu sehen, das den Hafen von Haifa ansteuerte. Das Karmelgebirge zeichnete sich zwischen den Fensterrahmen ab. Ich schrie ihn an, »Du warst im Dorf Koloniya auf der Strecke nach Jerusalem, und ein jüdischer Panzerwagen kam vorbei, und du hast in aller Ruhe hinter der Biegung gesessen und mit deiner Maschinenpistole geschossen, Chava war ein gutes Ziel. Sie war hellhäutig, und das liebt ihr ja.« Schließlich fing Asuri zu weinen an. Seine Tränen sind die größten, die ich je gesehen habe. Als meine Mutter Chava ihn kennenlernte, wunderte sie sich schon über seine Riesentränen. Ich sagte zu ihm, »Du bist genauso verschlagen wie alle Araber, spielst den Ruhigen, aber bestehst auf deinem Pfund Fleisch, egal was es kostet.« Er weinte und sagte mit tränenerstickter Stimme, »Ich habe Chava . . . ich wollte . . .«, und er blutete, sogar von der

Stirn floß ihm Blut. Er sagte, »Warum mußt du immer nur anklagen, Josef? Du kennst kein Mitleid und keine Liebe. Deinen Fanatismus hast du weder von mir noch von Chava geerbt.« Da sagte ich zu ihm, »Asuri, den habe ich aus der Luft und aus dem Boden, auf dem du sitzt, mit seinen geplünderten Olivenbäumen und seiner Sehnsucht nach Saladdin. Ich habe mich selbst geboren. Nimm deine arabischen Pfoten von mir runter, Muttermörder . . .« Er schlug mich ins Gesicht. Wir weinten beide. Weil er meine Mutter so geliebt hatte, war er nicht imstande, meine Anschuldigungen zu beantworten. Wir weinten bis in die Nacht hinein und tranken Wodka und später Kaffee aus kleinen Täßchen.

Heute bin ich weit weg von Akko. Paris ist eine schöne Stadt, aber nichts für mich. Die Luxembourg-Gärten stehen in voller Blüte, aber für mich sind alle Blumen verwelkt. Was würde ich nicht dafür geben, jetzt im Kassit zu sitzen und mich mit Rami zu zanken.

2

Nach meiner Flucht aus Israel erreichte mich eine Nachricht: Rami wollte sich unbedingt mit mir treffen, wie er mir mitteilte, »an jedem Ort in Europa, den du mir nennst.« Er machte sich wirklich Sorgen. Nissan und alle anderen hatten sich schon vor den Journalisten, die im Kassit nach mir gefragt hatten, aufgespielt und ihnen erzählt, sie hätten von Anfang an gewußt, wer ich sei und welches Ende ich nehmen würde. Chedva hatte zu einem der Reporter gesagt, »Was hätte schon aus ihm werden können? Dieser ewige Zorn, diese Hilflosigkeit, die Demütigungen und Beleidigungen, diese finsteren Blicke, jedesmal wenn er seinen Personalausweis zeigen mußte.« Jeder im Kassit spielte sich als Josef-Experte auf, nur Rami hielt den Mund. Sie kamen auch zu ihm, setzten ihn unter Druck, aber er fiel nicht auf sie herein. Ausgerechnet Rami, nach allem, was ich ihm angetan hatte. Er sagte auch nichts über Asuri und prahlte nicht, er sei der Freund des Mannes, der den Regen ins Kassit gebracht hatte.

Ramis Erniedrigung begann an dem Tag, als ich Dinah anrief und meinte, sie müsse kommen und die Freunde kennenlernen, von denen ich erzählt hatte. Am Telefon war sie wie immer sehr mißtrauisch. Ich wußte aber, sie würde kommen, also mietete ich mir ein Auto und fuhr in den Negev. Ich suchte nach der richtigen Stelle, um die Wüste rot anzumalen. Nachdem ich die wilde, majestätische Schönheit der Wüste ausgiebig genossen hatte, hielt ich vor einer Straßenkneipe. Kichernde dänische Touristinnen waren da, eine von ihnen trug ein Kreuz am Hals, trank ein Bier nach dem anderen und erzählte voller Begeisterung von Massada. Ich warf einen Blick auf sie und wußte, bei welcher ich landen würde. Hiermit sollte es anfangen; ich mußte überzeugend klingen, wenn ich von jetzt an Rami und Dinah strafen wollte. Ich konnte mir vorstellen, wie Dinah ins Kassit kam und sich einen Whisky bestellte. Um gleich zu zeigen, wer sie war, würde sie den Whisky zurückgehen lassen und Marcel beauftragen, ihr Whisky ohne Eis und auch ohne Wasser zu bringen. Ich stellte mir auch vor, wie der Dichter Goldmann, der selber nicht mehr wußte, wann irgend jemand zum letztenmal eines seiner Gedichte gelesen hatte, zu Marcel sagte, »Diese junge Dame versteht zu trinken, sie spielt nicht nur damit rum.« Dinah hatte Kraft, sie wußte, wie sie Eindruck machen konnte. Schon waren Gedichte von ihr in mehreren Zeitschriften veröffentlicht worden, und sie fing an, sich einen Ruf zu erwerben. Sie hatte schon Bewunderer und Gegner, und das war ihr erster Auftritt in der Caféhaus-Szene. Bis dahin war sie dort unbekannt gewesen. Rami würde ihr natürlich sagen, daß ich ganz sicher noch käme. Nur eine kleine Verspätung. Dinah würde lächeln. »Josef kommt nie zu spät. Wenn er mir gesagt hat, ich soll hierher kommen, heißt das, daß er selber nicht kommt!« Im Moment, da Dinah ihr Glas an die Lippen führte, würde sich Rami in sie verlieben. Bisher verlief also alles nach Plan.

Sie war meine große Liebe. Mit fünfzehn hatten wir begonnen, wie ein Ehepaar zusammenzuleben. Mit siebzehn verlor sie das einzige Kind, das ich hätte haben können. Der Urenkel von Franz und Käthe wurde tot geboren – bei örtlicher Betäubung. Ich wartete auf sie beim Arzt und brachte sie nach Hause. Ihre Mutter sagte, »Dinah, du siehst krank aus.« Sie antwortete, »Es ist nichts, Mama«, und legte sich hin, um auszuruhen.

Sie nippte an ihrem Whisky, genauso wie ich es erwartet hatte und fragte, ob Asuri manchmal herkomme. Sie wurde gefragt, wer Asuri sei. »Ein gutaussehender Mann mit einer Goldrandbrille, einem Mao-Hemd und einem teuren Blazer, der einen weißen Volvo fährt.« Ob es der sei, fragte Chedva, der immer klassische Musik höre? Rami sagte enttäuscht, »Ja, früher ist der jeden Tag gekommen, aber jetzt war er schon zwei Tage nicht hier«. Nissan sagte, »Josef hat ihm immer den Rücken zugekehrt.« Mit einem Mal waren alle sehr interessiert, die übliche Langeweile war verschwunden. Dinah beeindruckte sie offenbar sehr mit ihrer starken weiblichen Ausstrahlung, ihren großen Augen, dem fließenden Haar, ihrem klaren Gesicht, der süßen Wehmut ihrer Mundwinkel. Ich wußte nie, ob Dinah schön war oder von einer perfekten, einmaligen Häßlichkeit. Ihre Farbkontraste, ihr kräftiger und doch weicher Körper, ihr Haar, ihr mißtrauisches Lächeln, das tiefe Blau ihrer Augen mit den Lachfältchen – all das führte dazu, daß sich Männer in ihrer Gegenwart wie Kinder vorkamen. Rami fragte, wer denn dieser Asuri sei, und sie fing an zu weinen. Sie weinte aus Mitleid mit Asuri. Für sie war Asuri der bezauberndste Mann, der ihr je begegnet war. Sie suchte immer nach einer Ähnlichkeit zwischen Asuri und mir, doch der Apfel war zu weit vom Baum gefallen. Rami sagte mir später, was ihn sofort an ihr entzückt habe, seien ihre Lippen gewesen, ihre erschrockenen Augen, die Stärke und Beweglichkeit ihrer Hände und ihre weiche, heisere Stimme. Dinah und ich stritten uns immer über unseren toten Sohn. Es war ein Mädchen, meinte sie immer, als wäre sie eine befreite Frau und ich ein rückständiger Bauer. Ihr Urteil über sich selbst und ihre Gedichte war unerschütterlich. Sie erwartete weder Lob noch Tadel. Sie wußte genau, was sie wert war. Rami würde nie begreifen, daß sie mit fünfzehn schon eine erwachsene Frau war. Jetzt sitze ich hier in Paris und schwelge in Erinnerungen. Ich denke an unsere gemeinsamen Ausflüge und Picknicks, an die Nächte, die wir in Asuris Wohnung in Akko verbrachten, an den Tag, an dem wir in der Bucht von Haifa segelten und es zu regnen anfing. Sie zog ihre Bluse aus; ich nahm meinen Zeichenblock und zeichnete ihre süßen Brüste. Das Papier wurde naß, sie nahm es mir weg und aß es auf. »Du bist das einzige Mädchen auf der Welt, das seine eigenen Titten ißt«, sagte ich zu ihr, und sie sagte, »Alles, was ihr Araber im Kopf habt, sind die Titten jüdischer Mädchen.« Ich erinnere mich aber auch, wie wir eines Abends im Bus nach Hause fuhren und in eine Polizeikontrolle gerieten. Als sie meinen Ausweis sahen, nahmen sie mich mit zum Verhör. Dinah war wütend und wollte mit mir kommen, aber ein Polizist befahl ihr, im Bus zu bleiben. Sie schrie ihn an; einer der Fahrgäste beschimpfte sie auf Jiddisch und sagte, »Was willst du, das ist doch ein Araber, oder? Weißt du so genau, was der in der Tasche hat? Willst du sterben?« Sie brachten mich zur Polizeiwache von Wadi Ara, wo ich von einem Polizisten geschlagen und getreten wurde, so ganz nebenbei, wie unbeabsichtigt. In aller Ruhe, wie aus Versehen, rammte er mir die Faust in den Leib. Rasende Wut preßte seine Lippen zusammen, aber seine Stimme war fast mitfühlend. Vielleicht war er eifersüchtig auf das, was ich mit einem jüdischen Mädchen trieb. »Mein Name ist Josef Rosenzweig«, sagte ich zu ihm, »und so steht es auch in meinem Personalausweis.« – »Ja«, sagte er, »das weiß ich. Aber wir beide kennen die Wahrheit.« Daraufhin ging ich zur Meldestelle im Innenministerium und ließ mir einen Personalausweis auf den Namen Josef Scharara ausstellen. Jetzt hatte ich zwei Ausweise und jedesmal, wenn mich mein Schmerz quälte, benutzte ich den arabischen. Der Bus mit Dinah war gleich weitergefahren. Spät nachts kam sie zu mir in die Wohnung von Franz. Ich weigerte mich, sie reinzulassen, daraufhin fing sie im Treppenhaus an zu schreien. Franz kam und öffnete ihr. Käthe lebte damals noch und war nach langen Jahren im Krankenhaus wieder zu Hause. Sie bekam einen hysterischen Anfall, rannte von einem Zimmer ins andere und fing an, Gläser und Geschirr zu zerbrechen. Dinah kam in mein Zimmer und bat um Verzeihung, als hätte sie ein Verbrechen begangen. Plötzlich hatte ich Mitleid mit ihr, mit ihrer Liebe. Dann kam Franz herein; er sah sehr traurig aus und sagte, »Wo gibt es denn sowas? Wie kann ein Polizist so etwas machen?« Er konnte nicht begreifen, daß jemand seinen Enkel ohne Grund so grausam demütigen konnte.

Bei Dinahs erstem Besuch im Kassit erzählte ihr Rami von seiner Mutter. Sogar Chedva war erschüttert. Es war sonst nicht Ramis Art, von sich selbst zu erzählen. Er hatte die Härte und die Trauer eines Menschen, der seine Mutter zerschmettert auf dem Bürgersteig gesehen hatte. Plötzlich merkte er, daß er mit Dinah darüber reden mußte. Man fing an, freier zu reden, aber Dinah verriet mich nicht. Sie erzählte ihnen nichts, obwohl alle plötzlich begierig waren, etwas über mich zu erfahren. Rami war von Dinah total überwältigt und beschloß auf einmal herauszufinden, wer ich wirklich war und was es mit mir auf sich hatte. Er verstand damals nicht, daß er in Wirklichkeit einen Zusammenstoß mit mir auf heißestem Boden suchte: unsere gemeinsame Liebe zu Dinah.

Ein paar Stunden später gingen die beiden zum Boulevard Nordau, wo Dinah wohnte. Dinah hatte mehrere Gläser Whisky getrunken und fühlte sich sehr entspannt. Sie wollte ganz nah bei einem gutaussehenden Jungen wie Rami sein. Sie glaubte aber auch, daß ich ihnen folgte, und begann, mir zuliebe die unbekümmerte Nutte zu spielen. Rami war verletzt und sagte, »Benimm dich doch nicht so, wir werden heiraten.« Da wurde sie ernst, schaute ihn wütend an, mit der Bitternis von zehn Jahren verzweifelter Liebe, und sagte, »Hör zu, Rami, keiner heiratet mich. Sag das nie wieder.« Rami war verschreckt und sagte nichts mehr.

Vom Balkon ihrer Wohnung konnten sie in den Park sehen. Auf einem der Balkons auf der anderen Straßenseite sah Rami eine alte Frau im schwarzen Kleid, die Leichentücher an der Wand aufhängte und sich dabei das Requiem von Verdi anhörte. Unten im Park suchten sich junge Paare dunkle Plätzchen, weit weg von den wenigen Lampen, die noch heil waren, auf den splittrigen Bänken, die mir so gut bekannt waren. Dinah brachte ein Tablett mit Oliven und gesalzenem Ziegenkäse, Tomaten, Sardinen, Zwiebeln, Brötchen und Butter. Weil sie glaubte, ich würde mich im Park verstecken, legte sie eine Platte mit dem letzten Satz von Beethovens Neunter auf. Sie schaute Rami an und wußte, daß sie mit ihm ins Bett gehen würde. Sie wartete auf meinen Anruf, wie ein kleines Mädchen, das weiß, daß sie noch Hausaufgaben machen muß und nichts sie davor würde bewahren können.

Mein Anruf kam im richtigen Moment. Die alte Dame war schon ins Haus gegangen und hatte die Fensterläden zugesperrt. Rami war so nahe bei Dinah, wie es für ihn möglich war. Ich fragte sie, ob sie sich im Kassit amüsiert habe und ob Rami jetzt ganz dicht bei ihr säße. Sie sagte ja, zweimal. Ich berichtete ihr, ich sei in einer Jugendherberge neben einer beschissenen Straßenkneipe in der Wüste und habe ein frommes dänisches Mädchen bei mir. Ich erzählte ihr auch, daß die Dänin fickte, ohne sich zu rühren, und eine so durchsichtige Haut habe, daß man bis nach Dänemark sehen könne. »Ich wünsche dir eine angenehme Nacht«, sagte Dinah, worauf ich sagte, »Ich warte unten vor der Tür.« – »Du stehst mir bis hier«, brüllte sie und warf den Hörer auf die Gabel. Ich wollte sie noch fragen, wie die nicht-religiösen Dänen wohl ficken, weil meine mitten in der Nacht anfing zu beten, aber ich kam nicht mehr dazu. Rami fragte sie, wer angerufen habe, und sie sagte es ihm.

Am nächsten Tag erzählte ich Rami, was in der Nacht geschehen war. Ich sagte zu ihm, »Du bist krank, du hast den Krebs der Liebe.« – »Sie hat mir erzählt, zwischen euch sei alles aus«, sagte Rami. Er war furchtbar nett und ritterlich. Damit wollte er mir klarmachen, er hätte sich, bevor er mit ihr ins Bett gegangen war, überzeugt, daß sie frei sei. »Sie gehört nicht mir«, erklärte ich, »aber sie wird auch nie einem anderen gehören.« Und Rami, der arme Kerl, wußte genau, was ich meinte. Er war bis über beide Ohren verliebt, aber ich war immer dabei, saß mit auf der Bettkante. Er hatte Dinah gefragt, warum sie mir alles erzähle, und sie hatte ihm geantwortet, »Vielleicht ist er endgültig von mir weggegangen. Aber als er mich verließ, habe ich eine Woche lang geweint, und es gab keine Pause zwischen meinen Tränen. Er ist immer noch meine einzige Liebe. Du kannst mit mir schlafen, so oft du willst, er wird immer da sein.« Dann fragte sie ihn, warum er mir denn alles erzähle, und er sagte, ich würde gegen seinen Willen alles aus ihm rausholen. Sie lachte und sagte, »Schau, ich kenne ihn. Es ist egal, was du ihm erzählst; er wird es auch so wissen.« Ich fing an, Unfrieden zwischen ihnen zu stiften. Ich rief Dinah an und berichtete ihr genau, was Rami mir erzählt hatte. Dann rief ich Rami an und erzählte ihm, daß ich alles wisse, was in der Nacht zwischen ihm und Dinah vor sich gehe, und daß ich es aufgeschrieben hätte, Wort für Wort. Je mehr ich ihn demütigte, umso größer wurde seine Liebe. Dinah sagte zu ihm, »Sich lieben ist gegen Gott gerichtet, wenigstens bei mir ist das so. Wenn ich mit dir schlafe – und du bist ein lieber Kerl und ein großartiger Liebhaber – ist meine Liebe gegen Josef gerichtet.« Er fragte, warum denn Liebe gegen und nicht für jemanden sein könnte, da lachte sie nur. Er wollte, daß sie ihn nur ein wenig liebhatte, und sie hatte Mitleid mit ihm. Er konnte ihr Mitleid nicht ertragen, aber was blieb ihm übrig? Sie spielte auf eigenem Feld und nach eigenen Spielregeln. Das Spiel war von vornherein verschoben, und Rami wußte das.

Dinah war sogar auf die Dänin eifersüchtig, deren Namen ich vergessen hatte. Ihre Eifersucht war das radikalste an ihr. Sie machte sie nur noch reizvoller. Rami fing an, ums Haus zu schleichen, mich im Park zu suchen und meinen Privatdetektiv ausfindig zu machen. Dinah wußte genau, daß ich ihr nachspionierte, würde mich aber nicht wieder in ihr Haus lassen. Sie wollte sich retten. »Wenn du zurückkommst, werde ich verrückt«, sagte sie. »Du bist nicht mehr Jossi, mein Freund, sondern Josef Rosenzweig Scharara, der mir das Blut aussaugen möchte. Ich bin nicht schuld an der himmlischen Liebe zwischen Asuri und Chava. Ich bin nicht schuld, daß es dich in die Scheiße riß. Es ist nicht meine Schuld, daß Chava damals zu Käthe kam und ihr sagte, sie sei schwanger von Asuri, und daß Käthe dann verrückt wurde und anfing, sich zu verbrennen. Ich bin doch nur ein kleines Mädchen, das Gedichte schreibt und leben möchte. Meine Mutter war in Theresienstadt und kam auf einem illegalen Flüchtlingsschiff nach Israel. Hier traf sie meinen Vater, der schon vor ihr auf Schleichwegen hergekommen war, und jetzt hoffen beide, daß ich ihnen einen Ausgleich für ihre Leiden schaffe. Und was habe ich ihnen gebracht? Dich. Und du hast beschlossen, ihnen Tag für Tag, immer wieder und immer wieder erklären zu müssen, was es bedeutet, Jude der Juden zu sein und wie du im Jüdischen Staat gedemütigt wirst. Jedesmal wenn du weggingst, haben sie geweint und nicht gewußt, was sie sagen sollten. Sie haben dich verstanden und Mitleid mit dir gehabt, aber auch eine dumpfe Angst vor dem Fremden. Du bist der *Goj*, den sie aus ihren Alpträumen kennen. Nicht deinetwegen sind sie hergekommen, sondern damit ich so einen Rami heirate. Aber du bist nun mal kein Rami. Früher wärst du gern einer gewesen, aber wer bist du jetzt? Du hast dich entschlossen, der Sohn von Asuri zu sein und nicht der Sohn von Chava.«

Zu Rami sagte Dinah, »Hör mal, mein Junge, ich liebe ihn.« – »Ich habe eine Menge Geduld«, antwortete er. »Ich kann warten. Eines Tages wirst du mich lieben.« Als jemand den Leuten vom Sicherheitsdienst steckte, was für ein *Verrückter* ich wäre, gab ich Rami die Schuld, wußte aber, daß er nicht geredet hatte. »Du wirst Schuld daran sein, wenn ich niemanden mehr habe, den ich hassen kann«, sagte ich zu ihm. Da packte dieser süße Bastard mich an den Schultern, lächelte und umarmte mich. Das Geheimnis von Dinah und mir verband uns alle drei. Um bei Dinah weiterzukommen, kam Rami jetzt immer mittags zu Franz in die Wohnung. Dort traf er die drei dicken Töchter von Gertrude, die sich dauernd neue Kleider kauften, betrachtete die Bilder und die Möbel, die Käthe aus Berlin mitgebracht hatte, und hörte mir zu, wie ich von Dinahs schwachen Punkten sprach. Warum er das alles über sich ergehen ließ, bleibt mir schleierhaft, aber Dinah meinte, ich verstünde nichts von der Liebe, weil für mich die Liebe eine Form der Eroberung wäre. »Ich bin keiner von diesen lausigen Zionisten«, erklärte ich auf meine theatralische Art. »Rami wenigstens weiß, weshalb wir hier in diesem lausigen Land leben«, antwortete sie, »und mir ist das lieber, schon wegen meiner Eltern, die gerade noch den Verbrennungsöfen entkommen sind.« Da schrie ich sie durchs Telefon an, »Meine Mutter Chava wäre auch Brennmaterial in Auschwitz geworden, oder man hätte einen Lampenschirm aus ihrer Haut gemacht, wenn Asuri sie nicht gerettet und Käthe und Franz nach Palästina gebracht hätte.« Darauf meinte Dinah, »Josef, du bist völlig verdreht.«

Nein, es war nicht Rami, der dem Sicherheitsdienst von mir erzählte; es war nicht Rami, der ihnen berichtete, ich könnte die Zukunft voraussehen. Es muß Nissan gewesen sein, der offensichtlich für den Sicherheitsdienst arbeitete und seines Gemüts wegen ins Kassit kam, bevor oder nachdem er in den besetzten Gebieten ein paar Araber zusammengeschlagen hatte. Auch meine geliebte Dinah war nicht ganz schuldlos, aber ich wußte, daß sie es ohne Absicht getan hatte, auch wenn ich Vergnügen daran hatte, das Gegenteil anzunehmen. Ich ließ nicht gerne eine Gelegenheit vorübergehen, ihr für jedes und alles die Schuld zu geben. »Warum erschießt du mich nicht ganz einfach, so wie Asuri Chava erschossen hat!« Worauf sie ganz leise antwortete, »Josef, du weißt genau, daß Asuri niemanden erschossen hat.« Dann schrie sie, »In deinen Eingeweiden bist du doch ein Araber, das steckt im Blut.« Gleich darauf kam sie angekrochen und bat mich, ihr zu verzeihen. Zwei Monate, nachdem ich anfangen hatte, ins Kassit zu gehen – der Winter neigte sich schon seinem Ende zu, und es hatte in diesem Jahr sehr viel Regen gegeben –, durchsuchten die Sicherheitskräfte Dinahs Wohnung, weil ich einmal dort gewohnt hatte. Sie kam nach Hause, sah, was die Leute vom Sicherheitsdienst mit ihrer Wohnung anstellten und fing an zu schreien. Einer von ihnen, offensichtlich keine besonders helle Leuchte, sagte zu ihr, »Paß besser auf, mit wem du ins Bett gehst.« Dinah nahm die Topfpflanze, die Asuri ihr zum Geburtstag geschenkt hatte, und warf sie dem Kerl an den Kopf. Bunim, der Mann, für den ich später einmal arbeiten würde, trat zwischen sie, schob den taktlosen Kerl aus dem Zimmer, lächelte Dinah mit umwerfender Väterlichkeit an und sagte, »Beachte ihn einfach nicht.« Bunim war alt und müde, erschöpft von Kriegen und Sorgen. Er war ein glatter Schwätzer und benutzte gerne Wörter wie *Schreiben* statt *Brief*. Er hatte die Angewohnheit, Gedichte und die Bibel zu zitieren, bevor oder nachdem er Arabern zwischen die Beine trat oder Agenten auffliegen ließ. Bunim machte sich die Tatsache zunutze, daß er Kapitän des Flüchtlingsschiffes gewesen war, auf dem Dinahs Mutter seinerzeit nach Palästina kam. »Du bist eine Tigerin, genau wie deine Mutter. Ich erinnere mich noch genau an deine Mutter. Schlank wie eine Ranke stand sie auf Deck und traute keinem Menschen«, sagte er ihr. Dinah, mit der Leere im Herzen, die unsere lange und quälende Beziehung hinterlassen hatte, mit der Liebe zu ihren Eltern, diesen einfachen Menschen, die in ihrem Leben nur noch eines wollten, einen jüdischen Schwiegersohn und jüdische Enkel, fiel auf Bunims schleimige Art herein. Er wußte, wie er sie zu nehmen hatte. Sie war kein einfaches Opfer, aber er bekam das von ihr, was er wissen wollte. »Ja«, sagte sie zu ihm, »es stimmt schon, Josef hat Ahnungen über die Zeit hinaus. Er ist innerlich so zerrissen, daß er bereit sein wird, euch zu helfen. Er wollte immer ein guter jüdischer Junge sein. In der Schule hat er zionistische Aufsätze geschrieben, daß mir der Kaffee hochkam.« Bunim hörte sich das alles an, alles Dinge, die er schon in seinen Berichten gelesen hatte, und forschte nicht weiter. Er wußte, daß er mit mir leichtes Spiel haben würde.

An dem Tage, als ich bei den Sicherheitskräften vorgeladen war, ging Dinah ins Kassit und setzte sich zu meinen Freunden. Sie wußte genau, wo ich war. Bunim hatte sie angerufen und es ihr gesagt. Dinah war stolz, aber nicht eingebildet; sie wußte, daß sie den Kampf verloren hatte und fragte sich, ob bei allem, was sie Bunim berichtet hatte, nicht auch Rachegefühle mitgespielt hatten. Vielleicht, so fragte sie sich, hielt sie mich, ihren Geliebten und den Sohn von Chava, tief im Unterbewußtsein doch nur für einen schäbigen Araber, der ihr ans Leben wollte. Sie war schlechtgelaunt und nervös. Ramis Liebe machte sie immer unruhiger. Zu den Leuten im Kassit sagte sie, »Wenn ich hierher komme, dann kommt er nicht. Aber ihr seid doch alle seine Gefangenen, genauso wie ich.« Sie hätten Dinah, deren Kurs als Dichterin an der Literaturbörse mit schwindelerregender Geschwindigkeit anstieg, gern als Ramis Mädchen betrachtet. Rami war der Prinz ihrer Träume. Diese merkwürdige Angelegenheit zwischen Dinah und mir war eine düstere Sache, deren Existenz sie spürten, aber nicht zugeben wollten. Sie war der Film, dessen Preis Dinahs Eltern nicht bezahlen wollten. Rami war einer von ihnen, und ich war ein Fremder. Sie spürten meine Fremdheit, konnten aber nicht sagen, worin sie bestand. Vielleicht wußte Nissan mehr als die anderen, aber er konnte seinen Mund halten. Vielleicht war er einfach nur zu müde, um ihn aufzumachen. Dinah ließ ihnen keine Ruhe. »Was soll dieses zynische Spiel?« fragte sie. »Jeder von euch hat ihm Geld geliehen. Ihr wißt, daß ihr es nicht zurückbekommt, und ihr schweigt. Warum schweigt ihr? Wenn Rami oder Nissan euch Geld geschuldet hätten, hättet ihr doch auch darüber geredet, oder? Laut und ungeniert.« Sie waren betroffen. Ja, sie erinnerten sich an das Geld, das ich von ihnen gepumpt hatte. Jetzt fiel ihnen auch ein, daß nach meinen Besuchen bei ihnen immer Kleinigkeiten verschwunden waren, mal geschnitzte Figuren, mal ein Dolch, bei Nissan ein Schlüsselring, kleine Wertsachen, meistens Andenken an den Krieg. Dinah sprach es laut aus (und haßte sich dafür), »Da waren doch diese kleinen Diebstähle? Er hat doch eure Kriegsandenken geklaut.« Sie gebrauchte das Wort *Kriegsandenken* als Totem, mit dem sie all diese Nieten im Kassit auf einen gemeinsamen Nenner brachte und sie so gegen mich vereinte.

Sie war unruhig und nervös und traurig. Sie sah mich Bunim gegenübersitzen und bemitleidete sich selbst, statt mit mir Mitleid zu haben. Sie blickte Rami an und er sie, und mit jedem Blick, den er ihr zuwarf, verliebte er sich noch mehr in sie. Seine selbstgerechte Geduld, mit der er sich gepanzert hatte, begann zu zerbröckeln. »Mit einem Mal wurden sie alle gesprächig«, erzählte sie mir später lachend. Freigebig tauschten sie Informationen aus über die Diebstähle und Anleihen, die nicht zurückgezahlt worden waren, und Dinah stachelte ihr schlechtes Gewissen noch weiter an. »Schaut euch nur an, was er mit Rami anstellt!« Rami schlug die Hände vors Gesicht, und alle schämten sich für ihn. Sie schauten sie verwundert an. Dies waren nicht mehr die Witzeleien und Wortspiele einer Dichterin an einem Tisch von Langweilern – jetzt warf sie die Karten auf den Tisch. Es war ihnen peinlich. Der Verdacht war zur Gewißheit geworden. Nissan sagte mit halb zugekniffenen Augen, »Ihr wißt sehr gut, was dahintersteckt.«

Genau in diesem Moment – so erzählte mir Dinah später – begann der Dichter Goldmann, seiner geschiedenen Frau die Speisekarte des Lokals nach der Melodie eines chassidischen Liedes vorzusingen, und Heskel summte im Halbschlaf mit. Dinah bedauerte schon, was sie getan hatte; sie kam sich wie eine Verräterin vor, so sagte sie mir. Für mich schien aber etwas anderes dahintergesteckt zu haben. Sie erhob ihr Glas Whisky und sagte, »Wechseln wir das Thema. Euer Schweigen ist das Gegenstück zu seinen Diebstählen.« Sie erklärte das nicht näher und sagte nur, »Trinken wir auf Josefs Wohl«, und lachte dabei, weil die Tränen nicht kommen wollten. Sie fühlte sich, als hätte sie etwas Heiliges bespuckt. Sie war nie um einen Grund verlegen, ihr Gewissen Überstunden machen zu lassen. Diese Schmocks waren meine einzigen Freunde, zumindest seit ich Haifa verlassen hatte, wo ich mich mit arabischen Intellektuellen herumgetrieben und bei Kassem und Laila gewohnt hatte. All diese Schmocks tranken jetzt auf mein Wohl, einer mit Bier, Chedva mit ihrem ewigen Pampelmusensaft, Nissan mit einem Glas Whisky, und riefen »Auf Josefs Gesundheit!« Dabei dachten sie mit hinterhältiger Schadenfreude an all meine kleinen Gaunereien, fragten sich, warum sie bisher geschwiegen hatten, aber vor allem waren sie froh, daß ich jetzt bloßgestellt war. Dinah, die schon ziemlich betrunken war, rief, »Es lebe der kleine Dieb, mein kleiner Prinz!« Rami wurde dabei sehr traurig und meinte, »Er ist kein Dieb, Dinah, das weißt du genau!« Sein sanfter Verweis traf sie an der Stelle, die von der Panzerung, die ich ihr seit ihrem fünfzehnten Lebensjahr aufgezwungen hatte, nicht geschützt wurde. Sie setzte ihr Glas, das sie gerade zum Mund führen wollte, wieder ab, und fixierte ihn mit erschrockenen Augen, in denen tausend Jahre tiefster Traurigkeit lagen. Später erzählte sie mir, daß sie in diesem Moment plötzlich an einen eleganten, gepflegten Polen denken mußte, der auf der Jarkon-Straße den Nutten die Hand küßte. Nicht, daß sie jemals einen Polen gesehen hätte, der auf der Jarkon-Straße einer Nutte die Hand küßte, aber sie hatte sich schon immer solche Bilder von den Dingen gemacht, die sie nicht kannte, um sich die Herrschaft über sie zu sichern. Rami sah ihre traurigen Augen. Jetzt mißt sie das Blut meiner Mutter auf dem Bürgersteig, dachte er.

Ihre Seele stand zum Verkauf, aber es gab keine Käufer. Rami besaß nicht die richtige Währung. Als sie Rami in diesem Moment ansah, wäre sie mir tatsächlich fast untreu geworden und ihm verfallen. Aber er wußte diesen Moment nicht zu nutzen und begriff nicht, daß sie jetzt ihm gehören konnte. Seine Weichheit, sein Edelmut, seine Gewissenhaftigkeit, seine moralische Kraft ließen ihn in ihren Augen noch zehnmal schöner erscheinen. Und Rami war auch ohne diese Eigenschaften ein schöner Mensch, vielleicht einer der schönsten. Aber er war nicht schnell genug. Zu schwerfällig, um die ständig wechselnden Gemütsbewegungen der launischen Königin seines Herzens zu begreifen. Er ließ den Moment ungenutzt vorübergehen. Statt dessen fing er an zu philosophieren. »Armer Josef. Wahrscheinlich hat er aus sich heraus den Drang zum Stehlen, und wir waren zufällig die Opfer, weil wir hier waren.« Dieser Satz zerstörte alles. Dinah haßte diese Art von Erklärungen. Sie trank ihren Whisky aus und hatte schon den Augenblick vergessen, wo sie seinem hungrigen Herzen fast ins Netz gegangen wäre. Mit einem Mal sah sie Rami so, wie ich ihn schon immer gesehen hatte: ein gutaussehender, liebenswürdiger Israeli, Oberleutnant bei der Kampftruppe, vorbildlicher Soldat, der gegen jede Ungerechtigkeit protestiert, aber am Ende das tut, was ihm befohlen wird. Das Gewisssen plagt ihn, während er aus der Hüfte schießt. Wie oft hatte ich über diese Killer mit der sanften Seele nachgedacht! Wie oft in meinem Leben hatte ich den Wunsch gehabt, so ein Rami zu sein – auch auf der anderen Seite, bei Asuri. Als ich in Haifa war und mich als Araber unter Arabern versuchte, wollte ich ein arabischer Rami sein, der sein Vaterland verteidigt und dabei bedauert, was er zu tun hat, der seine Feinde liebt und sie trotzdem erschießt, der an einen Traum glaubt, den ihm keiner richtig erklärt hat. Rami konnte so sein, weil alle ihn mochten, weil sie ihn so haben wollten. Sie hegten und pflegten den Rami in ihm. Als ich ein Rami sein wollte, erklärte man mir genau, warum ich keiner war. Meine Rache war Dinah. Rami würde nie verhindern können, daß sie zu mir gehörte.

Rami konnte nicht begreifen, warum sie dauernd ihre Meinung änderte. Mal wollte sie ihn sehen, mal nicht. Sie quälte und sie küßte ihn. In zärtlichen Augenblicken sagte sie ihm, daß sie ihn liebe, nachher leugnete sie es. »Und wenn ich es gesagt habe?« meinte sie dazu. »Ich bin doch nicht verantwortlich für alles, was ich beim Ficken rede.« Und Rami, der nicht alles schwarzweiß sah wie die anderen, zog immer den kürzeren. Einmal sagte sie zu ihnen, »Josef ist ein Einzelkämpfer, er hat keine Freunde, er ist nicht wie ihr, er ist immer allein. Ihr seid solche Helden wie Rami, immer zusammen mit Kameraden, habt euren Gruppengeist, eine Mutter, die euch die Wäsche wäscht, sowohl die Uniform für den Krieg als auch die Kleider für die Demonstrationen gegen den Krieg. Hunderte von Leuten sagen euch, was für Prachtkerle ihr seid. Josef hat keinen, der ihm sagt, was für ein Prachtkerl er ist. Er hat keinen, der ihm den Rücken stärkt. Sein Gegner im Krieg ist er selber.« Nissan verstand, was sie meinte, aber Chedva dachte sofort wieder an ihren Geliebten und dessen Frau und fing an zu heulen. Jossi der Riese dachte an seinen Bruder, der im Krieg gefallen war, und starrte zur anderen Straßenseite hinüber. Dann sagte Nissan, »Er kämpft auf beiden Seiten der Barrikade.« Dinah sah ihn an und sagte, »Das Schlachtfeld ist in unserem Herzen, Nissan. Vergiß nicht, daß jeder von uns etwas zu verbergen hat, wir haben alle unsere dunklen Seiten.« Nissan bekam Angst. Er wollte nicht, daß seine Tarnung als Lebenskünstler aufflog. »Hier in diesem Land glaubt jeder, ein Monopol auf die Gerechtigkeit zu besitzen«, sagte Dinah wütend. »Gott hat alle zu Gerechten gemacht. Der Boden drückt uns an seine Brust und spuckt Blut. Das ist ein hoffnungsloser Krieg, weil keiner weiß, wie er zu gewinnen ist, und keiner will ehrenhaft verlieren.« Nissan verlor die Selbstbeherrschung. »Nur all diese Miesmacher, Schönschwätzer und Berufsbetroffenen mit ihren blutenden Herzen sind Schuld, wenn wir nicht gewinnen. Es gibt eine Lösung. Ihr müßt nur aufhören, in Kategorien wie Gerechtigkeit zu denken. Fangt an, euch über die Notwendigkeiten Gedanken zu machen.« Dinah lächelte ihn an. »Wir kennen diese Reden schon auswendig«, sagte sie. »Sie machen keinen Eindruck. Außerdem habe ich deine Adresse. Eines Tages werde ich sie vor dem Kassit an den Baum hängen.« Und Rami sagte zu Nissan, »Du bist ja vollkommen verrückt. Du bist ein Kriegshetzer, der die Araber am liebsten alle aufspießen würde wie Schaschlik. Du verstehst überhaupt nicht, worum es in diesem Kampf geht, von dem Dinah spricht.« Nissan lächelte wie immer mit halbgeschlossenen Augen und sagte, »Frag doch Josef. Der weiß genau, wovon ich rede. Dinah liefert nur die Untertitel für den Film.«

3

Bunim saß mir gegenüber in seinem Büro, in das mich eine Frau mit verkniffenem Gesicht geführt hatte. Er betrachtete mich mit freundlichem, teilnahmsvollem Blick; dahinter spürte ich den harten, müden Zorn, der ihm aus der Seele kam, die bewußte, fanatische Wut eines erschöpften Kriegers. Es störte ihn nicht, daß ich Araber war. Er war zu klug und erfahren, um die Welt in gute und schlechte Menschen aufzuteilen. Daß ich der Enkel von Franz war, brachte ihn auf die Palme. Für ihn war das wie eine persönliche Beleidigung. An der nackten Wand hing das Foto eines jungen Mannes in einem Rahmen, der nicht ganz schwarz, sondern eher dunkelgrau war, als könnte er sich mit dem Tode dieses Menschen noch nicht abfinden. Nicht die Trauer hatte Bunim bewegt, es dort aufzuhängen, sondern ein grimmiges Verlangen, jeden zu zwingen, vor dieser liebenswerten und traurigen Erscheinung zu knien. Später erklärte mir Dinah, das sei sein Sohn gewesen. Der dicke Aktenordner mit meiner Lebensgeschichte lag vor ihm auf dem Tisch. Er fragte mich, in welchem Jahr Franz und Käthe ins Land gekommen waren. Ich nannte ihm nicht nur das Jahr, sondern auch den Monat. Er lächelte mit dem Mund. Die Augen blieben unbewegt. Dinah erfuhr später von ihm, er sei zu dieser Zeit, als Franz und Käthe ankamen, Kommandeur des Hafens von Haifa gewesen mit dem Auftrag, ihn gegen die Angreifer aus der Gegend von Akko zu verteidigen. Akko war für ihn ein anderes Wort für Asuri. Was er Dinah damit wirklich sagen wollte, war, daß er Asuri damals schon im Visier gehabt hatte. Ich konnte ihn verstehen. Auch ich wußte, wie die Waffe gegen Asuri zu richten war. Bunims Feindseligkeit mir gegenüber war so abgrundtief, wie ich sie nicht einmal in den Gesichtern der Soldaten und Polizisten erlebt hatte, die mir, als ich noch in Haifa wohnte, im Autobus die Taschen durchsucht hatten oder in meine Wohnung eingebrochen waren. Die hatten damals nur getan, was man ihnen aufgetragen hatte, aber Bunim war mit dem Herzen dabei. Er tötete und unterdrückte seine Opfer aus Grundsätzen heraus, die er mit schönen Worten wie *Moral* und *Gerechtigkeit* ausschmückte, als säße ihm der liebe Gott auf seinem faltigen Nacken. Hätte Asuri einen richtigen Gott gehabt, einen Gott, der ihm allein gehörte, hätte ich ihn zu Hilfe gerufen, aber Asuri war nur ein armseliger Araber. Ich hatte keine Gelegenheit ausgelassen, ihm das zu sagen. Als Chava und Asuri mich nach Frankreich brachten, um ihr Kind dort weitab von der *Tragödie* großzuziehen, war es Asuri, der Heimweh nach Israel hatte, und nicht Chava.

Daß ich ausgerechnet der Enkel von Franz war, betrachtete Bunim als reinen Hochverrat. Wäre ich irgendein Araber gewesen, hätte er irgendwo zwischen seiner Moral und einer Gewehrkugel schon einen Platz für mich gefunden. Ich kenne dieses Dilemma der Verlogenheit. Als ich vor einem Jahr beschloß, ins Ausland zu flüchten, ging ich zu Dinah. Ich bat sie um Hilfe. Sie sah mich mit glasigen Augen an, und ich konnte deutlich erkennen, wie sie mit sich kämpfte, sich auflehnte und sich entschied: gegen Bunim, gegen mich – für Bunim, für mich. Einen Augenblick lang wußte sie nicht, wem sie helfen sollte, welche Gerechtigkeit größere Legitimität besaß. Ich kenne diesen Blick. Sie tat mir leid, und schließlich flüchtete ich ohne ihre Hilfe. Sie war nur zu froh und akzeptierte meine Ausrede, ich wolle sie nicht in Schwierigkeiten bringen. Zum Glück konnte sie ihr Gesicht nicht im Spiegel sehen, als ich zu ihr kam und aussah wie ein Verbrecher auf der Flucht. Sie hätte es sich dann nicht so leicht gemacht.

Es stimmt schon, daß ich malen konnte – nichts Bedeutendes, aber immerhin malen. Irgend etwas hielt mich davon ab. Jedesmal, wenn ich etwas fertig hatte, mußte ich es kaputtmachen, mich austoben, mir etwas suchen, an dem ich mich rächen konnte. Diese Ruhelosigkeit, die mich schließlich Bunim in die Arme trieb, war wie ein bedingter Reflex. Als Bunim nach den Ursachen für die Beleidigung forschte, die ich ihm zugefügt hatte, durch die schlichte Tatsache, daß jüdisches Blut in meinen Adern floß, wußte er genau, wo sie zu finden waren. Dinah wußte Bescheid, aber kein anderer konnte wissen, daß Asuri und Chava sich nicht zufällig im Restaurant von Abu Christo in Akko begegnet waren. Asuri hätte mein Vater werden können, noch bevor er Chava – meine Mutter, die Tochter von Franz – kennengelernt hatte. Asuri hätte der Vater meiner Mutter sein können. Die Geschichte von Asuri und meinem Großvater Franz begann in dem Jahr, als Bunim geboren wurde.

Die Geschichte von Franz, Käthe und Asuri begann im Jahre 1917. Unaufgefordert hatte sich Franz – damals zweiundzwanzig und seit drei Jahren Medizinstudent in Göttingen – freiwillig zum kaiserlichen Heer gemeldet. Er rückte nicht nur ein, sondern zeichnete sich auch aus. Es gab damals nicht viele Juden, die Offiziere wurden, doch er kämpfte tapfer und erhielt das Eiserne Kreuz. Seine Schwester hatte sich schon vorher taufen lassen. Zu Hause feierte man das Chanukkafest unter dem Weihnachtsbaum, keiner machte zu Pessach die Tür auf, um den Propheten Elias willkommenzuheißen, und das Alte Testament langweilte den jungen Franz. Er war ein allgemein beliebter, gutaussehender junger Mann mit tadellosen Manieren. Seine Noten an der Universität waren so hervorragend, daß man ihm noch vor Abschluß des Medizinstudiums eine große Zukunft voraussagte. Er verhielt sich höflich gleichgültig seinem Großvater gegenüber, der so furchtbar jüdisch war und ihn am

Jom Kippur immer in die Synagoge mitnehmen wollte, und verstand nicht, was der in seiner Familie zu suchen hatte. Franz' Schwester feierte sein Einrücken zum Militär, sein Vater nahm es gelassen hin, vielleicht auch ein wenig traurig, seine Mutter war besorgt, und er selbst fühlte, daß er dies seinem Vaterland schuldig war. Er hatte schon immer einen Sinn für Ordnung, Ehre und Pflichterfüllung gehabt. Bei Kriegsende, als die Niederlage bekannt wurde, beging seine Schwester Selbstmord. Als er aus dem Krieg zurückkam, war seine Schwester schon tot, und ein christlicher Pfarrer zelebrierte die Totenmesse. Seine Schwester Hilde hatte sich auch seinetwegen umgebracht, damit auch er an der Niederlage teilhaben konnte, nicht nur das deutsche Volk als solches. Auch sie hatte ein Blutopfer gebracht, Blut, dessen Herkunft sie von ganzem Herzen haßte und verachtete. Dem Vater war es gleichgültig, daß seine Tochter ihren Vorfahren feindlich gesinnt war. Er war Deutscher mosaischen Glaubens, ein kleiner Geschäftsmann, dem am Judentum nicht viel lag. Eigentlich konnte er sich für nichts sonderlich begeistern. Er war der Ehemann seiner Frau und der Vater seiner Kinder und wollte lediglich das Bindeglied sein zwischen der alten Welt, in der er unfreiwillig geboren war, und der neuen, freien, klaren Welt, in der seine Kinder aufwuchsen. Er weigerte sich, seinen Kindern ein Zugehörigkeitsgefühl zu vermitteln, das sich über ihre unmittelbare Umgebung hinaus erstreckte. So wurde Franz ohne jede Familientradition geboren. Alles, was er wissen wollte, erfragte er bei andern. Er war intelligent genug, um sich der Tatsache bewußt zu sein, daß er Jude war, was für ihn wenig Bedeutung hatte, manchmal ein Hindernis, manchmal auch keines war. Da er den Rang eines Leutnants bekleidete, an der Westfront ausgezeichnet worden war und eine Zeitlang Unterricht im Geschützrichten gegeben hatte, nach einer Methode, die er selbst ausgetüftelt und erfolgreich angewandt hatte, hielt man ihn für einen hochbegabten jungen Mann, und die anderen Offiziere sahen darüber hinweg, daß er kein typischer Junker war. In ihren Augen war er genauso ein Preuße wie sie, denn im Krieg wurden Männer zu dem, wozu Gott sie geschaffen hatte, und nicht so, wie hysterische Weiber sie gerne sehen wollten – meinte der besoffene Hauptmann, der Franz mit einer Gruppe deutscher Offiziere nach Palästina schickte, um die Türken zu unterstützen.

Er kam 1917 in Palästina an, wo er dem Zauber des Orients gegenüber gleichgültig blieb und sich nach Kräften gegen die Freundschaftsbezeugungen türkischer Offiziere wehrte, die ihn in ihrer Begeisterung abküßten und ihm dabei in die Lippen bissen. Sie saßen stundenlang auf der Veranda herum und verzehrten genußvoll halbverbrannte Fleischstücke, während unten die Musikanten, die mit Stricken angebunden waren, aufspielten und dabei die Brotreste, die man ihnen zuwarf, gierig verschlangen. Alles erschien ihm fremd und feindselig. Die Türken bezeugten keinerlei Interesse an seinem Richtsystem für Geschütze. Sie wollten mit direkten und grausameren Methoden den Sieg erringen. Im Hotel Fast in Jerusalem, wo Franz untergebracht war, erschienen deutsche Mädchen aus der deutschen Siedlung Wilhelma und aus der Deutschen Kolonie in Jerusalem. Ihre Eltern hatten sie mit Wein und anderen Liebesgaben zu den deutschen Offizieren geschickt, unter denen sie einen Bräutigam zu finden hofften – mit offenem Mund und starrem Lächeln, denn ihre Mütter hatten ihnen eingeschärft, unentwegt zu lächeln. Sie soffen wie die Löcher, erzählte mir Franz lachend. Er hatte wenig Gefallen an diesen drallen Mädchen mit den kuhartigen Glotzaugen gefunden, die mit offenem Mund tanzten, weil er andere Vorstellungen von Frauen hatte. Er begann, eine Einsamkeit zu spüren, deren Art er nicht verstand. Er nahm immer mehr Abstand von seinen Kameraden, bis auf einen türkischen Offizier, der vor dem Krieg in Wien studiert hatte, und der gerne davon sprach, daß »dieser Orient wie ein faules Ei stinkt.« Sie wanderten an den Mauern entlang, erbaut von den alten Königen der israelitischen Stämme. Franz, der sich in seiner Verzweiflung bemühte, Spuren einer ruhmreichen Vergangenheit zu entdecken, fand nur ein völlig verrottetes Land vor, das wie eine schlecht konstruierte Ruine anmutete, in Lumpen gekleidete Menschen, Mädchen, die sich für einen Dinar oder ein Stück Brot verkauften, Hunger und Tod, Typhus und Auspeitschungen und abgeschlagene Bäume zur Befeuerung der Bahn, die die barfüßigen Soldaten mit ihren Kanonen, die keine Zielvorrichtung benötigten, an ihren Bestimmungsort brachte. Berittene Soldaten schickte man an Plätze, die auf der Landkarte nicht zu finden waren. Franz hatte ein Gefühl, als wäre er in ein anderes Jahrhundert verschlagen worden, in dem keine Spur von Schönheit und Anmut zu finden war. Die Juden, denen er begegnete, glichen Vogelscheuchen, die man auf fremdem Boden aufgestellt hatte. Sie sprachen gebrochenes Deutsch und versuchten, sich an ihn zu klammern, aber er fühlte sich ihnen in keiner Weise verbunden. Begeistert sprachen sie von einer Zukunft, deren Natur er nicht verstand, ritten auf Pferden herum oder saßen lustlos vor ihren Läden. Wie eine Meute hungriger Hunde fielen sie über die Steinquadern der Klagemauer her und küßten sie ab. Franz suchte überall nach etwas Schönem, nach einem ästhetischen Anblick, an dem er sich erfreuen konnte. Sein türkischer Freund nahm ihn mit zu reichen Arabern, deren feudale Villen wenigstens mit Teppichen ausgelegt waren, und wo man anständig zu essen bekam. Hier debattierten Männer in dunklen Anzügen mit übertrieben würdevollem Ernst, aber nicht ohne Scharfsinn, über die Zukunft der Welt. Der Luxus in diesen Häusern machte Franz traurig, er fragte sich, was er mit diesen Leuten gemeinsam hätte. Er mußte an seinen Großvater und dessen Propheten Elias denken. Vielleicht war der gewaltige Bart des Propheten über das Karmelgebirge gebreitet, da, wo er begraben war, vielleicht würde er dort eine Antwort finden, die die Leere in seinem Inneren ausfüllte. Er war es müde, militärische Auszeichnungen anzustreben. Er wollte nur ausruhen, bis alles vorüber war, nach Hause fahren, sein Medizinstudium abschließen und anfangen, als Arzt zu arbeiten.

Er kam nach Haifa, damals nicht viel mehr als ein Dorf an den Hängen des Karmelgebirges, um dort eine zweite

Verteidigungslinie aufzubauen. Vielleicht auch, um dem Propheten Elias Grüße von seinem Großvater überbringen. Erst jetzt – angesichts des Ekels, den ihm Juden und Araber in gleichem Maße verursachten – begann er, rational über den alten Mann nachzudenken. Die Fähigkeit, rational zu denken, hielt er voller Befriedigung für eine seiner besseren Eigenschaften. Er war nicht frei von einer gewissen Überheblichkeit. Er sah jetzt seinen Großvater in einem ganz anderen Licht – als einen Mann, der die tausendjährige Tradition seiner Väter aus dem Osten nach Berlin gebracht und sich damit eine Kostbarkeit erhalten hatte, die keinesfalls von hier stammen konnte. Franz blieb Palästina gegenüber gleichgültig (bis er schließlich als Flüchtling hier landete), weil er von der Tatsache überzeugt war – obgleich er nur wenig von der jüdischen Geschichte kannte –, daß die Kluft zu tief war, zwischen dem, was sich hier vor zweitausend Jahren ereignet hatte, und dem, was seinem Großvater heute in Berlin geschah. Sie konnte nicht überbrückt werden. Alles, was von den ruhmreichen Königen von Israel und Judäa übriggeblieben war, waren ein paar Araber, die von einem Großsyrien träumten, Seide aus Seidenraupen herstellten, ihre Gardinen in Damaskus einkauften und nichts als Wildnis um sich herum schufen. Die völlige Verwüstung und der Zerfall, den er um sich herum bemerkte, waren offenbar die Ursachen für das Fehlen jeder praktischen Initiative und für die fruchtlosen Träumereien. Franz erschrak über die Phantastereien der Juden, die er hier antraf. Sein Großvater, dachte er, hätte sich niemals solchen Träumen hingegeben. Die Gebete seines Großvaters waren an das wirkliche Jerusalem gerichtet, nicht an ein Jerusalem aus Schrott, Ruinen und dem Hotel Fast. Die Juden, davon war Franz überzeugt, waren zu dem geworden, was sie heute sind, erst, nachdem sie Palästina verlassen hatten und nicht vorher. In der jüdischen Sehnsucht nach Palästina lag eine Verzweiflung, die er weder verstehen konnte noch wollte.

So kam er auf den Karmel, im Gefolge einer Gruppe von Nonnen in schwarzer Tracht, die mit brennenden Kerzen in den Händen über die Felsen schritten und dabei Lieder von Mitleid und Nächstenliebe sangen. Er kam an die Höhle des Propheten Elias, wo er von einer Gruppe zerlumpter Juden mit wilden Bärten stürmisch empfangen wurde, als wäre er ein lange verloren geglaubter Sohn. Ihm zu Ehren wollten sie unbedingt ein Opferlamm schlachten.

Franz war irgendwie peinlich berührt und mußte daran denken, wie sein Großvater am Pessach-Abend Kerzen anzündete und die Tür für einen Menschen aus ferner Vorzeit öffnete, der hier in dieser Höhle begraben war, verehrt und bewacht von diesen abstoßenden erbärmlichen alten Männern, und er flüchtete sich in den bezaubernden Garten, an dem er auf dem Weg hierher vorbeigekommen war. Der riesige Garten erstreckte sich von den mittleren Hängen des Karmelgebirges bis hinunter ans Meer. Franz hatte einen so prächtigen und sorgfältig angelegten Garten noch nie gesehen. Die Bäume waren innerhalb abgesteckter Quadrate in Kreisen angepflanzt; der Garten ähnelte einer zauberhaften Arabeske, deren Kreise mit wundervoller Genauigkeit und vornehmer Anmut mit den Vierecken verwebt waren. Die labyrinthartig angelegten Kieswege, die brennenden Kerzen, die vielfarbige Blütenpracht entzückten ihn. Er kam an ein offenes Tor und sah hinter den üppigen Massen von Blätterwerk und Schlingpflanzen ein großes Haus, verziert mit Torbögen, Wandelgängen und Kuppeln.

Franz trat durch das große, schmiedeeiserne Tor in den Innenhof, wo Abu-al-Misk ibn Kafur Scharara mit seinem türkischen Freund zusammensaß, der sagte, »Gestatten Sie mir, Ihnen Rosenzweig Franz zu präsentieren.« Kafur nickte mit dem Kopf. Er trug einen Anzug aus reiner Seide, hielt auf den Knien ein Schwert, von dem er behauptete, es habe einmal Saladdin gehört. Um ihn herum lagerten vornehme Damen, die stark nach Parfüm rochen und aus langen Kelchgläsern das Blut der Reben tranken. Sie musterten Franz im Dämmerlicht und begannen bald, ihm romantische Fallen zu stellen, denen er sich aber entzog. Abu-al-Misk Kafur war auf der Suche nach Verbündeten für seinen künftigen Krieg um Großsyrien, weshalb er die Türken unterstützte. Er vergaß auch nicht, sich an die Deutschen zu wenden und ihnen, falls erforderlich, Hilfe anzubieten, für die er dann reichlich belohnt wurde. Franz sah mehrere türkische Offiziere, die in schmutzigen langen Unterhosen ihre Zimmer am Innenhof betraten oder verließen. Er war von der Schönheit des ganzen Anwesens äußerst beeindruckt und begann ein Gespräch über Kanonen und die zweite Front, die aufgebaut werden sollte, mit dem Karmel im Zentrum. Doch niemand interessierte sich ernsthaft für eine zweite Front, sie alle glaubten daran, den Krieg an der ersten gewinnen zu können. Franz trank eisgekühlten Traubensaft und aß von dem gebackenen Küken, das ihm ein riesenhafter sudanesischer Eunuch im weißen Kaftan servierte, der aussah wie ein Statist in einer deutschen Opernvorstellung. Er unterhielt sich mit Kafur, der sich nie aus seinem Sessel erhob. Er war der dickste Mann, den Franz je gesehen hatte. Von Zeit zu Zeit umfaßte er das Schwert auf seinen Knien, als würden die sagenumwobenen Helden des alten Orients bald wieder in den Kampf ziehen, und als stünde der Sieg der umajjadischen Khalifen unmittelbar bevor.

Haifa war damals eine Kleinstadt, fast noch ein Dorf. Oben auf dem Karmel wohnten ein paar verschrobene Sonderlinge in turmgeschmückten Herrenhäusern und warteten, jeder in seinem Winkel, auf das Kommen ihres jeweiligen Messias. Der Gärtner, der den zauberhaften Garten angepflanzt hatte, kam aus der deutschen Kolonie, die ans Wadi Nisnas anschloß, wo Araber Tür an Tür mit ein paar Juden lebten. Auf der anderen Seite der Bucht lag Akko. In einer klaren Nacht konnte man bis nach Tyra sehen. Der Gärtner, der sich nur mit seinen Bäumen und Pflanzen unterhielt, weigerte sich, die Fragen von Menschen zu beantworten. Er hatte den Garten so entworfen, daß sich dreimal am Tag die Düfte hunderter von Bäumen und Blumen etwa zehn Minuten lang zu einer vielfältigen Duft-Symphonie vereinten. Im Gartenlabyrinth zwischen den sorgfältig beschnittenen Bäumen sah Franz einen silbrigen Pfad, der in

Windungen zum Meer hinunterführte. Der Strand war eingezäunt. Der orchestrierte Garten erschien Franz wie eine duftende Arabeske, als er sich von seinem türkischen Freund verabschiedete und den silbrigen Pfad zum Meer hinunterging, wobei es ihm vorkam, als glitte ihm der Bart des Propheten seines Großvaters durch die Finger. Er mußte an die grausamen, gelangweilten Gesichter der Frauen im Innenhof denken, an all die Schönheit, die der fettleibige Großgrundbesitzer hier versteckt hatte. Seine Träume von der Rückkehr der umajjadischen Khalifen standen offenbar nicht im Gegensatz zu dem Kreuz, das ihm zwischen den Speckfalten an seinem Hals herunterhing. Verärgert sprach Kafur über die gerissenen Juden, die jeden Hektar Land aufkauften, den sie bekommen konnten. Franz sagte nichts dazu. Abu-al-Misk Kafur war nach einem Äthiopier aus dem zehnten Jahrhundert genannt worden, einem von Krankheiten befallenen ehemaligen Sklaven, der in Akko gelebt und von dort aus das Land beherrscht hatte. Zwischen den Felsen der Umgebung, die damals weniger trostlos war als heute, hatte er nach den Khalifen von Umajja und Abbas gesucht. Sechs Monate lang ließ er das Land erzittern. Franz ging den Pfad zum Meer hinunter, Bruchstücke dieser uralten Legenden summten ihm durch den Kopf. Doch mehr als an den Propheten Elias und an Kafur, den Äthiopier, glaubte er an die Worte seines strengen Anatomielehrers, der für die romantische deutsche Schwärmerei nur Verachtung übrig hatte. Vor seiner Abreise nach Palästina hatte er zu Franz gesagt, »Lassen Sie sich nur nicht von dem sogenannten Zauber des Morgenlandes behexen. Dort ist alles tot, vernichtet in der tausendjährigen Nacht, von der ganz Asien umhüllt ist.« Franz verzweifelte an den Türken, das Schicksal der zweiten Front wurde ihm gleichgültig. Wenn sie das Karmelgebirge verteidigen wollten, sollten sie sich selbst darum kümmern. Wenn nicht – er hatte getan, was er konnte.

Dinah liebt diesen Teil der Geschichte. »Josef, du trägst in dir den Samen eines uralten Geschlechts«, sagte sie. Vielleicht ist sie deshalb so begeistert von dem »uralten Geschlecht«, weil sie Dichterin ist. Franz meint, das sei alles Unsinn. All diese Geschichten über das Blut, das in unseren Adern fließt, sind eine einzige große Lüge. Asuri sagt, »Nichts hast du, als das, was du beweisen kannst. Mein Onkel Kafur war ein erbärmlicher Traumtänzer, der alles verlor, was er hatte, weil kein Traum jemals eine Wirklichkeit hervorbringen kann, die ihm gleichkommt. Das gilt auch für den Traum der Zionisten.« Wenn ich Bunim im Büro gegenübersitze, muß ich an Asuri und Kafur denken. Er will, daß ich gegen Asuris Brüder arbeiten soll. Das ist seine liebste Rache. Er verabscheut mich sehr. Wenn ich versage, wird er *verbrannt* quer über den Deckel meiner Akte schreiben und einen schmutzigen Weg finden, mich an ihre Feinde zu verkaufen. Sollte ich in einem arabischen Land gehenkt werden für etwas, was man dort als »Verbrechen gegen die arabische Nation« bezeichnet, wird Bunim den Reportern »ganz inoffiziell natürlich« mitteilen, ein »sogenannter Agent« sei hingerichtet worden, und hinzufügen, daß es einen solchen Agenten nie gegeben habe. Araber sind bei den Geheimdiensten das beliebteste Agentenmaterial, ihr Haß wirkt wie eine Droge, die sie antreibt. Wegen dieser ganzen Sache mit dem Blut frage ich mich, was trage ich tatsächlich in meinem Blut? Wen zum Teufel interessiert sowas überhaupt? Trotzdem weiß ich, daß alles, was mir in meinem Leben zugestoßen ist, an jenem Tag entschieden wurde, als Franz auf dem Kiespfad von Abu-al-Misk Kafurs Haus zum Strand hinunterging. »Blut oder nicht«, sage ich zu Dinah, »ich weiß, daß ich schon existierte, bevor ich in diese Welt kam.« Um als der geboren zu werden, der ich bin, mußte ich mich programmieren, meine Pläne in eine andere Dimension von Zeit und Raum legen, damit Chava und Asuri schließlich das Unglück über mich bringen konnten. Deshalb trug Franz schon die Bestandteile meines zukünftigen Seins in sich, als er den Weg zum Meer hinunterging. Dinah notiert sich das alles in Worten, die später einmal eine Elegie für einen verratenen Künstler sein werden.

Ich lese durch, was ich bisher geschrieben habe. Da hilft keine literarische Heuchelei, kein künstlerischer Samthandschuh, in dem Handschuh verbirgt sich ein böser und lächerlicher Kummer.

Am Ende des Pfades, dicht am Meer, begegnete Franz Asuri. Asuri war damals dreizehn Jahre alt. Er schrieb etwas in den feuchten Sand. Franz ging auf ihn zu. Der Anblick des Knaben machte ihn so schwach, daß er sich in den Sand setzte. Seine Uniform wurde dabei naß. Kurz zuvor noch hatte er damit bei den Damen des Hauses, die ihn mit grausam-lüsternen Blicken verschlungen hatten, Eindruck gemacht. Im Dämmerlicht des Spätnachmittags leuchteten die grauen Augen des Sohns von Kafurs Bruder wie kostbare Edelsteine. In Hunderten von Jahren hatte sich das alte glorreiche Rittertum mit der Schönheit der nordischen Seen vermählt, die die Kreuzfahrer vor neunhundert Jahren in die glühende gelbe Wüste gebracht hatten. Jetzt spiegelten sie sich wider in den Augen und den Gesichtszügen von Asuri, meinem Vater, der, Dinahs Ansicht nach, soviel besser aussieht als ich.

4

Es war ein seltener Augenblick der Vergessenheit. Franz schaute den Jungen an, er war groß für sein Alter und trug Anzug und Krawatte. Franz sah, wie er Formeln in den Sand schrieb, und erstarrte. Etwas, was sein Leben lang in seinem Inneren verborgen gewesen war, erblühte plötzlich und öffnete sich voller Staunen diesem Knaben. Das war Asuri. In diesem Augenblick, geblendet von der Schönheit des Jungen, hätte Franz, wäre der Knabe eine junge Frau gewesen, sich verlieben können, heiraten, Kinder zeugen und sterben. Ein ganzes Menschenleben zog in einer einzigen Sekunde vorüber. Asuri erklärte ihm, daß er die genaue Uhrzeit des Sonnenuntergangs berechnete, nach dem Zeitpunkt, zu dem die Sonnenstrahlen die Baumkronen erreichten. Die Gestalt einer Frau hob sich schwarz gegen den blendendweißen Sand ab. Das Meer glitzerte. In dem strahlenden Licht tauchte plötzlich ein Fischerboot auf, wie aus den Tiefen des Meeres, meißelte den Augenblick in eine Verbindung von Marmor und Verblendung, verwandelte ihn zu einem Kunstwerk, wie es Franz und Asuri nie würden wiedererschaffen können. Sie saßen da und schrieben Gleichungen in den Sand. Franz wunderte sich, wie schnell der Junge ihre genaue und abstrakte Magie begriff. Asuri betrachtete Franz' Uniform, sein feines Gesicht, seine blauen Augen und sein kurzgeschorenes Haar und sah in ihm den Gegensatz zu den gewalttätigen Männern mit den langen

Schnauzbärten, unter denen er lebte, und die ihn alle gern zum Juwel ihrer Krone gemacht hätten. Kafurs Frauen lüsteten alle nach dem Knaben, doch Kafur lachte sie aus und sagte, »Er gehört mir und nicht euch. Er gehört dem Königreich und dem Ruhm, nicht einer Bande von Weibern.« Sie schluckten schweigend seine Beleidigungen. Kafur gab den Leuten zu essen, damit sie ihm schmeichelten. Er war ein gerissener, intelligenter Mann und traute keinem. Hinterhältig und mißtrauisch wie er war, traute er nicht einmal sich selbst. Die Farben der schnell sinkenden Sonne erschienen Franz und Asuri wie eine Falle, in der sie bald gefangen sein würden. Franz blickte auf seine Taschenuhr. Der Junge hatte recht. Asuris Berechnungen waren erstaunlich genau. Im gleichen Moment, wo die Sonne zu sinken begann, strömte der Garten zum drittenmal an diesem Tag eine Symphonie berauschender Düfte aus. Was spielte sich wirklich zwischen Franz und Asuri ab? »Gib zu, daß es Liebe war«, sagte Dinah zu mir. »Ja«, antwortete ich, »aber welche Art von Liebe?« Ich weiß, daß erst durch Käthe, die Franz sechs Jahre später kennenlernte, die Liebe vollzogen wurde, die der Mann und der Knabe in der schmerzhaften, goldenen Stunde jenes Sonnenuntergangs füreinander empfanden. Warum schmerzvoll? Haben sie sich umarmt? In einem seltenen Augenblick der Offenheit erzählte Franz mir einmal, er habe dort gessesen, den Knaben angeschaut und sich – so beschrieb er es – dem wundervollsten Gefühl seines ganzen Lebens hingegeben; es war, als gebäre er seinen eigenen Vater. »Wie konnte ein Junge wie Asuri dich glauben lassen, er sei dein Vater?« fragte ich ihn, und er sagte, »Er hat mich verhext«, als wäre *verhext* mehr als nur ein Wort. Asuri erzählte, er habe Franz angeschaut, Franz habe ihn angeschaut, in dieser schrecklichen Nähe, die sie füreinander fühlten, hätten sie gewußt, daß zwei Stücke einer alten Münze miteinander verschmolzen waren. Aber es gab keinen Markt, wo man für diese Münze etwas kaufen konnte. »Vielleicht hättet ihr sie an einen Münzensammler verkaufen können«, sagte ich, aber er meinte, »Nein, nicht einmal an einen Münzensammler.«

So bleibt also nur meine eigene irrationale Theorie, daß ich potentiell bereits anwesend war. *Nur ein toter Araber ist ein guter Araber.* Dies ist die These von Nissan und seinen Kumpanen. Ich mußte geboren werden, um alberne Klischees zu widerlegen, die für Leute wie Bunim und Nissan alles so einfach machten. Aber auch, um sie zu verstehen mit jenem Teil von mir, der zu dem Klischee *Zweite Generation der Holocaust-Überlebenden* gehörte. Nicht, daß Franz eigentlich ein *Überlebender des Holocaust* war. Er entkam schon früher, aber die Erniedrigung, als man ihn aus dem Krankenhaus vertrieb, das Judentum, das man ihm in Form des Judensterns aufzwang, den er tragen mußte, reichten aus, ihn zum Flüchtling werden zu lassen. »Ich brauchte dieses Zusammentreffen, um geboren zu werden«, sagte ich zu Dinah, »damit ich in diese Welt kommen und euch Schmerzen bereiten konnte. Ich war nicht schuld am Scheitern jener reinen Vernunft, als Franz sich von der Schönheit dieses Knaben blenden ließ, ihn umarmen wollte und es nicht konnte. Ich wußte, daß Käthe eines Tages zwischen ihnen stehen würde, als unüberwindliches Hindernis, das jede Umarmung ausschloß.« – »Das ist ja alles sehr schön und bildhaft erzählt«, meinte Dinah, »aber unrealistisch.« – »Wenn das so ist«, erwiderte ich, »wie erklärst du dir dann, daß ich den Regen ins Kassit gebracht habe?« – »Auch dafür muß es eine logische Erklärung geben«, sagte sie, »nur hältst du sie zurück. Wenn es dir in den Kram paßt, spielst du den sentimentalen Araber, und wenn nicht, bist du der logische, nüchterne Jude.« »Dinah«, sagte ich zu ihr, »es gibt auch eine Menge blöder, sentimentaler Juden und eine Menge intelligenter, nüchtern denkender Araber. Du selbst gehst in die Falle, die dir deine Eltern und deine Lehrer gestellt haben, und vor allem in die Falle, die Asuri, dieser Gelegenheitsmarxist, eine *historische Notwendigkeit* nennt – eine Notwendigkeit, die du nicht akzeptierst, die dir historisch erscheint, weil du keine andere kennst. Für dich bin ich eine verlorene, unglückliche Liebe. Du leidest mit mir, weil du jemand liebst, von dem du glaubst, er wolle deine ungeborenen Kinder umbringen.« – »Aber du warst doch derjenige, der auf einer Abtreibung bestand«, rief sie, und ich sagte, »Du warst sofort dazu bereit. Eine andere Mutter, von einem anderen Vater schwanger, wäre nicht so schnell einverstanden gewesen.« Und da fing die arme Dinah an zu weinen.

Nein, eigentlich kann ich die überwältigende Wirkung, die Asuris Schönheit auf Franz ausübte, nicht begreifen, so sehr ich mich auch bemühe, die minimale Information, die ich besitze, zu einem Ganzen zusammenzutragen. Sie saßen ganz dicht beieinander, danach gingen sie hinauf zum Abendessen im Innenhof. Sie aßen zusammen mit den Frauen, die Franz bereits Blicke der Verachtung und des Abscheus zuwarfen. Kafur war nicht mehr sicher, daß er einen Judentöter in den Händen hatte. Asuri war der erste, der Franz als Juden ansprach. Er sagte, »Nimm das, was mein Onkel über die Juden sagt, nicht so ernst. Er ist ein Großmaul, aber er wird nie auf euch schießen.« Franz war erstaunt über das Wort *euch*. Er hatte sein Judentum nie verborgen, es aber auch nicht herausgestellt. Es erstaunte ihn, daß dieser Knabe, der in seinem jungen Leben nur wenigen Juden begegnet war, ihn nicht einfach als deutschen Offizier angesehen hatte. Aber Asuri hat sich noch nie von äußeren Erscheinungen täuschen lassen. Er selbst trägt stets ein Mao-Hemd aus grobem Stoff und darüber eine teure Jacke. Er kauft seine Jacketts nur in Paris, damit man sehen kann, wie wichtig es für ihn ist, auch heute noch einen guten Eindruck zu machen. Dinah sagt, Asuri sei der attraktivste Mann, dem sie je begegnet ist. Sie will mich damit ärgern und Chavas Liebe für Asuri als unvermeidlich hinstellen. Dinah versteht nicht, daß Asuris Schönheit Chava ihr Leben lang nicht aufgefallen war. Sie war blind für die Schönheit. In ihren Augen hatte die Welt keine Farben. Sie liebte an Asuri genau das, was Franz sofort durcheinandergebracht hatte: Sein tiefes intellektuelles Verständnis dafür, wer was wann war und warum, und auch seinen Sinn für Rituale – die Tatsache, daß er imstande war, einen ganzen Monat lang gegenüber dem Kassit auf der

Straße zu stehen, ohne aufzugeben, meine Ablehnung zu akzeptieren, ohne sie übelzunehmen. Asuri hatte die Gabe, die Wahrheit riechen zu können. Was immer Judentum sein mag – Nationalität, Religion, Tradition oder Schicksal – es scheint einen spezifischen Geruch zu besitzen. Asuri war in dem labyrinthischen Garten der Gerüche aufgewachsen, dessen berauschende Düfte sich dreimal täglich schlagartig vereinten. Er sagte zu Franz, »Ich weiß, daß du Angst hast, aber mein Onkel ist nur ein Prahler, der nichts versteht, ein Schwätzer, der den türkischen Barbaren Gefälligkeiten erweist und dafür belohnt wird. Eines Tages wird er sich in seinem Sessel so sehr aufblähen, daß er wie ein Luftballon platzt.« Franz meinte, es sei ziemlich unangenehm, als Jude dem Schwert von Saladdin gegenüberzustehen, doch Asuri sagte, »Dieses Schwert ist gegen die ganze Welt gerichtet. Die paar armen Juden, die hier nach Land suchen, sind der bequemste Feind, weil sie so schwach sind.« Franz erinnerte sich an diese Worte, als ich zu ihm kam und klagte, wie man mit mir umging, wann immer ich mit den niederträchtigen Juden und ihren Gesetzen in Berührung kam. »Vielleicht«, sagte er, »hat Asuri sich geirrt. Er hat nicht daran gedacht, wie schnell diese armen Juden vergessen würden, was es heißt, eine machtlose Minderheit zu sein.«

Ich versuche noch immer, mir die Augenblicke des Verliebens vorzustellen. Ich würde sie gern in ihrer ganzen Nacktheit beschreiben. Ein Mann begegnet einem Knaben. Ein leises, süßes Murmeln kommt aus ihren Herzen und wird zu einer Melodie. Die Melodie verwurzelt sie bewegungslos im Garten, bietet sie als Opfer dar. Die Frauen blicken Franz an wie einen Perversen, sie alle sehen das schamlose Verlangen, mit dem die beiden sich anschauen. Später erscheint Käthe, sie bringt Balsam für die Wunde, die in ihnen aufriß, als ihnen klar wurde, daß sich ihre Liebe niemals vollziehen würde. Ihr Verlangen blieb für immer unerfüllt. Ihre Liebe war körperlos. Sie verpaßten die Gelegenheit, eine einfache, wenn auch ganz andere Geschichte auszuleben. Sie warteten, bis Käthe kam. Und so verpaßte auch ich die Gelegenheit, als erster Säugling in der Geschichte der Menschheit der Sohn eines zweiundzwanzigjahrigen Mannes und eines dreizehnjährigen Knaben zu sein. Sie waren nicht imstande, etwas zu begreifen, das zu groß für sie war. Ich verstehe die Beziehungen zwischen Männern nicht besser, als Franz und Asuri sie verstanden. Ich kann mir vorstellen, daß es bei ihnen so war wie bei Dinah und mir. Unsere Liebe war so mächtig, daß wir sie zerstören mußten. Hätte ich sie immer noch besuchen können, wäre alles in Ordnung gewesen, aber sie konnte mich nicht zu sich kommen lassen, und sie konnte keinem erlauben, meinen Platz einzunehmen. Was übrigblieb, war ein süßes und schreckliches Grauen, eine ewige Sehnsucht, wie die Sehnsucht der Juden nach dem Messias, der nie in Fleisch und Blut erscheinen wird, weil er das Wesen aller Erwartung verkörpert.

Franz verließ Haifa. Er fuhr nach Jaffa zu den Türken. Die Schlacht am Jarkon-Fluß begann. Dann holte ihn ein Telegramm wieder in den Norden. Er ritt nach Haifa, Asuri wartete auf ihn. Zusammen saßen sie schweigend am Strand. Zehn Stunden saßen sie nebeneinander, ohne zu reden. Die Liebe, die sie durchströmte, würgte sie mit ihrer Kraft. Sie zogen es vor, sie zum Schweigen zu bringen. General Allenby eroberte Jerusalem, die letzte entscheidende Schlacht begann. Franz war in Schwermut versunken. Kafur saß wie gewöhnlich in seinem Sessel, aber in seinen Augen lag die Mutlosigkeit des Besiegten. Die Türken fochten tapfer den verlorenen Kampf aus. Wiehernde Pferde mit blutbefleckten Reitern im Sattel galoppierten den Berg hinauf bis zu dem großen Haus. Sie gingen hinein und legten sich unter lautem Gebrüll und Peitschenknallen zu Kafurs Frauen. Der Geruch von Blut lag in der Luft. Sterbende Soldaten schleppten sich unter Schmerzen nach Norden. Kafur verschlang immer mehr Brathühner und schlief nachts in seinem Sessel. Der sudanesische Hausdiener lief davon, und das Blut floß von den Bäumen. Am Tag, an dem Franz Haifa verließ, begann der Garten zu verfallen, faulende

Risse, die vorher hinter dem Blätterwerk versteckt waren, zeigten sich an dem großen Haus, das langsam zu sterben begann, und die Juden kauften einen Hektar Land nach dem anderen (und was sie damals nicht kauften, nahmen sie sich 1948, sagt Asuri). Abu-al-Misk Kafur umwarb die Bodenspekulanten und machte Geschäfte mit ihnen. Sein Herz war von einem trockenen Haß erfüllt, wie ich ihn von Bunim kannte. Kafur sah die Häuser aus dem Untergang seines Gartens entstehen. Er knirschte mit den Zähnen und versteckte sein Gold. Jetzt träumte er bereits von Palästina statt von Großsyrien.

Bunim hatte leichtes Spiel mit mir, weil Franz und Asuri schon bei ihrer ersten Begegnung eine bestimmte Haltung eingenommen hatten. Enttäuschte und in sich verschlossene Liebhaber versuchen zeit ihres Lebens, mich daran zu hindern, das imaginäre Gewehr abzuschießen, das mir Kafur als Erbschaft hinterlassen hatte – oder vielleicht auch der Großvater von Franz, der Kerzen anzündete und dem Propheten Elias die Türen öffnete. Bunim wußte, wie gern ich Rami gewesen wäre und wie sehr ich in Wirklichkeit der Nachkomme von Abu-al-Misk ibn Kafur Scharara war. Es stimmt, Chava wurde verwundet, aber nicht von Asuri. So sehr ich mich auch bemühte, ihm die Schuld zuzuschieben, ich zielte nie mit der nötigen Genauigkeit. Mein Leben sollte zur Geschichte ihrer unglücklichen Liebe werden, ihre Kämpfe sollten mit meinem Körper oder in meiner Seele ausgetragen werden. Bunim, der das wußte, sagte zu mir, »Wir wissen sehr viel, nur eines ist unverständlich. Wie kam dein Großvater, der angesehene Lungenchirurg, dazu, sich mit diesem Araberjungen Asuri einzulassen, der all diese gefährlichen, subversiven Schriften über die Geschichte der Juden und Araber in Palästina verfaßt hat?« – »Bunim«, sagte ich zu ihm, »Asuri ist ein international anerkannter Experte für die Entwicklungsgeschichte des jüdisch-arabischen Konflikts. Was er geschrieben hat, ist die Wahrheit, deshalb hassen ihn sowohl die Juden als auch die Araber. Aber so sehr sie ihn auch hassen, seinen Ruf können sie nicht erschüttern. Du weißt das, und ich weiß es auch. Wie sie sich begegnet sind? Ich habe sie sich treffen lassen – in einem Zaubergarten, den ihr mit eigenen Händen zerstört habt, wie alles Schöne in diesem Land. Ihr fürchtet euch vor eurem eigenen Schatten, und was ihr nicht zerstören könnt, existiert für euch nicht.« Bunim lachte. »Wir haben die Wüste zum Blühen gebracht. Wir haben die Sümpfe trockengelegt in einem Land, das verlassen und verrottet war.« Ich antwortete, »Ihr habt in dieser wilden Einöde, die mit kleinen Saphiren bedeckt war, ein kleines Warschau aus Karton aufgebaut und später ein kleines Berlin aus Sperrholz.« – »Wen meinst du mit *ihr*?« fragte Bunim. »Und was bist du?« – »Das fragst du mich? Wenn ich einer von euch wäre, hättest du mich nicht anwerben müssen, um mich zu vernichten.« Bunim lächelte müde, ein fast romantisches Lächeln, und sagte, »Josef, du machst dir ein viel zu finsteres Bild von unserer Organisation«, worauf ich erwiderte, »Versuche doch mal zur Abwechslung auf der anderen Seite eurer Organisation zu sein. Wenn du dort etwas anderes findest als Blut, Zerstörung, Drohungen und Beleidigungen, reden wir weiter.« Die Verbindung zwischen Franz und Asuri machte ihn rasend, als ob ohne sie alles anders gewesen wäre. Dies war wahrscheinlich die Quelle meiner Kraft, da es gleichzeitig die Quelle seiner tiefsten Zweifel war.

5

Ich kann hier in den Luxembourg-Gärten auf der Bank sitzen, vor den gepflegten Blumenrabatten, und mir einbilden, ich ginge durch den Garten von Abu-al-Misk Kafur. Aus diesem Garten heraus, den ich nie gesehen habe, es sei denn als Ruine, kam ich durch den Schoß meiner Mutter Chava in die Welt. Ich sitze im Büro von Usi, einem von Bunims Assistenten. Eine Frau von unbestimmbarem Alter sitzt und strickt warme Socken für ihren Sohn, einem Soldaten auf dem Sinai. Dann legt sie ihr Strickzeug für ein paar Minuten zur Seite, um Radio zu hören. Im zweiten Programm spricht Dr. Rafael Rafaeli über Hämorrhoiden. Es ist ein schöner Wintertag, draußen scheint die Sonne. Ich beschreibe ihr, was ich sehe; sie setzt sich an ihre Schreibmaschine und fängt an, mechanisch alles mitzuschreiben: Eine Bergkette, die Stadt Kuneitra, der einsetzende Schneefall, ein Panzer bleibt im Matsch stecken, ein nicht identifizierbares Flugzeug ist auf der Suche nach einer Panzerkolonne, daneben ein Geschwader von Hubschraubern, das sich in eine Wolke auf dem Berggipfel hineinmanövriert. Am Fuß des Berges liegt ein großes, mit Drahtverhauen eingezäuntes Dorf, davor weidet eine Rinderherde, ein Offizier im Wintermantel mit giftgrünem Pelzfutter beaufsichtigt eine Übung zum Erstürmen von Befestigungen. Ich sehe: einen Panzer mit einer Rammvorrichtung, vielleicht auch eine Pontonbrücke, mehrere Lastwagen, beladen mit Raketen. Ich versuche, den Typ der Raketen zu erkennen; die Hubschrauber verschwinden in der Ferne, und plötzlich sehe ich, wie eine fahrbare Radarstation am Rande eines kleinen Dorfes, nicht weit von dem großen Dorf, in Stellung geht.

Ich stelle keine Fragen, aber Bunim erzählt mir später, ich hätte eine Übung beschrieben, die dicht an der Demarkationslinie auf den Golan-Höhen stattgefunden hatte. Wir hatten vereinbart, ich solle *sehen* und berichten, was ich gesehen hätte. Mit dem, was ich ihnen erzählte, konnten sie machen, was sie wollten. Über Freunde und Familienangehörige berichtete ich nichts. Wenn Asuri morgen beschließt, sich der Organisation von George Habasch anzuschließen, ist das seine Sache. »Schon gut«, sagt Bunim, »Und wenn irgendein Terrorist ein Verwandter von Asuri ist?« Er will mich quälen, ich reagiere nicht darauf. »Ich bin ein guter Araber«, sage ich zu Bunim, »ein guter Araber spricht nur, wenn man ihn fragt.« Die Frau mit dem Strickzeug fängt an zu lachen. Franz meint, ich sei der jüdischste Israeli, den er kenne. Ich würde die Seidenfäden des Überlebens weben, wie sein Großvater, ein Künstler in der alten jüdischen Strategie, die hier in Vergessenheit gerät. Franz sagt, ich besäße einen Sinn für Ironie, den die Juden in Palästina verloren hätten. Bunim sagt, ich sei ein guter Araber, weil ich jüdischen Humor besitze. Wenn man mir weh tut, kann ich lachen, ohne den Mund zu verziehen.

Ich gehe zurück in die Vergangenheit. Immer noch spioniere ich hinter Dinah und Rami her, arbeite für Bunim. Es bleibt aber noch Zeit, mich in das Feuer meiner Erinnerung zu begeben. Ich schaue in die Vergangenheit und sehe Franz. Er kommt aus Palästina zurück in die letzten Kämpfe an der Ostfront, kehrt dann heim nach Berlin. Seine Schwester Hilde hat die Schmach der Niederlage nicht ertragen und sich das Leben genommen. Während der schweren Jahre nach dem Krieg beendete Franz sein Studium. Sein Vater hatte Glück und verlor nicht viel von seinem Besitz. Franz, der voller bitterer Gedanken heimgekehrt war, vertiefte sich vollkommen in seine Arbeit. Fast zufällig spezialisierte er sich auf Lungenkrankheiten, entwickelte eine Methode zum Absaugen von Fremdkörpern aus der Lunge und wurde dadurch bekannt. Der berühmte Professor Maier machte ihn zu seinem Assistenten. Er operierte reiche Leute und Generäle, die mit beschädigten Lungen aus dem Krieg zurückgekommen waren. Manchmal saß er in Kaffeehäusern herum und beobachtete die anderen Gäste. Er ging nie auf Partys oder in Nachtlokale, hatte ein paar Freunde, und da war auch eine Frau, mit der er sich eine Zeitlang traf. Seine Mutter wartete auf Enkelkinder, ihre Tochter lag auf einem christlichen Friedhof begraben, und ihr Mann, Franz' Vater, erlitt einen Schlaganfall und starb. Bei seinem Begräbnis sang der Kantor das jüdische Totengebet *El Malei Rachamim*, und Frauen, die seine Mutter seit Jahren kannte, betrachteten staunend den grotesken, bärtigen alten Juden. Ein paar Jahre zuvor hatte Walter Rathenau, der seit einiger Zeit Außenminister war, die Bemerkung fallenlassen, die Juden seien ein asiatischer Volksstamm auf preußischem Boden. Franz beobachtete das asiatische Bestattungsritual und fühlte sich erniedrigt, als er den Friedhof verließ. Er machte sich Sorgen um seine Mutter, die an Krebs erkrankt war, und ließ eine Reihe von Untersuchungen vornehmen. Eine Heilung war ausgeschlossen. Er wußte, innerhalb von zwei oder drei Jahren würde sie sterben. Franz konnte die Einsamkeit spüren, die ihn erwartete. Sein Vater und seine Schwester waren tot, und bald würde seine Mutter sterben. An einem neuen Krankenhaus im Westen der Stadt wurde er zum Chirurgischen Oberarzt ernannt. Mittlerweile fuhr er sein eigenes Auto, er mietete für seine Mutter ein neues Haus, das er mit üppiger Eleganz einrichtete, als baute er ihr ein Mausoleum. Asuri schrieb lange und ausführliche Briefe, und Franz bat ihn immer und immer wieder, er solle nach Berlin kommen und dort studieren. Er versprach, die Kosten für Asuris Ausbildung zu übernehmen, da Abu-al-Misk Kafurs Vermögen ihm durch die Finger rann. Was er versteckt hatte, traute er sich nicht anzugreifen. Asuri schrieb, einen privaten Badestrand gäbe es nicht mehr, das Haus verfalle, und er lebe jetzt bei seinen Eltern in Akko. Sein Onkel besuche sie gelegentlich; er sei gezwungen gewesen, sein Schwert an einen Antiquitätenhändler zu verkaufen.

Die Mutter von Franz fing an, Bilder von Säuglingen an die Wand zu hängen. Franz entwickelte neue Instrumente zum Absaugen von Flüssigkeit aus der Lunge. Er ging oft in die Oper; die Straßen waren voller Kriegsinvaliden, die Inflation wütete, er merkte kaum etwas davon. Seine kranke Mutter kümmerte sich um ihn, die Lage begann sich zu beruhigen und die Kaffeehäuser füllten sich. Franz hatte Visionen vom Karmelgebirge und von dem schönen Knaben, der Formeln in den feuchten Sand schrieb. Nachts schlief er mit jungen Schauspielerinnen, am Morgen fuhr er sie in seinem Auto spazieren. Der bevorstehende Tod seiner Mutter verursachte ihm Schmerzen, die er nie zuvor gefühlt hatte.

Aus Hamburg reiste Käthe an, um ihren Bruder zu besuchen, einen wohlhabenden Hypochonder, der ihr voller Bewunderung von Franz erzählte, obwohl der ihm sagte, er habe zu viele medizinische Bücher gelesen und laufe Gefahr, wegen eines Druckfehlers einem tödlichen Herzanfall zu erliegen. Käthe, die mit einem Herzfehler geboren war, fürchtete sich vor nichts. Sie lebte in absoluter Todesnähe. Ständig stieß sie mit beweglichen Objekten wie Autos und Pferdekutschen zusammen und war regelmäßige Patientin der Intensivstationen verschiedener Krankenhäuser. Die Ärzte retteten ihr Leben und hofften, daß sich etwas von Käthes nobler ätherischer Schönheit auf sie übertragen würde. Nach einem Monat in Berlin begannen steifnackige alte Damen mit faltigen Gesichtern, sie zu ihren Empfängen und Gartenfesten einzuladen. Es war Sommer, und die alten Damen – vorwiegend Witwen, deren Männer an Überarbeitung, an Sorgen über Krieg und Inflation gestorben waren – fingen an, Pläne für ihre Enkelkinder zu machen. Käthe Salomon, eine junge Dame aus einer der reichsten Familien Deutschlands, war überall sehr gefragt.

Die Mutter von Franz bemerkte Käthes tiefe Traurigkeit, ihre Todessehnsucht bei einer Gesellschaft, die Freunde für sie gaben. Sie nahm Käthe zur Seite und redete lange mit ihr. Keiner nahm davon Notiz. Franz Rosenzweig gehörte nicht zu den jungen Leuten, die Käthe den Hof machten, er verbrachte seine Nächte auch nicht damit, von Nachtlokal zu Nachtlokal zu flattern. Keine der alten Damen betrachtete ihn als potentiellen Ehemann für Käthe Salomon, deren Familie seit dreihundert Jahren die deutsche Erde ausmelkte. Der Ausdruck *die deutsche Erde ausmelken* stammte von einer der tugendhaften alten Damen, die alle sehr deutsch waren, aber einer Generation angehörten, die sich an vieles erinnerte, was die jungen Leute längst vergessen hatten. Die Mutter von Franz nahm Käthe beim Arm, führte sie hinaus auf die Veranda und stellte sie ins Licht einer Lampe. »Sie müssen Frau Rosenzweig sein«, sagte Käthe zu ihr. »Mein Bruder spricht von Ihrem Sohn wie von einem Dichter.« Die alte Frau lächelte. Käthes Aussehen gefiel ihr, machte ihr aber vielleicht auch etwas Angst. Käthe hatte eine edle Stirn, sanfte braune Augen, dunkelblondes Haar, das wie Gold schimmerte, ihre Wangen waren so eingefallen, daß sie fast schwindsüchtig wirkte. Aber die Mutter von Franz wußte, daß Käthe nicht krank war, sondern in den Krallen derselben Angst steckte wie ihre Tochter Hilde, die immer davon geträumt hatte, Nonne zu werden, und den Schmerz der Demütigung und der Niederlage nicht hatte ertragen können. »Sie sind doch nicht etwa auch auf der Jagd nach einer Schwiegertochter?« fragte Käthe. Sie meinte das weder ärgerlich noch verächtlich, es war eine sachliche Frage. »Kommen Sie uns doch mal besuchen«, sagte Franz' Mutter offen heraus. »Franz wird sich freuen, Sie kennenzulernen. Ich weiß, es klingt albern, aber ich glaube, Sie werden Interesse an ihm finden. Er ist so einsam und arbeitet so schwer, er war im Krieg und kam traurig wieder zurück, von Alpträumen geplagt. Er hat die besten Hände aller Chirurgen in Berlin, und seine Zukunft ist gesichert.« Dann senkte sie die Augen und sagte fast flüsternd, »Ich brauche die Mitgift der Salomons nicht, wir sind selbst reiche Leute. Weder Franz noch ich brauchen Ihre Ländereien, Ihre Geschäfte, Fabriken und Bankhäuser, wir haben selber genug Geld und leben gut – vielleicht sogar mehr als gut. Wenn Sie ein armes Waisenkind wären, würde ich auch nicht anders mit Ihnen reden.»

Franz' Mutter lud Käthe zum Abendessen ein und kochte seine Lieblingsgerichte. Nach dem Eindruck, den sie hatte, mußten sie auch Käthe schmecken. Franz war einsilbig und trank etwas Wein. Er merkte, daß seine Mutter ihn verheiraten wollte, und verstand, daß sie von ihm einen Enkelsohn erwartete, bevor sie starb. Er erstarrte, als Käthe ins Zimmer trat. Sie sah Asuri so ähnlich, sie hätte dessen Schwester sein können. Er schaute ihr in die Augen und dachte über das Unbegreifliche der Naturgesetze nach. In ihren Augen entdeckte er die gleiche gehetzte Rätselhaftigkeit, die er in Asuris Augen gesehen hatte. Später sollte ich sie auch in den Augen von Dinah, die eine andere Farbe, aber die gleiche Form hatten, wiederfinden. Während ihrer Unterhaltung fiel ihm auf, wie verängstigt Käthe war, wie fremd in ihrem eigenen Körper, und er dachte an seine eigene körperlose Liebe zu Asuri. Franz begriff, warum Käthe mit dem Tod ihr Spiel trieb. Nichts in ihrem bisherigen Leben hatte ihr Lebenszweck und Lebenslust vermitteln können – weder ihre Kindermädchen auf dem Land, noch ihre Sommerurlaube, noch die riesigen Ölgemälde im Herrensitz ihrer Eltern, Portraits von Leuten, die die Maler erfunden hatten, um der Familie eine Geschichte zu geben, die sie nie gehabt hatte. Käthes panische Angst rührte sein Herz; sein Mitleid galt Asuris Spiegelbild in ihrem Gesicht. Winzige Sternenwelten erstarben in ihren furchterfüllten Augen. So war es bei seiner Schwester Hilde gewesen. Er verstand, warum seine Mutter Käthe zum Essen eingeladen hatte. Die Enkel würden in der Familie bleiben.

Wenn ich über Käthe schreibe, fange ich an zu zittern. Sie war eine Frau, die wir alle liebten. Franz liebte sie, Asuri liebte sie, Chava und ich liebten sie, jeder, der Käthe kannte, liebte sie. Sie war unsere Traumfrau. Als Chava zu ihr kam und ihr sagte, sie sei schwanger, vielleicht wollte sie sich da an ihrer Mutter rächen, nicht nur für das, was zwischen ihr und Asuri geschehen war, auch für die Liebe, die wir alle ihr im Übermaß gegeben hatten.

Die unerklärliche Bindung zwischen Käthe und Franz, eine Bindung, die bis zu ihrem Todestag andauerte, war bereits entstanden, als der Nachtisch serviert wurde, Zitronencreme mit Curaçao. Franz sprach nur wenig, Käthe betrachtete das kleine Gemälde von Paul Klee, das Franz vor ein paar Wochen erworben hatte. Sie saßen im Salon und tranken Kaffee, der ihnen von einem kichernden Hausmädchen serviert wurde, das zuviel vom Curaçao getrunken hatte, bevor sie ihn in den Pudding gerührt hatte. Draußen begann die lange, silberne nördliche Nacht, die flackernden Straßenlaternen warfen ein goldenes Licht auf die Bäume, und Käthe sagte zu Franz, »Wenn Sie mich mit Ihrem Skalpell aufschneiden, finden Sie nichts als Staub.« Franz sagte, er werde sie mit in die Oper nehmen, zu Don Giovanni. »Wenn Sie den morgigen Tag schon gekauft haben«, sagte sie, »werden Sie ihn mit dem Tag danach bezahlen müssen.« Und er sagte: »Übermorgen gehen wir zum Grab meiner Schwester Hilde.« Das brachte Käthe nicht aus der Fassung. Die Idee, seiner toten Schwester vorgestellt zu werden, gefiel ihr. In diesem Augenblick, dem Augenblick, in dem Franz den Satz aussprach, der so gar nicht zu seiner nüchternen und ehrbaren Erscheinung paßte, war für seine Mutter der geeignete Moment, aufzustehen, zu sagen, sie fühle sich nicht wohl, und in Ohnmacht zu fallen. Franz schaute auf seine Mutter, fing sie in seinen Armen auf und sagte zu Käthe, »Jetzt, wo sie weiß, daß die Zukunft gesichert ist, kann sie anfangen zu sterben.«

»Du verstehst«, sagte Asuri traurig zu mir. »Sie gab sich ihm am ersten Abend. Er verliebte sich in sie, weil sie ihn an mich erinnerte. Aber in der kosmischen Planung gehörte sie mir, und er wußte das. Er hätte sie mir nicht wegnehmen dürfen.« Ich sagte Asuri, er sei ein Hurensohn; er sagte, ich verstünde nicht, wovon er spräche, weil ich in einer freigebigeren Zeit lebte, die die wahre Liebe nicht kenne. Damals gab es noch Regeln für gutes Benehmen, es gab Manieren. Franz hatte diese Regeln gebrochen. Käthe sei es gewesen, sagte ich zu ihm, die die Regeln gebrochen habe.

Zur Hochzeitsfeier holte Franz seine Mutter aus dem Krankenhaus nach Hause. Einige seiner alten Kriegskameraden waren zur Hochzeit in Uniform erschienen und sangen Lieder, Franz sang mit, nicht so wie damals im Hotel Fast in Jerusalem. Käthe trug ein weißes Hochzeitskleid, und die Offiziere, die anfingen alt zu werden, salutierten vor ihr. Nach ein paar Wochen begann Käthe, sich nach Asuri zu sehnen. Jeden Abend, wenn er aus dem Krankenhaus kam, erzählte Franz ausführlich von ihm. Es war fast eine Art Ritual. Manchmal denke ich, Franz wollte sie auf Asuris Ankunft in Berlin vorbereiten, um dafür zu sorgen, daß ihre Liebe diesmal vollzogen werden konnte. Um sie zu vollziehen, wie Liebe vollzogen werden mußte, hatte er zuvor Käthe heiraten müssen. Hin und wieder fragte sich Franz, ob Chava wirklich seine Tochter war, vielleicht war sie die Tochter von Asuri. Tief im Herzen aber wußte er, daß Käthe nie mit Asuri geschlafen hatte, Chava war seine Tochter. Aus Gründen, die mir unerklärlich sind, wäre Franz ein glücklicherer, ein zufriedenerer Mensch gewesen, nicht der kleine Hiob, der er war, der alle Menschen begrub, die er am meisten liebte, wäre Chava Asuris Tochter gewesen.

Käthes Weiblichkeit, erzählte Asuri, hing auf eine gewisse Art mit dem Tod zusammen. Sie war angesteckt vom Geruch des Krieges, den Franz in sich trug. Vielleicht war dieser Geruch der Ursprung dessen, was sie verband. Wenn Käthe von dem Skalpell sprach, das den Staub freilegen würde, wenn er sie aufschnitt, sah sie vor sich die starren Augen der Toten, die Franz im Krieg gesehen hatte. Im Bett hörte sie, wie Franz in ruhelosem Schlaf gequält aufstöhnte, und sie lächelte, nicht boshaft, sondern vor Glück über die Eliminierung des Körpers, den sie nie begehrt hatte. Wäre ich ein Zyniker, würde ich Bunim, der nie aufhört, mich über mein Privatleben auszufragen, erklären, daß Käthe mit dem Blut zu Bett ging, das die einzige Seite der einseitigen Justiz darstellte, die ihn, wie er immer sagte, wirklich interessierte. Bunim war der erbärmlichste Bluthändler, den ich je gekannt hatte. Angefangen hatte er mit einem idealistischen Glauben an die Gerechtigkeit, geendet damit, junge Leute wie Rami, ohne daß sie sich dessen bewußt waren, mit dem idealistischen Glauben zu vergiften, man müsse das Recht beugen, um einen Traum wahrzumachen.

In Palästina hatte sich vieles geändert. Als Asuri in Berlin ankam, kam er nicht mehr aus dem Zaubergarten an den Hängen des Karmelgebirges, die Franz verlassen hatte. Die Briten hatten in Ägypten, im Irak und in Transjordanien Könige auf den Thron gesetzt. Der Scharif von Mekka beteiligte sich an dem Spiel der Aufteilung des Nahen Ostens. Franzosen und Engländer waren in ihre politischen Intrigen verstrickt, die Araber begannen, die Zukunft mit anderen Augen zu sehen. Asuri hatte seine Studien in Haifa abgeschlossen, war einige Zeit im Lande herumgereist, hatte Beirut besucht, wo sein älterer Bruder auf der Universität war, ein Jahr hatte er in Italien studiert, bevor er nach Berlin kam. Wäre ich Bunim, würde ich sagen, der Nahe Osten hat Asuri nach Berlin geschickt wie eine Depesche – einer seiner Lieblingsausdrücke. Käthes Verlangen nahm ein Ende, als Asuri ins Zimmer trat. Asuri sah wie ihr Spiegelbild aus und verliebte sich sofort in sie. (So wie Rami sich im Kassit in Dinah verliebt hatte.) Franz schaute auf Asuri und war froh. Käthe sah Asuri an und sagte sich: Er wird mich durch einen anderen lieben müssen. Sie lachte innerlich, weil sie von Anfang an gewußt habe, daß Franz Asuri durch sie geliebt hatte. »Wir gebrauchen das Wort Liebe zu sorglos, Käthe«, hatte Franz einmal zu ihr gesagt. »Asuri hat dich nie geliebt. Er hat dich begehrt, aber mich hat er geliebt.«

Sie gingen am Strand spazieren. Es war ein später Herbsttag, ein paar Kinder spielten im Sand, und Käthe sagte, »Du kannst sehr grausam sein. Hinter deiner höflichen Zurückhaltung bist du ein grausamer Mann, Franz.« Und er sagte, »Bedenke, was geschehen ist. Bedenke all die Jahre, in denen Asuri dir den Hof machte, dich in dunklen Ecken anfaßte, auf der Straße auf dich wartete. Du bist ihm ausgewichen, aber du hast ihn gewollt. Er hat mich bekämpft, aber er hat den ganzen Tag damit verbracht, den Abend zu erwarten, um dann mit mir über dich sprechen zu können. Er hat Judaismus studiert, um seinen Feind zu kennen. Ich war damals ein Deutscher, du warst damals eine Deutsche, Asuri wartete auf dich mit jüdischer Geduld. Er ließ sich Zeit und er sah in dir das, was auch ich in dir gesehen hatte – das weibliche Ebenbild seiner selbst. Warum waren wir nur solche Narren, warum ließen wir uns von diesem Wahnsinn verzehren?« Käthe sagte, »Vielleicht hatten wir keine Wahl, Franz. Deine Mutter wollte mich. Sie hielt Chava im Arm, ein paar Tage bevor sie starb. Wir haben den vollen Preis bezahlt, Franz. Ich bin seit Jahren krank. Asuri hat uns unsere einzige Tochter Chava genommen, und wer weiß, was aus unserem einzigen Enkel Josef wird, er wächst heran, in sich, gegen sich zerteilt. Manchmal glaube ich auch, daß alles ein Fehler war, aber solche Fehler passieren nicht einfach. Da muß schon jemand schwarzen Humor besitzen. Ich verfluche den Tag, an dem du Asuri ins Haus gebracht hast, Franz.«

»Ohne Asuri«, sagte Franz, »wären wir nie aus Deutschland geflüchtet. Wir wären in Auschwitz gelandet.« Käthe sagte, »Ein Araber mußte aus Akko nach Berlin kommen, damit Franz und Käthe verstanden, daß Dr. Herzl nicht der Narr war, über den mein Vater sich lustig gemacht hatte. Herzl hatte ihm einen Brief geschrieben mit der Bitte, die Idee eines Judenstaates zu unterstützen. Mein Vater lachte die ganze Nacht; ich glaubte, der Schlag werde ihn treffen, und er werde sterben. Mein Vater akzeptierte dich, weil ihm nichts anderes übrigblieb. Als wir nach Hamburg kamen, nahm er dich freundlich auf, als freute er sich, seinen Schwiegersohn kennenzulernen. Brachten wir Asuri mit zu

Besuch, weinte meine Mutter, aber mein Vater unterhielt sich stundenlang mit ihm in seinem Arbeitszimmer; er war ein Mann nach seinem Herzen. Vielleicht war Asuri ihm lieber als du. Wie leicht man ihm doch ins Netz geht, diesem grauäugigen orientalischen Prinzen, der aussieht wie ein mittelalterlicher Ritter, gefangen von den Strahlen des Todes. Ich habe Alpträume, Franz, ich lebe sie. In mir sind tausend Teufel, die geboren wurden und starben an dem Tag, an dem ich geboren wurde. Ich wurde mit einem Herzstillstand geboren, kehrte zurück in den Tod, aus dem ich gekommen war und wurde in ein Leben zurückgerufen, das ich nicht wollte, und das nicht für mich bestimmt war. Nein, Franz, du hättest Asuri nie zu uns ins Haus bringen dürfen.«

6

»Enthaltsamkeit riecht nach perversem Sex«, sagte ich zu Dinah, und sie antwortete, »Laß Rami in Ruhe. Er ist der anständigste Mann, dem ich je begegnet bin.« Ich sagte ihr, ich sei eifersüchtig; sie lachte und meinte, »Du bist auf niemanden eifersüchtig, wer hier eifersüchtig ist, bin ich.«

Ich werde nie vergessen, wie Rami eines Nachts zu mir kam. Ich wohnte damals bei Franz im Haus, in Käthes Zimmer. Gertrude war weg, besuchte ihre Tochter in Kirjat Bialik, und Franz saß in seinem Zimmer. Der Baum im Garten war gewachsen, seine obersten Äste reichten bis zum Balkon im dritten Stock des hübschen Bauhaus-Gebäudes, dem allerdings ein frischer Anstrich nicht geschadet hätte. Rami sprach von Dinah und davon, wie ich in ihrem Innern mit einem Messer wartete. Er fragte mich, warum ich sie nicht in Ruhe lasse, warum ich ihnen keine Chance gebe. »Ich liebe sie«, sagte er zu mir. »Ich arbeite schwer, ins Kassit gehe ich nur ein-, zweimal die Woche, nachts studiere ich. Ich will für Dinah und mich ein neues Leben aufbauen. Ihre Eltern werden alt, die traurigen Erinnerungen kommen zurück, um sie zu quälen. Du wartest auf sie in den Winkeln ihrer Seele. Sie können dich spüren. Sie haben Angst, daß Dinah nicht von dir loskommt, solange du da bist. Ihr letzter Gedichtband war ein großer Erfolg, sie war im Fernsehen. Ihre Eltern sind stolz auf sie, man spricht von ihr, schreibt Artikel über sie. Es gibt sehr viel Gerede, die Leute stellen alle möglichen Fragen; ich sage nichts, Dinah sagt auch nichts. Man will wissen, ob wir ein Paar sind. Die Wahrheit ist, ich weiß es selber nicht.«

Ich antwortete nicht. Ich werde Dinah niemals aufgeben. Sie ist mein Anker in einer Wirklichkeit, die mich ausspeien will. Auch ich habe Rechte, und das ist etwas, was Rami trotz all seiner Menschlichkeit und Gewissenhaftigkeit nicht begreift.

Asuri hat einmal zu Dinah gesagt, »Käthe hat mich nie geliebt, das kann ich dir in aller Offenheit sagen. Vielleicht hat sie mich begehrt, meinen Körper, das, was sie als Kehrseite ihrer selbst ansah, aber sie hat sich nicht getraut. Ich habe sie gequält, ich konnte nicht anders. Mit meinem Studium kam ich gut voran, Franz half mir, er öffnete mir Türen. Die Türen, die ihm später vor der Nase zugeknallt wurden. Er war nicht mehr willkommen in den Häusern, wo er mich eingeführt hatte. Nach den Unruhen von 1929 in Palästina begannen viele Menschen, mich als Verbündeten anzusehen in ihrem Haß, der unter der Oberfläche schwelte, auf der Franz und Käthe sich blind und ahnungslos bewegten. Ich ließ meinem Zorn freien Lauf in Kaffeehäusern und Kneipen, ich reiste von Stadt zu Stadt, studierte ein Jahr in Köln und besuchte Freunde in Paris. Ich war ruhelos. Käthe verwirrte mich, Franz verwirrte mich. Ich begehrte sie und sie begehrte mich, aber sie liebte mich nicht. Sie brachte meine Leidenschaft zum Glühen, aber sie liebte mich nicht! Franz nahm den Geruch meiner Hände auf ihren Kleidern wahr und erstickte fast vor Liebe. Wir waren wie drei mißhandelte Hunde, elende Kreaturen, Liebende, Hassende, nenne es, wie du willst. In den Bierkellern sangen sie wieder die alten Lieder, und ich muß zugeben, es erregte mich. Ich war Marxist, hatte den deutschen Kommunismus gründlich studiert, aber diese Leute waren mir zu langsam, Idealisten ohne Mumm. Direkt vor ihren Augen wuchs ein anderes Deutschland heran. Die wahre deutsche Kultur feierte ihre Feste nicht in den Konzertsälen, die Franz so gern besuchte, sondern in den Universitäten, in wilden nächtlichen Gelagen, bei Zusammenkünften im Wald, wo die Teilnehmer mit blitzenden Augen alte Speere schwangen, mit einer Begeisterung, die mir angst machte und mich gleichzeitig faszinierte. Vielleicht wollte ich mich an ihnen rächen und wußte nicht wie. Ich trieb mit dem Strom, ich trieb nicht mit dem Strom, man kam so leicht ins Schwanken. Der Witz des linksorientierten Kabaretts existierte Seite an Seite mit den alten Redensarten, mit denen man Franz später die Tür vor der Nase zuschlagen sollte. Ich roch den Brand, aber ich wollte sie noch nicht warnen. Chava wurde geboren, und während sie auf die Welt kam, war Franz damit beschäftigt, irgendeinen ausländischen Ministerpräsidenten zu operieren. Ich stand an Käthes Bett, sie zeigte mir Chava, und Franz' Mutter küßte sie. Als Chava heranwuchs, nahm ich sie oft auf den Schoß und las ihr Wilhelm Busch vor. Franz schaute uns an und dachte immer wieder, *Wessen Tochter ist sie?* Käthe nannte sie Grete, sie hatte zwei Namen. Käthe flocht ihr Blumen ins blonde Haar und zog ihr ein Tiroler Dirndlkleid an. Jemand fotografierte sie auf der Straße, und eines Tages erschien ihr Foto auf dem Umschlag einer Zeitschrift. *Die Reinheit der Rasse und die Schönheit unserer Kinder wird jede Erinnerung an den Verrat auslöschen.* Ich zeigte Käthe die Zeitschrift, und sie lachte. Franz lachte nicht. ›Wir sollten sie verklagen‹, sagte er, und ich sagte zu ihm, ›Franz, du hast nicht die geringste Chance.‹ Rathenau war schon vor langer Zeit ermordet worden; ich spürte, wie dünn das Eis war, auf das sie sich begeben hatten, die hauchdünne Schicht der Kultur, deren Juwel Juden wie Franz und Käthe waren. Unter dieser Eisschicht bebte die Erde, und sie merkten es nicht einmal. Sie glaubten, Hitler sei ein alberner Clown. Ich aber wußte, wie die jungen Mädchen, die ich in den Bars und auf den Partys traf, über ihn dachten, wie wahnsinnig verliebt sie in ihn waren. Meine Partei war schwach und zersplittert, man diskutierte über Trotzki und Plechanow. Dabei entstand vor ihren Augen ein neuer Staat, sammelte Kräfte, wartete darauf, sich freimachen zu können. Chava war schon zwei Jahre alt, dann drei, dann vier; ein schönes Kind, blind für die Schönheit. Sie klammerte sich an eine Mutter, deren Lippen unbewegt und kalt wie Eis waren, wenn sie ihr Kind küßte. Eines Tages kam Franz in den Hörsaal der medizinischen Fakultät und sah auf der Tafel eine Karikatur von sich auf einem Drehspieß, umgeben von Schweinen; aus der Rückseite eines der Schweine kam das Wort *Jude* heraus. ›Wer hat das gemacht?‹ fragte er. Die Studenten starrten ihm in schweigender Solidarität ins Gesicht. Er ging, um den Rektor zu holen, der aber auch nur hilflos und verlegen herumstand. Die Kinder marschierten bereits mit Hakenkreuzbinden am Arm durch die Straßen. Franz wollte unbedingt wissen, wer die Zeichnung angefertigt hatte. Danach kam er wütend nach Hause. ›Franz, du weißt doch ganz genau, wer das gezeichnet hat‹, sagte ich zu ihm. ›Ich weiß es nicht!‹ schrie er, und ich lachte. Ja, ich lachte und sagte zu ihm, ›Sie alle haben es gezeichnet, Franz. Hier ist kein Platz mehr für dich.‹ Und dann, als meine wiederholten Versuche, Käthe zu verführen, auf demütigende Weise fehlschlugen, ich ihre Leidenschaft und ihre Scham erkannte, sie vielleicht davon träumte, Franz würde sterben, so daß sie mich ein einziges Mal lieben und dann sterben könnte, begann ich ihr zuzureden, sie solle Deutschland verlassen. Ich zwang sie zu sehen, was um sie herum geschah, ich machte ihr angst. ›Ihr seid Juden, Käthe‹, sagte ich zu ihr. ›Euer Leben hier geht zu Ende.‹ Es war seltsam, mich so reden zu hören. Sogar die Zionisten meinten, die Zeiten würden vielleicht schlechter werden, aber nicht ganz so entsetzlich, es gäbe keinen Anlaß zur Panik. ›Nimm Grete und fahr mit ihr nach Palästina!‹ sagte ich zu Käthe, aber Franz sagte, ›Wenn ich irgendwohingehe, dann nach Amerika. Sie werden mich nehmen, sie brauchen Chirurgen wie mich.‹ Es war Käthe – ausgerechnet Käthe –, die sagte, ›Du kommst mit mir nach Palästina, zu den Felsen und Ruinen und dem Karmelgebirge, von dem du mir erzählt hast. Erst dort werden wir in Ruhe unsere Wunden lecken können.‹ Sie konnte den Brand schon riechen. Aber Franz weigerte sich zu gehen. Zwei Jahre lang stritt ich mich mit ihm, Chava stand dabei und hörte, wie wir uns anschrien. Sie sah, wie ich versuchte, ihre Mutter zu umarmen, sie sah, wie ich versuchte, zwei stürmische Juden zu retten. Eines Tages verbrannte Käthe ihre Kleider und packte alles andere in Kisten. Franz wurde aus der medizinischen Fakultät der Hochschule gejagt, die Studenten marschierten in Reih und Glied hinter ihm her und sangen gemeine Lieder. Franz marschierte wie ein Soldat, wie ein Mann. Er erinnerte sich an seine Zeit als junger deutscher Offizier, zog seine Uniform an und ging zu einem Treffen seines alten Regiments. Niemand sprach mit ihm. Man übersah ihn. Alle standen singend am Lagerfeuer, und dann sagte einer, der im Krieg zusammen mit ihm gekämpft hatte, ›Warum läufst du mit einem Eisernen Kreuz herum, das du dir im Laden gekauft hast?‹ Alle lachten, ein anderer rief, ›Er hat das nicht gekauft, Franz war ein guter Soldat.‹ Aber keiner achtete auf ihn, sie bewarfen Franz mit leeren Bierflaschen und zogen davon. Zwei betrunkene Soldaten, denen er damals im Hotel Fast beim Tanzen zugesehen hatte, schlugen ihn zu Boden und pißten ihn an. Immer noch glaubte er, es werde alles vorübergehen, und ging nach wie vor täglich ins Krankenhaus, wo niemand mit ihm sprach. Dann wurde er auch dort rausgejagt. Da beschloß ich, Deutschland zu verlassen. ›Ich gehe zurück nach Palästina‹, sagte ich zu ihnen und fuhr ab. Die letzte Nacht werde ich nie vergessen. Wir hatten das Bedürfnis, uns aneinanderzudrängen, uns aneinanderzuklammern wie Kinder. Franz las Gedichte vor, wir weinten und tranken Wein. Chava schlief im Wohnzimmer ein, alles war schon gepackt, weil Käthe jeden Moment den großen Brand erwartete. Wir tanzten zwischen den Kisten und Kästen. Es war eine wilde, traurige Party, und mittendrin kam das Dienstmädchen und erklärte, sie könne nicht länger bei ihnen arbeiten, weil das gegen die Gesetze verstoße. Wir waren wie eine Familie. Zum erstenmal seit Jahren löste sich die Spannung, wir vergaßen meine Gelüste nach Käthe und ihre nach mir. Familie Salomon lachte uns am Telefon aus und sagte, es sei nichts zu befürchten, alles werde vorübergehen.

Mit ihrem vielen Geld erkauften sie sich noch einige zweifelhafte Ruhe. Josef, ich weiß sehr gut, was es bedeutete, Jude zu sein, ich wußte aber auch, wie man sich als Freund der Mörder fühlte, die vor dem Hause wüteten, die Tür einschlugen und das Auto in Brand setzten. Ich spielte mit ihnen, und sie sagten, ›Asuri versteht uns. Er weiß, wie die Juden sind, er ist ein Experte für Juden, ein Freund von Haj Amin el Husseini, dessen Bild in allen Zeitungen erscheint, weil auch er alle Juden auf dem Scheiterhaufen verbrennen will.‹ Er war kein Deutscher, sondern ein arabischer Aristokrat wie ich. Wer rettete am Ende Franz und Käthe? Ein Araber, der Neffe von Abu-al-Misk ibn Kafur Scharara, der sein Leben lang von einem arabischen Reich unter dem Schutz der Türken geträumt hatte, der jetzt von einem Palästina unter dem Schutz der Deutschen träumte ...«

Käthe, die ihr Leben damit verbrachte hatte, in einem Alptraum durch einen Kristallpalast zu schweben, lernte jetzt, praktisch zu denken. Wegen des Brandgeruchs. In jener letzten Nacht, als der Tanz vorüber war, griff sich Käthe an den Hals und sagte, »Ich muß doch etwas fühlen; was ich fühle, ist der Tod. Ich liebe dich nicht, Asuri.« Und Franz sagte, »Sie will dich«, und Käthe sagte, »Franz will dich, nicht mich«, und Asuri sagte, »Wir wollen alle einander, Käthe, das ist das Schreckliche.«

»Käthe war die Traumfrau des Todes«, sagte Asuri zu mir. »Sie spielte uns gegeneinander aus. Wir liebten einander, was ist aus unserer Liebe geworden?« Ich sagte zu ihm, »Du wartest noch immer auf die Revolution, auf die jüdisch-arabische Brüderlichkeit im Lande Israel. Immer noch glaubst du, gegen jede Logik. Du bist ein Romantiker, Asuri, ein unheilbarer Romantiker, aber eines muß man dir lassen: Du hast deinen schlimmsten Feinden das Leben gerettet.« Und Asuri, der für einen Augenblick in mir das Spiegelbild meiner Mutter Chava sah, ein Bild, das ihn nie verließ, und dessen Sehnsucht nach ihr das Süßeste war, was ich je gesehen hatte, sagte zu mir, »Josef, wie sind wir nur in diesen Morast geraten? Warum mußte Chava auf diese Weise sterben? Warum habe ich mir nicht Kafurs Schwert ins Herz gestoßen, als Franz wieder nach Deutschland ging, um Käthe zu suchen, deren Tochter Chava sie vernichten mußte, weil sich der Schmerz in ihr angestaut hatte?« Ich antwortete ihm, »Du redest wie ein Araber, Asuri, über Schwerter im Herzen, du träumst in Breitwand und Farbe. Du hast nichts dazugelernt, du hast nie das Haifa deines Onkels verlassen. Du bist ein edler Mensch, Asuri, aber du bist verloren.«

7

Rami und Dinah zusammen, das ist eine zionistische Geschichte. Eine Mutter, die zerschmettert auf dem Pflaster liegt, ein Elternpaar, das auf einem illegalen Einwandererschiff ins Land kam. Als Dinah in der Armee darum bat, nicht zum Unteroffizier befördert zu werden, sagte man ihr, das komme nicht in Frage. So wurde sie Unteroffizier. Als sie aus dem Lager weglief, bestrafte man sie. Einen ganzen Tag lang mußte sie neben dem Flaggenmast stehen, das war ihre Strafe. Für Rami war das alles ein Witz. Mehr als einmal sagte ich ihm, er habe Verwandte von mir getötet in seinen Kriegen, die er »gerechte Kriege« nannte. Ich verabscheue gerechte Kriege. Sobald man sie als *gerecht* definiert, hat das notwendigerweise zur Folge, daß die andere Seite *ungerecht* ist. Aber damals, als ich unbedingt ein Rami sein und zur Armee gehen wollte, als alle mich für Josef Rosenzweig hielten (der Name in meinem Personalausweis), glaubte ich noch an gerechte Kriege und identifizierte mich so vollständig mit ihnen, daß ich mich selbst dafür haßte. Als ich anfing, für Bunim zu arbeiten, war ich bereits ein professioneller Verräter.

Es gab eine Zeit, da spielte ich auf beiden Seiten meines Blutes. Ich mußte meine Wunden pflegen. Käthes Herkunft gegen Asuris Herkunft. Ich suchte Halt. Ich erforschte die Geschichte der Stadt, in der ich nicht zu leben wagte. Als würde die Geschichte der Stadt es mir ermöglichen, an einem gerechten Krieg gegen Rami, gegen Nissan und sogar gegen Franz teilzunehmen. Die beiden sich gegenüberstehenden Historien des jüdisch-arabischen Konflikts gaben mir Mut und Kraft Bunim gegenüber, der selbst geschichtslos war. »Ich habe keine Vorgeschichte, Josef«, sagte er einmal zu mir, »ich mache Geschichte.« Ich empfand Mitleid für den Mann, der Gründe haben mußte, seine Wurzeln auszureißen und ein Experte zu werden. Ein Experte der *gerechten* Rache.

Der Beduinenscheich von Akko, Daher al-Amar, und der *Schlächter* Ahmad al-Dschasar, sein Nachfolger, der seinem Namen alle Ehre machte, waren für mich die Symbole von Akko, der Stadt, wo Alexander Jannai zurückgeschlagen wurde, und deren Einnahme auch den alten Hebräern nie gelungen war, die sich jenen Wurzeln widersetzte, von denen Franz in den seltenen Momenten der Schwäche mit bewegter Stimme sprach. Damals hatte er schon begonnen, die Vergangenheit in antiken Topfscherben zu suchen. Ich las alles über Akko, was ich finden konnte. Über das Akko der Kreuzfahrer, das nach zweihundert Jahren besiegt wurde, als in den Worten des Chronisten »das lateinische Königreich zu Ende ging und die Nacht über Asien hereinbrach«. Über das Akko von Dschasar, wo Nonnen sich die Nase abschnitten, um der Vergewaltigung zu entgehen, und dafür grausam niedergemetzelt wurden. Über die illustren Besucher der Stadt, unter anderen Maimonides und Rabbi Moses Chaim Luzzatto, die berühmten Feldherren, wie Alexander der Große, Julius Caesar und Napoleon, der vor den Toren der Stadt, wo er siegen oder sterben wollte, geschlagen wurde. Über die Straßen, mit Seide überdacht, die stolzen Festungen auf den Berggipfeln im Umkreis, den Hafen, von wo man Seide und Parfüm nach Europa verschiffte. Über die Stadt, von der die Idee ausging, in Europa Universitäten zu bauen, Oxford, Cambridge und Paris, und auch die Idee eines preußischen Königreiches, von teutonischen Rittern in Akko und Jerusalem konzipiert. Ich entdeckte die Memoiren einer Engländerin, die über die Sinnlichkeit dieser Stadt schrieb, und über das venezianische Glas, das aus Akko stammte. Daher al-Amar heiratete jede Woche eine andere Frau, Dschasar ließ eine prunkvolle Moschee erbauen, Köpfe und Nasen abschlagen und seine ermordeten Frauen in die Kloaken werfen; die Verbindung von beiden stieg mir zu Kopf, berauschte mich wie ein langer Spaziergang in den Parfüm-Basaren der Altstadt von Jerusalem. Ich dachte an die Geschichte der Familie Salomon, die Geschichte der Juden in Deutschland, noch bevor es Deutschland gab. Je mehr ich darüber nachdachte, um so klarer sah ich, wie tief sie in diesem Boden verwurzelt waren, von dem man Käthe später vertrieb. Vielleicht, so dachte ich, versuchte ich, Kafurs Garten neu zu erschaffen, die Symphonie der Düfte, von denen Franz und Asuri mir erzählt hatten, als eine Synthese, die ich mir aus zwei Geschichten zusammenbraute. Unglücklicherweise kannte ich die dunkle Seite dieses Gebräus schon lange. Ich war Produkt und Opfer zweier Historien, die hier und jetzt im Konflikt miteinander lagen, in einem Land, wo mein Volk stets im Krieg war gegen mein Volk, mein Volk gegen mein Land, mein Staat gegen mein Volk. Letztendlich wurde Asuri in eine Historie geboren, die den Krieg von 1948 als ein britisch-jüdisches Blutbad ansah. Meine Mutter Chava wurde verwundet bei dem verzweifelten Versuch, Jerusalem vor der Arabischen Legion der britischen Offiziere zu retten, gleichzeitig rebellierten Asuris Brüder dagegen, daß den rechtmäßigen Besitzern Land geraubt wurde. Was die Juden die *Unruhen von 1936* nennen – das Jahr, in dem Franz, Käthe und Chava nach Palästina kamen – erscheint den Arabern als »der große Aufstand«. Während Bunim wie ein Schild zwischen dem Hafen von Haifa und den Gewehrkugeln stand, die von der anderen Seite der Bucht abgefeuert wurden, während die letzten Juden aus Akko nach Haifa entkamen, begannen die Araber in Palästina einen Generalstreik. Er sollte Franz daran hindern, hierher zu kommen.

In Akko, wo sich meine Mutter und mein Vater später kennenlernten, war einst ein großes Königreich mit Glanz und Gloria untergegangen. 1948 setzten ein paar jüdische Granaten der Türkenherrschaft, die Hunderte von Jahren angedauert hatte, ein Ende. Mit einem einzigen 7,62-Granatwerfer eroberte die israelische Verteidigungsarmee die Stadt, die Napoleon nicht hatte einnehmen können. Von seinem Fenster aus kann Asuri die Bucht sehen. Einmal saß hier eine englische Prinzessin namens Charlotte am Strand. Jetzt spüre ich, wie mich das Meer durchströmt und versucht, den dreihundert Jahren Geschichte der Familie Salomon entgegenzuwirken, von denen ich schriftliche Zeugnisse und Aufzeichnungen besitze. Ich spreche nicht von den zweitausend Jahren, von denen ich keine Aufzeichnungen habe, nur mündliche Überlieferungen von Feuer und Verfolgung, sondern über die dreihundert Jahre, die die Familie Salomon in Deutschland hinter sich hatte, als man sie zuerst nach Theresienstadt und dann nach Auschwitz verschleppte. Einen Soldaten, der sie schlug, tadelten sie mit den Worten: »Sie machen einen schrecklichen Fehler. Das muß Hitler gemeldet werden. Er würde nie zulassen, daß man uns so behandelt.« – »Sie sind alle in Auschwitz im Feuer der Verbrennungsöfen verschwunden«, sagte ich zu Asuri. Und Rami sagte: »Wenigstens hast du ein halbes Zuhause. Ist das ein Grund, Dinah zu quälen?« Und ich antwortete ihm, »Eben deshalb, Rami.«

Hier in Akko, der Stadt meines Vaters, sah ich Dinah auf dem Wellenbrecher sitzen. Es war auf einem Schulausflug in der zehnten Klasse. Wir waren beide fünfzehn Jahre alt. Ich stand neben ihr und erzählte von Asuri, ich erzählte ihr alles. Wir hielten uns an den Händen, und sie fragte mich mit ihrer wundervoll heiseren Flüsterstimme, »Warum hast du bis jetzt gewartet?« Wir wurden Freunde fürs ganze Leben. Es war Abend, wir sahen den Sonnenuntergang, den Himmel in Flammen, und hinter uns lagen die dunklen Gassen der Araber. Ein elegant gekleideter Mann kam auf uns zu und sagte, »Seht mal, da drüben liegt Haifa.« Er lachte, als wüßten wir das nicht, und betrachtete traurig die glitzernden Fische im Wasser, als hätten wir etwas weggenommen, das ihm gehörte. Ich wollte ihm sagen, »Ich habe ein langes, verbrieftes Anrecht auf diesen Ort«, aber er hatte nur Augen für Dinah und ihre Beine, die sie ins Meer baumeln ließ. Das gleiche Meer hatte ihre Mutter gesehen, als sie nachts mit einem kleinen Schiff unter Bunims Kommando angekommen war und insgeheim an der Küste von Nahariya an Land gesetzt wurde. Auch sie hatte damals die Stadt Akko gesehen, wo Daher al-Amar und Dschasar geherrscht hatten, wo Hunderte von Nonnen sich ihre Nasen abgeschnitten hatten und trotzdem vergewaltigt wurden, wo das Blut durch die Gassen strömte. Dinah ließ es zu, daß ich sie umarmte, und seitdem hat kein Mann sie so umarmt, obwohl sie behauptet, Rami sei ein wundervoller Liebhaber. »Was ist schon ein wundervoller Liebhaber?« fragte ich sie. Ich habe mich in ihrem Körper eingenistet wie ein Krebsgeschwür und sie in meinen.

Ich trage Akko in mir und Deutschland und Israel und Palästina, und ich bin an all diesen Orten, und bin doch nirgends, gehöre nirgendwohin. Ich sitze in Paris, schreibe ein Geständnis unter Tränen und verfluche meine Väter.

8

1936 verließen sie Deutschland. Die entscheidende Schlacht wurde gegen die Salomons gekämpft. Sie waren im Zustand vollkommener Hysterie angereist. Käthes Mutter, mit vom Weinen und vor Wut geröteten Augen, konnte sich kaum beherrschen. »Wie wollt ihr da drüben überhaupt leben?« rief sie. »Käthe ist rauhes Klima nicht gewöhnt.« Franz, für den Asuris Abreise wie der Befehl eines Geliebten war, antwortete, »Unser Entschluß steht fest.« Er war unnachgiebig und machte seinen Kampf zu Käthes Kampf. »Du verschleppst unser kleines Mädchen in eine gottverlorene Wildnis, wo sie doch ihr ganzes Leben lang an zivilisierte Verhältnisse gewöhnt ist!« brüllte Käthes Vater. Händeringend lief er im Zimmer auf und ab. Chava stand in der Ecke und schaute auf ihren Großvater. »Seit dreihundert Jahren«, rief er, »veranstalten die Türken dort ein Blutbad nach dem anderen!« Franz erklärte ihm, es gebe dort überhaupt keine Türken mehr. Er dachte daran, wie sie sich gegenseitig auf den Mund geküßt und in die Lippen gebissen hatten. Er vermißte Asuri, von den Salomons, so kam ihm vor, hatte er sich schon vor Jahren getrennt.

Sie reisten, sich ihre Wunden leckend, nach Hause. »Ich habe ziemlich viel Wein getrunken«, sagte Käthe. »Ich fühle mich wohl. Ich weiß nicht mehr, was ich rede, Franz, und das ist eine Gelegenheit, dir zu sagen, was ich fühle. Wir machen einen neuen Anfang. Als Kind hatte ich

Angst, meinen Körper anzuschauen – ich hatte gar keinen – kein Körper war überhaupt denkbar, weder für mich, noch für andere. Und dann kamst du. Ich liebe deine Seele, Franz, ich liebe deine Augen, aber ein Körper ist nicht da. Einmal, als du schliefst, habe ich das Bettuch aufgehoben und dich angeschaut. Ich habe geweint. Ich habe nie einen anderen geliebt. Wie wurde Chava geboren? Ich machte dich zum Liebhaber meiner Seele. Du kamst zu mir durch einen Körper, der schwieg und für immer schweigen wird. Es gab nur einen Mann, der einen Körper besaß, aber den habe ich nie geliebt. Er will, daß wir hier wegfahren. Wir werden aber nicht zu ihm gehen.«

Niemand kam, um sich von ihnen zu verabschieden. Ihr »Lift«, wie man damals die hölzernen Container nannte, in denen Auswanderer ihren Hausrat transportierten, wurde in einem düsteren Hafen direkt aufs Schiff verladen. Aufgeregte Menschen liefen überall im Hafen umher, nur Käthe war ruhig und gelassen. Franz meinte betrübt, ihre Verwandten und Freunde hätten vielleicht recht, daß sie nicht gekommen wären, um sich zu verabschieden.

Die Reise verlief ruhig. Von Zeit zu Zeit machten sie einen Spaziergang auf Deck. Als Franz und Käthe nach Palästina fuhren, durften jüdische Auswanderer noch ihren Besitz mitnehmen. Sie waren wohlhabende Reisende in einer verrückt gewordenen Welt. Im Ballsaal des Schiffes tanzte man Foxtrott. Chava hielt schützend ihren Teddybär in ihren Armen. Sie ließ ihn nicht einen Augenblick los. In Haifa erwartete sie Mosche, ein alter Freund von Franz aus Berlin, der schon seit einigen Jahren im Lande war. Mosche kümmerte sich um die Einreiseformalitäten. Sie mußten einige Stunden im Hafen, den Karmelbergen gegenüber, bleiben. Käthe weigerte sich, dorthin zu schauen. Franz stand am Hafentor und versuchte, die Vergangenheit wiederaufleben zu lassen, den Berg zu sehen, der sich hinter den neu erbauten Häusermassen verbarg. Aus der Kleinstadt war eine kleine Großstadt geworden. Franz versuchte, sich an Asuri in der Dämmerung vergangener Tage zu erinnern, aber er wurde gedrängt, sich zu beeilen; Beamte stellten Fragen, Käthe schickte sie alle zu ihm. Er mußte die Papiere unterschreiben. Als sie den Hafen verließen, hatten sie keine Ahnung, daß Asuri in Akko, auf der anderen Seite der Bucht, in seinem Haus saß, Artikel schrieb, seine Untersuchungen vorantrieb, sich mit Parteipolitik befaßte. Aus Richtung Akko schossen Leute auf den Straßenverkehr, sie beschossen auch den Hafen von Haifa, den Bunim verteidigte. Bunim sorgte auch dafür, daß man sie auf dem Weg nach Tel-Aviv nicht mit Steinen bewarf. Am Abend kamen die Rosenzweigs im Hotel *Käthe-Dan* am Strand von Tel-Aviv an. Käthe ging auf den Balkon und sagte, »Wir sind doch richtige Schweinehunde, meinst du nicht? So einfach davonzulaufen und alle anderen zurückzulassen.« Später erinnerte sich Franz an ihre Worte, aber in diesem Moment klangen sie falsch und unaufrichtig, weil sie von Käthe kamen. Er wollte über dieses Thema nicht mit ihr sprechen. Plötzlich vermißte er seine Mutter. Er hatte sie zurückgelassen, wie auch seinen Vater und seine Schwester. Es gab keine Sicherheit, die Welt, die er hinter sich gelassen hatte, jemals wiederzubekommen. So muß Seefahrern zumute sein, wenn ihr Schiff sinkt, dachte er.

Mosche war der Sekretär des neugegründeten Sinfonieorchesters, Franz hörte sich eine der Proben an. Als er ins Hotel zurückkam, saßen Käthe und Chava auf dem Balkon und aßen Eiscreme. »Die spielen Schubert«, sagte er. »Ich kann mich nicht erinnern, in Tel-Aviv gewesen zu sein, als ich vor Jahren hier war. Was für eine kleine weiße Stadt das ist.« Käthe lächelte. Es war ein Moment gänzlicher Abgeschiedenheit. Asuri war nicht länger auf der Bildfläche. Das Heimweh nach Berlin hatte sie noch nicht gepackt. Sie lebten an der Nahtstelle zweier Zeitalter. Auf der Straße lachten die Kinder Chava aus, weil sie so anders aussah mit ihrer europäischen Kleidung, ihrem blonden Haar und der blassen Haut. Mit der naiven Grausamkeit der Kinder sprachen sie mit ihr. »Du hast sicher ausländische Briefmarken. Gib uns deine Briefmarken, und wir tauschen sie dir gegen Sabras ein.« Sie wußte nicht, was Sabras waren, und sie verstand kein Wort von dem, was sie sagten. Ihr Gehirn versuchte, die Worte, die auf sie zuströmten, aufzunehmen, unzusammenhängende Silben trafen sie wie Schreie. Ihre angeborene Vernunft warnte sie davor, sich zu verhalten wie ihre Mutter. Sie ging zum Strand und wurde von harten Gummibällen getroffen. Wenn sie im Meer schwamm, sprangen andere Kinder sie an, aber ihre Gewalttätigkeit war eine Form des Werbens, und sie war ein kleines Mädchen, das die kleinen Körper verstehen konnte, ihre Frische, ihr gutmütiges Tollen. Sie lernte schnell, ihre Schritte abzuwägen, die Hochmütige zu spielen, Abstand zu halten, andere auf ihren Platz zu verweisen. Vielleicht war dies ein entscheidender Moment in ihrem Leben. Sie sagte, sie hätten etwas Furchterregendes an sich, aber später, als sie größer war, verstand sie, daß diese Kinder in ihr die Sehnsucht nach etwas geweckt hatten, was sie selbst nie gekannt hatten: Die Vergangenheit, die sie mit ihren Eltern in ihre Koffer gepackt hatte. Verglichen mit ihr kamen diese Kinder aus einem großen schwarzen Loch. Alles hier war im Entstehen, ohne Vergangenheit, und dieses Entstehen wurde gefeiert. Chava war ein kleines Mädchen, doch begriff sie schon, daß nur die Klugheit der Zeit und die Patina der Vergangenheit das wilde Geschrei zu einem Flüstern abschwächen konnten.

Nach zwei Wochen im Hotel mieteten sie eine Wohnung und beauftragten einen Bauunternehmer, ihnen ein Haus direkt am Meer zu bauen, ein Mietshaus im Bauhaus-Stil. Nachdem sie ein Jahr im Land waren, kam Käthes Schwester mit ihrem Mann. Sie waren nur deshalb nach Palästina gekommen, weil man ihnen aus Versehen eine Einwanderungsgenehmigung gegeben hatte. Sie suchten einen Weg, nach Amerika zu kommen. Sie versteckten sich vor der Sonne und warteten. Wie seltsam, sagte sich Käthe, daß Asuri vollkommen vergessen worden ist. Franz erwähnt ihn nicht. Und auch ich denke nicht mehr an ihn.

Doch in Wirklichkeit stellte Franz Ermittlungen an. Er versuchte, Asuri zu finden, aber man sagte ihm, in diesen unruhigen Zeiten würde niemand nach Akko fahren, und die Einwohner von Akko kämen nicht nach Tel-Aviv. Franz fuhr nach Jaffa. Die Araber hielten ihn für einen deutschen Arzt des katholischen Spitals, und Franz konnte sehen, wie sie ihre Gewehre auf die Juden in Newe Zedek richteten. Das Ganze kam ihm lächerlich und kleinkariert vor, ein Krieg um ein paar Quadratmeter und eine Straße, an deren Ende ein Gebäude stand. Das, sagte man ihm, sollte einmal das Opernhaus werden.

Chava ging zur Schule, sie lernte schnell Hebräisch. Käthe hatte ein paar Worte aufgeschnappt, und Franz gab sich große Mühe, aber er kam mit dem Hebräischen nicht zurecht. Er sagte, »Ich bin wie ein Kind, aber es ist sehr schwer, ein altes Kind zu sein.« Er bekam eine Stelle am Hadassa-Krankenhaus und wurde nach kurzer Zeit Chefchirurg der Herz- und Lungenabteilung. Der erste Patient, den er operierte, war ein Mann, dem man die Lunge durchschossen hatte – am Strand von Tel-Aviv, direkt neben dem Gebäude für die Staatsoper. Käthe wurde schwanger. »Wer weiß«, sagte sie, »vielleicht läßt die Luft hier schlechte Frauen schwanger werden«. Sie ging zur Baustelle, die letzten Arbeiten an ihrem neuen Haus zu überwachen. Mosche nahm sie mit zu einem Kammerkonzert im Museum. Franz wurde als Arzt hochgeschätzt, doch blieb er ein Fremder mit seiner Strenge und Unnahbarkeit. Er brachte sich selber bei, mehr aufzubauen als nur ein Haus. Nach all den Jahren, in denen er mit Käthe darum gekämpft hatte, daß sie ihm einen Sohn schenkte, fühlte er, daß er jetzt durch den Leib seiner Mutter geboren wurde. Mit anderen Worten – er verspürte ein Gefühl der Zugehörigkeit. Um Wurzeln zu schlagen, fing er an, im Garten zu graben. Er fand ein paar Tonscherben, die, wie man ihm sagte, möglicherweise antike Fundstücke waren. Er begann, nach Antiquitäten zu graben. An Samstagen fuhr er an den Strand von Apollonia, Chava nahm er mit. Mit den Händen grub er im Sand und fand einige antike Glasgefäße. Er wollte mit Leib und Seele seine Zugehörigkeit zu etwas Altem aus fernster Vergangenheit spüren, zu einem Land, aus dem man seine Vorväter vertrieben hatte. Der Gedanke, daß er Teil einer zweitausendjährigen Verbannung war, eines Exils, von dem Chava bereits in der Schule zu lernen begann, war ihm immer noch fremd.

Das neue Land langweilte und ängstigte Käthe. Trotzdem lernte sie, die Sonne zu meiden und verspürte eine innere Ruhe, die sie nie zuvor gekannt hatte. Als Käthe im siebten Monat war, zogen sie in das neue Haus. Dort saß sie auf dem Balkon und schaute den arabischen Kamelkarawanen zu, die, bepackt mit Säcken voller Kies, dicht am Haus vorbei nach Jaffa zogen. Frauen in kurzen Hosen kamen und legten vor dem Haus einen kleinen Garten mit Goldfischteich an. Ihre vier Zimmer waren vollgestopft mit Möbeln aus ihrer Siebenzimmerwohnung in Berlin. Chava brachte ihre Freunde mit. Mit ehrfürchtigen Blicken betrachteten die Kinder das Gemälde von Klee, die anderen Bilder an den Wänden, den Liebermann, die feine Zeichnung von Dürer und den herrlichen Nolde. Chava benutzte ihre Ehrfurcht und stiftete sie dazu an, die arabischen Kinder zu fangen, die aus Jaffa kamen, um die zarten, neuen Pflanzen im Garten zu verwüsten. Belustigt sah sie zu, wie die Kinder einen arabischen Jungen nackt auszogen, und als einer vorschlug, ihn am offenen Feuer zu braten, sagte sie, »Ja, verbrennt ihm die Fingernägel.« Doch dann tat es ihr leid, und sie wußte, daß sie an allem schuld war. Erst zeigte sie ihnen Gemälde und dann befahl sie ihnen, Kinder zu foltern, die aussahen, als hungerten sie nach ein wenig Liebe. Nicht, daß sie wußte, was Liebe war, aber die Augen dieser Kinder überschütteten sie mit einem seltsamen Feuer. Sie versuchte, nicht mehr daran zu denken, und in ihren Träumen regte sich eine unklare Erinnerung an Asuri. Sie fragte Franz, ob er wisse, wo der Mann sei, der ihr immer Wilhelm Busch vorgelesen hatte. »Ich weiß es nicht«, sagte Franz ärgerlich. »Er ist weggegangen, ohne zu sagen wohin.«

Jona, das Dienstmädchen, machte sämtliche Einkäufe, kochte und kümmerte sich um Käthe. Sie beschwerte sich über die vielen Möbel und sagte, Käthe habe die Spinnweben aus Berlin mitgebracht. Das Haus war wie ein überfülltes Museum, und Jona sagte, »Was hab ich mit dem ganzen Zeug zu tun?« Aber sie kündigte nicht. Sie blieb viele Jahre bei ihnen, bis in ihr hohes Alter.

Franz kaufte sich einen kleinen Morris und fuhr nach Haifa, um seinen Freund Hermann zu besuchen, der auch nach Palästina gekommen war und in einem Haifaer Krankenhaus eine Stellung als Leiter der orthopädischen Abteilung gefunden hatte. Nach einem langen Gespräch und einem Spaziergang an den Hängen des Karmelgebirges, wo nur noch Spuren des großen Hauses von Abu-al-Misk Kafur übriggeblieben waren – verrottete Überbleibsel eines zerstörten Gebäudes und eines verwüsteten Gartens, dessen Bäume man gerodet und durch Neubauten ersetzt hatte, die sich von den Berghängen bis hinunter ans Meer zogen –, stieg Franz ins Auto und fuhr in Richtung Akko.

Hinter den Vororten von Haifa stoppten ihn zwei junge Männer an einer improvisierten Straßensperre. Er wußte, daß sie Pistolen in der Tasche hatten; sie machten aber sonst einen ganz unschuldigen Eindruck. Sie forderten ihn auf, nicht nach Akko zu fahren. »Ich fahre, wohin ich will«, antwortete er. Sie versuchten, ihm angst zu machen, aber er ließ sich nicht einschüchtern. In den zwei letzten Jahren in Berlin hatte er gesehen, wohin Haß führen konnte. Dabei glaubte er nicht, es mittlerweile richtig begriffen zu haben. Er hatte gesehen, wie sie seiner Nachbarin die Knochen brachen, und erinnerte sich, wie er versucht hatte, ihr zu helfen, und sie ihn verächtlich beiseite geschoben hatten, obwohl man ihn nicht für einen Juden gehalten hatte. Später hatte er dann den gelben Judenstern getragen, den Asuri ihm an den Mantel genäht hatte. Das Hohngelächter seiner Studenten hallte ihm noch in den Ohren. »Jüdisches Schwein«, hatten sie ihm nachgerufen, und er hatte geantwortet, »Es gibt keine jüdischen Schweine«, aber sie waren zu beschäftigt gewesen, um seine Ironie zu verstehen. Er kümmerte sich nicht um die Arroganz von Bunim und seiner Freunde, die versuchten, ihn aufzuhalten. Er sah Menschen, die bluteten und einen Arzt brauchten; er glaubte nicht, daß sie auf ihn schießen würden und fuhr weiter.

Seine Ankunft in Akko erregte keine Aufmerksamkeit. Niemand erwartete, dort einen jüdischen Arzt zu sehen. Er sprach deutsch und fragte nach Asuri. Ein kleiner Junge hängte sich an sein Auto und wies ihm den Weg durch die gewundenen Gassen. Der Anblick, der sich ihm bot, war vielleicht die größte Überraschung in einem Leben voller Überraschungen. In einer düsteren Passage sah er eine Gruppe von kleinen Jungen in braunen Uniformen. Ein Mann in braunem Anzug und Schaftstiefeln, mit einer Hakenkreuzbinde am Arm, bemühte sich, ihnen militärischen Drill beizubringen. Statt Gewehre trugen sie Stöcke. Der Mann war kein anderer als Abu-al-Misk ibn Kafur Scharara. Franz erkannte ihn schon von weitem. Für seinen Schmerbauch gab es keinen Sessel mehr. Da war auch kein sudanesischer Diener, der neben ihm stand und ihm eisgekühlte Getränke servierte. Er hob den Arm zum Gruß, und zwanzig barfüßige Kinder schrien mit komischem Akzent »Heil Hitler!« Franz stand wie angewurzelt, als spulte sich vor ihm ein gewalttätiger und gleichzeitig maßlos alberner Film ab. Er wollte von Abu-al-Misk nicht bemerkt werden, Asuri war nirgends zu sehen, die Kinder schrien »Heil Hitler!«, und die Gasse dröhnte von ihrem Geschrei. Abu-al-Misk Kafur betrachtete sie mit verzweifeltem Blick. Sie waren seine letzte Hoffnung, das Khaliphat der Umajjaden wieder zum Leben zu erwecken. Sein Hakenkreuz saß schief und war nicht ordentlich angenäht, die Uniform eine billige Imitation, die Stiefel zerrissen. Franz empfand Mitleid mit dem lächerlichen kleinen *Führer* und schlüpfte in eine Seitengasse. Ein kleiner Junge führte ihn eine Treppe hinauf, eine verschleierte Frau im grünen Kleid öffnete die Tür einen Spalt weit und sagte, »Asuri ist nicht hier.« Sie fragte ihn, wer er sei, und er antwortete, »Ich bin ein Priester aus der Kirche von Kfar Jassif.« Sie sagte, »Asuri ist im Büro der Partei.« Sie sprach das Wort *Partei* mit einer Art Hohn und Verachtung aus, die auch gegen Franz gerichtet war. Ein Priester aus Kfar Jassif – also wirklich! Sie kannte jeden Priester in der Gegend, sagten ihre Augen, er war keiner von ihnen. Franz fragte, wann Asuri zurückkomme, und sie sagte, »Ich weiß es nicht. Vielleicht ist er nach Tarschiha gefahren.« Dann schaute sie ihn traurig an. Vielleicht erweckte der Anblick von Abu-al-Misk Kafur und das Geschrei, das durchs Fenster drang, ihren Zorn – vielleicht ihre Liebe. »Gehen Sie weg«, sagte sie zu Franz, »ich weiß, wo sie herkommen. Gehen Sie schnell, sonst wird man Sie umbringen.« Sie schloß die Tür. Was weiß sie von mir? fragte sich Franz. Für wen hält sie mich? Aber er ging schnell die Treppen hinunter und zu seinem Auto zurück. Kinder begannen ihm nachzulaufen, er fuhr schneller. Ein britischer Polizist hielt ihn an, direkt neben dem riesigen Gefängnis, das ihn an ein Monster erinnerte, und fragte ihn, was er hier zu suchen habe. Männer in weißer Kleidung fegten die Hauptstraße und warfen den Abfall in weiße Körbe. Die Straße war makellos sauber. Der Engländer begleitete ihn in seinem Polizeiwagen bis vor die Stadt und sagte freundlich in gebrochenem Deutsch: »Verrückte Land. Ganze Tag bumbum.« Franz lächelte und fuhr weiter. Als er wieder an die Straßensperre kam, brachte man ihn in ein kleines Haus am Rande von Kirjat Chaim. Vor ihm saß Bunim, ein jüngerer, feisterer Bunim, als der, den ich kenne. Sie wollten wissen, was er in Akko gemacht hatte. Er hörte das Mißtrauen in ihren Stimmen, sie rochen förmlich nach Angst. Warum war alles voller Angst, fragte er sich, in dem Land, von dem Asuri erzählt hatte, hier habe er nichts mehr zu befürchten. Er sagte ihnen, »In Berlin hatte ich Angst, hier lach ich über euch. Ich bin Franz Rosenzweig, der Lungenchirurg. Ich suchte nach einem alten Freund in Akko. Er war nicht zu Hause.« Sie starrten ihn an, und Bunim sagte, »Von jetzt an suchen Sie sich Freunde an sichren Orten, Onkelchen.« Franz starrte ihn erstaunt an. Juden, die mit ihrem Haß spielten wie mit einem Tennisball, waren für ihn etwas Neues. Bunims Augen waren schon müde von all den Kriegen, die er noch kämpfen mußte. In ihnen lag auch eine Art Feindseligkeit Fremden gegenüber, Juden und anderen, die ihn dabei störten, seinen Alleinkampf gegen Abu-al-Misk Kafur auszutragen, der bestimmt keine Ahnung hatte, wie lächerlich er war mit seiner armseligen Armee von Gassenjungen. Als Franz nach Hause kam, fragte ihn Käthe, was gewesen sei, und er sagte, »Haifa ist gewachsen, der Garten von Abu-al-Misk ist zerstört, und das, was ich früher einmal dort gesehen habe, besteht nicht mehr.« Sie wußte, daß er von Asuri sprach, sagte aber nichts. Sie war ständig von der Sonne geblendet, und nur ihre Möbel vermittelten ihr ein Gefühl der Sicherheit. Allmählich hörten die Schießereien auf, man kämpfte nicht mehr, sondern begann, von dem bevorstehenden Weltkrieg zu sprechen. Franz ging mit Mosche ins Konzert, um sich zu beruhigen und an Abu-al-Misk zu denken, so wie es früher gewesen war, als das große Haus noch im Zaubergarten stand, als er noch ein junger deutscher Offizier war und Bunim ein hungriges Kind, das auf der Straße bettelte.

Jahre später, als ich bei Bunim im Büro saß, blätterte er in meinem Dossier und fragte mich, »Was hat dein jüdischer Großvater damals wirklich in Akko zu tun gehabt, während der Unruhen? Vielleicht geheime Informationen verkauft?« Ich lachte und sagte Bunim, er wisse genau, daß Franz nicht nach Akko gefahren sei, um Geheimnisse zu verkaufen. Bunim schien enttäuscht. Er hätte mich gerne ertappt, sogar auf dem Umweg über Franz. Ich sagte zu ihm, »Du glaubst also, Franz hätte für Geld spioniert? Nicht wie ich, aus Idealismus?« Am liebsten hätte er mich ins Gesicht geschlagen, aber er hielt sich zurück. Noch war ich nicht aufgeflogen, und er konnte mich noch gebrauchen. Franz gab die Suche nach Asuri auf. Zu Käthe sagte er, »Wir hätten uns in einer anderen Realität treffen müssen. Hier würde eine Begegnung mit Asuri gefährliche Verwicklungen zur Folge haben. Wir sollten ihn lieber vergessen.« Käthe lächelte. Sie dachte so oft an Asuri, daß sie schon vergessen hatte, wer der Mann war, an den sie dachte. »Er wird genug eigene Probleme haben«, sagte sie zu Franz, »warum sollte er sich Sorgen um uns machen?«

Der Krieg brach am gleichen Tag aus, an dem Käthe ihren Sohn gebar. Uri kam verkrüppelt zur Welt und hatte nur eine Hand. Er konnte nicht richtig atmen und wurde an ein Beatmungsgerät angeschlossen. Käthe berührte ihn, Franz dachte an die arabischen Kinder, die »Heil Hitler!« schrien. Das wird nie ein Bunim, der gegen diese Kinder kämpft, dachte er und erschrak, daß ihm ein solcher Gedanke gekommen war. Uri starb zwei Monate nach seiner Geburt. Käthe zog ein weißes Kleid an, ging hinaus und kam mit einem Strauß Blumen zurück, den sie nicht aus der Hand gab. Ihr Gesicht, das zwei Monate lang starr und verschreckt gewesen war, zeigte eine Art finsterer Lebenskraft, als berührte ihre Seele die andere Seite von Uri, ihrem Sohn, der ihr genommen wurde, noch bevor sie ihn hatte lieben können.

Bei der Beerdigung weigerte sie sich zu weinen. Sie hatte schon früher getrauert, als sie sich in den Kopf gesetzt hatte, Uri sei Asuris Sohn. Sie war davon überzeugt, wenn Asuri ihr jemals einen Sohn schenken würde, müßte einer der beiden sterben, sie war froh, daß es nicht Asuri war. Franz fing an, sich um Käthes Geisteszustand Sorgen zu machen. Wäre er vierhundert Jahre früher geboren worden, hätte er geglaubt, sie sei vom Teufel besessen. Käthes Schwester blickte sich erstaunt um. So viele Freunde aus Berlin waren zum Begräbnis gekommen, daß nur die glühende Sonne fremd erschien. Chava stand da und schaute auf ihren toten Bruder, trat aber nicht an den Rand des Grabes. Der Kantor sang das Totengebet *El Malei Rachamim*, Franz stand ganz allein, etwas abseits von den anderen. Was er fühlte, war nicht so sehr Schmerz, sondern ein Empfinden der Sinnlosigkeit, mit dem er auf seinen erstgeborenen Sohn hinunterblickte, die erste und einzige Wurzel, die er in seiner neuen Heimat hätte schlagen können. Käthe hatte ihn im Stich gelassen, er wußte nicht, warum. Vielleicht war es ein Fluch, sagte er zu seinem Freund Mosche, als sie abends durch die dunklen menschenleeren Straßen gingen, durchdrungen vom Duft der Orangenblüten, und ein Schauer lief ihm den Rücken hinunter.

Chava verließ die Grundschule und besuchte das Gymnasium. Sie hatte Freunde, die in einer Höhle am Strand Tee und Zwieback versteckten. Wenn die Deutschen von El Alamein bis hierher vorrückten, sagten sie, würden sie am Strand ihr eigenes Massada errichten. Sie erzählten Chava von Massada, und Chava fand einen alten Revolver, den Franz aus dem Krieg mitgebracht hatte, und brachte ihn in die Höhle. Damit zielten sie aufs Meer und sangen Lieder am Feuer, das sie in ihrer Höhle anzündeten. Chava liebte diese Nächte. Die Jungen waren voll wilder Lust, berauscht von der Entdeckung ihrer heranwachsenden Körper, Chava saß eingeklemmt zwischen ihnen, ließ sich zwar nicht küssen, mochte aber das Gefühl der dicht an sie gedrängten Körper. Sie wußte, daß keiner von ihnen sie besitzen würde, weil ihnen der Geruch ihrer Fremdheit und ihrer Träume fehlte. Tel-Aviv wurde bombardiert, Jona kaufte große Mengen von Sardinen und Zucker, alle legten Vorräte an, und Jona hamsterte für Käthe, die von Zeit zu Zeit zum Flohmarkt ging, um noch mehr Möbel zu kaufen. Sie trug immer Weiß und fütterte die Tauben auf dem Dach. Ihnen gegenüber wohnte ein Mann, der seit vier Jahren das Meer durch ein Teleskop beobachtete. Er bewachte die Stadt, aber die Stadt wußte es nicht. Käthe wußte es und schickte ihm fünf Dosen Sardinen. Er dankte ihr mit einem Briefchen, das er an einer Schnur aus seinem Fenster herunterließ. Chava brachte ihrer Mutter das Briefchen, die es las und sagte, »Vielleicht sollte ich nicht mehr aus dem Haus gehen, vielleicht ist es zu gefährlich.« Franz sagte zu Chava, »Deine Mutter ist krank. Sie weiß selbst nicht, wie krank sie ist.« Chava meinte, »Sie ist labil.« Sie verstand die Panik ihrer Mutter. Franz konnte sich auf seine Tochter verlassen.

Der Krieg dauerte vier Jahre. Chava besuchte noch immer dieselbe Schule und spielte auf demselben Schulhof. Das Haus begann sich zu verändern, der Garten verwilderte, und die Büsche wurden jahrelang nicht geschnitten. Die Goldfische verschwanden, und das Wasser in dem kleinen Teich wurde immer truber. Um sie herum wuchs die Stadt Tel-Aviv. Franz und Mosche fuhren in die Wüste, um nach antiken Tonscherben zu graben. Käthe fuhr mit ihnen. Wenn sie zurückkam, saß sie stundenlang an Uris Grab und ritzte mit einem Zirkel, den sie aus Chavas Schulranzen genommen hatte, ihre Lebensgeschichte in deutscher Sprache auf dem Grabstein ein. Der Friedhofswärter rief die Polizei, aber der Polizist, der in kurzen Hosen erschien, kannte Frau Professor Rosenzweig, deren Ehemann seine Mutter operiert hatte. »Mach dir keine Sorgen«, sagte er zum Friedhofswärter, »es wird schon nichts passieren. Sie trägt ja nicht einmal einen Hut.« Er lachte. Der Friedhofswärter ging erst einmal beten, und dann benachrichtigte er Franz. Käthe war nicht vom Grab wegzubekommen. Man gab ihr eine Spritze, sie rührte sich aber nicht von der Stelle. Chava sagte, »Mutter, benimm dich doch nicht wie eine Verrückte.« Käthe antwortete ihr, »Mein Leben ist vorbei, ich habe getan, was ich zu tun hatte, du und Franz werdet ohne mich besser zurechtkommen.« Chava umarmte ihre Mutter, verspürte aber keine Liebe zu ihr. Vielleicht war die Liebe, die sie fühlte zu groß, um sie zu erfassen. Sie versuchte, Mitleid zu empfinden, aber Franz sagte, »Mitleid ist das letzte, was wir zeigen dürfen. Es wäre nicht anständig ihr gegenüber.« Drei Tage später kam Käthe nach Hause. Jona kochte eine Blumenkohlsuppe für sie. Eine Taube verirrte sich ins Zimmer und zerbrach eine Kristallvase, als sie versuchte wieder hinauszufliegen. Weder Jona noch Käthe rührten sich. Die verzweifelten Fluchtversuche der Taube hatten etwas Schreckenerregendes an sich. Als es ihr schließlich gelang davonzufliegen, sagte Käthe, »Ich hoffe, sie hat sich an dem Kristall nicht verletzt«, und Jona sagte, »Das war schrecklich schlimm.«

Käthe schien wie von Spinnweben umschlossen, die sie in panischer Angst an ihr Zimmer und ihre Möbel fesselten. Eines Tages ging Käthes Schwester mit halbgeschlossenen

Augen in Richtung Dizenoffstraße und wurde von einem Auto überfahren. Käthe ging nicht zur Beerdigung. Sie überließ es Franz, das Ausmaß des Todes zu ermessen. Eine alte Frau, die auf einem illegalen Einwandererschiff gekommen war, saß bei ihnen zu Hause und erzählte im Flüsterton, was mit Käthes Eltern geschehen war. Sie erzählte, wie Käthes Vater im Zug nach Theresienstadt geschrien hatte, man müsse Hitler benachrichtigen, und wie Käthes Mutter, ohne ein Wort zu sprechen, alles getan hatte, um ihn zu stützen. Käthe konnte sich ihren Vater im Ghetto vorstellen und später, als er weitergeschickt wurde, allein, im zerrissenen Mantel, immer noch voller Stolz, sich von den anderen distanzierend, und wie er Käthes Mutter zurücklassen mußte, nachdem sie vor Hunger gestorben war. Er habe sich von allen abgesondert, berichtete die Alte gehässig, und sich geweigert, mit seinen Leidensgenossen zu sprechen. »Ich spreche nur mit vorgesetzten Behörden«, habe er gesagt und sei in den Zug gestiegen. Käthe saß der Alten gegenüber und bestickte ein Tischtuch. Dann zerschnitt sie es mit einer Schere in kleine Stücke, die sie in den Garten warf. Die Frau hatte gedacht, man würde ihr wenigstens eine Tasse Kaffee anbieten, aber Franz war in Gedanken versunken, und Käthe dachte sich, die bekommt keinen Kaffee von mir. Laut sagte sie, »Wir servieren hier keinen Kaffee.« Die Frau verließ sie im Zorn, küßte aber die *Mesusa* an der Haustür.

Franz' Liebe für Käthe wurde mit den Jahren immer stärker. Fleißig sammelte er historische Daten über Leute, die vor dreitausend Jahren gestorben waren, und versuchte, sich die arrogante und lächerliche Erscheinung seines Schwiegervaters vorzustellen, der sich freiwillig zum Abtransport nach Auschwitz gemeldet hatte, weil er nicht im Ghetto mit stinkenden Juden bleiben wollte, die verfaulte Kartoffelschalen aßen. Franz glaubte, je tiefer er in die Vergangenheit seiner neuen Heimat eindrang, um so leichter würde sich Chava von den Wahnvorstellungen ihrer Mutter freimachen können und von seinen eigenen Träumen von

Asuri und Abu-al-Misk und den braunen Uniformen in Akko. Hätte er die Ohren offengehalten, hätte er hören wollen, wäre er auf die »Heil Hitler«-Rufe aus Soumail aufmerksam geworden, einem kleinen arabischen Dorf am Rande von Tel-Aviv, wo man Taubenfutter und köstliches Chalwa kaufen konnte, dessen Einwohner man bald vertrieb und deren Häuser man niederriß, um Platz für den Bau der Even Gavirol Straße zu schaffen, die heute dort verläuft.

9

Ich habe die ersten acht Kapitel ins Französische übersetzt und sie einer Frau, die ich kenne, zu lesen gegeben, einer göttlichen Frau, die in der Rue Madame wohnt, umgeben von jungen Bewunderern, denen sie einredet, sie wäre eine Art Kreuzung aus Stalin und einem alten jüdischen Gott mit *Mesusas* und Gebetsriemen. Ich gehe manchmal zu ihr, wenn ich eine Frau brauche, die das Feuer löscht, das in mir brennt. Sie ist sehr vernünftig – bis es Abend wird. Sie sagte zu mir, »Josef, du schreibst wie ein Jude, aber in Wirklichkeit bist du doch nur ein arabischer Flüchtling in Paris.« Ich erklärte ihr, ich schriebe auf, woran ich mich erinnerte, und ich erinnerte mich an das, was ich weiß, was ich gehört habe und bei meinen Nachforschungen in der Vergangenheit entdeckt hatte. »Alle haben mit mir gesprochen, Asuri und Franz und Chava, alle ohne Ausnahme, ich war ein Jude und bin heute noch ein Jude; ich schreibe mit ihrem Schmerz und meinem Extraschmerz.« Sie sagte, »Es gibt keinen Extraschmerz, es ist entweder das eine oder das andere. Du mußt die Größenordnung des Schmerzes auf jeder der beiden Seiten abwägen und dich dann entscheiden.« Als ich meinte, man könne doch beide Schmerzen vereinen, lachte sie und sagte, »Einer muß gewinnen, entweder du oder du.« Als ob die Tatsache, daß ich heute hier in Paris bin, kein klarer Beweis dafür wäre, daß ich im letzten entscheidenden Kampf auf meinen beiden Seiten besiegt wurde. Ich bin der besiegteste Mensch in meiner ganzen verdammten Familie, eine Familie, die langsam in Vergessenheit gerät, um mich als Denkmal meiner Abstammung zurückzulassen. Chavas Großvater ist mir nicht fremder als Abu-al-Misk Kafur, beides lächerliche Versuche, auf einem Spielfeld des zwanzigsten Jahrhunderts ein von vornherein verkauftes Match aus dem achtzehnten Jahrhundert auszutragen.

Als der Unabhängigkeitskrieg, oder wie Asuri ihn nennt, der Krieg von 1948, ausbrach, war Franz schon ein ganz anderer Mensch als der, der er vor zehn Jahren bei seiner Ankunft in Palästina gewesen war. Der Ausdruck im Gesicht der alten Frau, die Käthe mit den Geschichten über ihren alten Vater und sein lächerlich aristokratisches Gehabe gequält hatte, verfolgte ihn. Auch der Anblick von Abu-al-Misk Kafur in Nazi-Uniform und Schaftstiefeln konnte diese Erinnerung nicht auslöschen. Der Blick der Alten war ihm tief ins Herz gedrungen. Das Krankenhaus füllte sich mit Flüchtlingen, von deren Lungen und Körpern nicht mehr viel übrig war. Alles, was sie noch aufrecht hielt, war ein gemeinsames Leiden, ein Leiden, dem Franz entgangen war. Er spürte einen Vorwurf in ihren Gesichtern, in ihren Stimmen. Er fing an, sich zu fühlen, als hätte er ihre Leiden selber erlebt. Er sagte sogar zu Käthe, man müsse sich eigentlich nochmals beschneiden lassen. Sie strich ihm sanft über den Kopf. Je kränker sie wurde, je mehr sie der Wirklichkeit entglitt und in den düsteren Regionen undeutlicher Erinnerungen versank, um so abhängiger wurde sie von Franz. Sie betrachtete seinen Körper nicht länger als eine Barriere zwischen sich und dem Tod, sie ließ den Tod von sich zu ihren Eltern abgleiten. Die waren für sie gestorben. Sie dachte ohne Mitleid oder Liebe an sie, nur mit dem Gefühl, daß sie sie mitgenommen hatten und daß ihr Leiden bald ein Ende nehmen würde.

Sie begann sogar, gerne neben Franz im Bett zu liegen, wo sie seine Nähe spüren konnte. Sie hatten endlich gelernt, sich zu lieben, wie Menschen, die von einem langandauernden Krieg erschöpft sind. Chava sah ihnen verständnislos zu. Sie versuchte, in der neuen Wirklichkeit Fuß zu fassen, wußte aber nicht wie. Sie besaß keine eigene Identität und wußte nicht, welche Identität sie annehmen sollte. Ich kenne Chava fast nur von Erzählungen. Die Chava, mit der ich meine Kindheit verbrachte, war meine Mutter und keine Frau. Wenn ich sie geliebt habe, dann war diese Liebe nur gegen Asuri gerichtet, der sie später umbrachte, aber für mich war auch ihr Tod nur das Resultat einer Verschwörung, die viele Menschen ausgeheckt hatten. Asuri war lediglich der Scharfrichter, ein Schlächter wie Dschasar, dieser Araber. Ich weiß, daß Chava an dem großen historischen Augenblick teilhaben wollte, der unmittelbar bevorstand. Untergrundbewegungen entstanden, Zuversicht lag in der Luft, die Toten warteten in ihren Massengräbern in Europa, ihre Bevollmächtigten kamen kleckerweise auf illegalen Einwandererschiffen an. Chava stand am Strand von Tel-Aviv, als die Patria anlegte, sah die bleichen Gesichter und gehetzten Blicke der Flüchtlinge. Bald darauf schloß sie sich der Hagana an und zog nach Jerusalem, um dort zu studieren.

Viel später, Jahre später, sagte Asuri, »Es stimmt nicht, daß ich Franz und Käthe nicht gesucht habe, aber es war sehr schwer. Einmal habe ich angerufen, und die Leitung war besetzt.« Als er das sagte, brach Franz in lautes Gelächter aus. Dieser Satz war das letzte, was er von Asuri erwartet hätte. Aber gerade, weil diese Ausrede so absurd war, machte Franz sie sich zu eigen und sagte zu Käthe, »Siehst du, Asuri hat fünfzehn Jahre lang versucht, uns zu erreichen, aber die Leitung war besetzt. Wer kann so lange gesprochen haben? Vielleicht Jona.«

Franz wußte, daß Asuri versuchte, etwas wiederzugewinnen, das nicht länger existierte. Die Jahre waren ihm aus den Händen geglitten, weil ihre Liebe nicht in die neue Wirklichkeit zu verpflanzen war, in der Asuri bereits zu einem unterdrückten Volk gehörte. Nur in Deutschland hatte er für Franz das Unheil ahnen können, bevor Franz selbst es spürte. Jetzt gehörte Franz zur Erfolgsgeschichte jener erbärmlichen Vogelscheuchen, die Asuri 1917 mit ihm verspottet hatte, deren Enkel eine Katastrophe über ihn gebracht hatten. Asuri sagte, »Aus dem Starken müssen wir Süße gewinnen«, womit er auf Samson und den Honig im Aas des Löwen anspielte, aber Franz, der nicht sehr bibelfest war, kannte das Zitat nicht und dachte sich, Wie affektiert Asuri doch geworden ist, was für eine seltsame Art, sich auszudrücken . . .

»Du hast dich recht gut gehalten«, sagte Asuri zu Franz, und Franz sagte zu ihm, »An dir sind die Jahre spurlos vorübergegangen. Du scheinst direkt von neunundzwanzig auf fünfundvierzig gesprungen zu sein, ohne eine einzige Falte bekommen zu haben.« Asuri sah Käthe an, ihm wurde klar, wieviel Zeit vergangen war. Sie wußte kaum noch, wer er war.

Chava wohnte in einem kleinen Haus im jemenitischen Viertel von Jerusalem, demselben, in dem ich später als Kunststudent wohnen sollte. Sie war ein stilles Mädchen, studierte an der Universität auf dem Skopusberg, und ihre Freunde sagten, sie besitze die sanftesten Hände in der ganzen Stadt. Ihre Schönheit war so zart und fein, daß sie sich nur den Augen offenbarte, die lange und aufmerksam schauten. Sie war weder glücklich noch traurig, tagsüber studierte sie, nachts webte sie an ihren Träumen. Sie lernte Chanoch kennen, einen jungen Mann, dessen Nachnamen ich nicht kenne. Als ich versuchte, mehr über ihn herauszufinden, stieß ich auf eine undurchdringliche Mauer. Sogar Bunim weigerte sich, mir zu sagen, wer er war oder wo man ihn begraben hatte. Chanoch zog zu Chava in die Wohnung und baute ihr ein Himmelbett, wie man es sonst nur im Film sieht. Manchmal kam Franz zu Besuch und lud sie in ein Restaurant ein. Die Stadt wurde hart und erbarmungslos, rings um die britischen Verwaltungsgebäude spannte man Stacheldrahtverhaue, die Vorahnung einer unausweichbaren Katastrophe lag in der Luft. Die Menschen sahen bereits Messiasse auf den Dächern, manche

Leute versuchten, ihren Messias vom Dach herunterzubringen, während andere die falschen Messiasse und ihre Propheten verfluchten. In Chavas Wohnviertel schworen die Superorthodoxen, eher zu sterben, als den gottlosen Zionisten das Land zu überlassen. Franz fürchtete sich vor Jerusalem. Chava und Chanoch unternahmen mit ihm Spaziergänge zu malerischen, entlegenen Orten; im Rockefeller-Museum untersuchte er mit einem Vergrößerungsglas, das er immer bei sich trug, die kleinen antiken Tongefäße. Jeden Morgen sah Chava vom Skopusberg herab die Wüste, dieselbe Wüste, die ich später einmal rot anmalen wollte. In der Glut der Mittagssonne erstrahlte die Wüste in weißlichem Licht, die Ritter des Mittelalters galoppierten durch sie hindurch, Chava hatte Angst. Sie machte sich Sorgen um Chanoch, der in den Nächten in geheimer Mission unterwegs war, und sie fühlte, wenn ihm etwas zustoßen sollte, würde sie nicht länger an ihn denken können. Chava befürchtete, daß das Verhältnis zu ihrer Mutter es ihr unmöglich machte, jemanden zu lieben. Das Verhältnis mit Chanoch entsprang ihrem Bedürfnis nach der Nähe eines anderen Menschen. Später, als sie selbst im Geleitschutz für Lebensmitteltransporte fuhr, kam sie eines Abends verstaubt und verschmutzt nach Hause; ein älterer Mann, bekleidet mit einem Militärmantel und einem wollenen Kopfschützer wartete schon auf sie. Er berichtete ihr, Chanoch sei in Galiläa gefallen. Sie sah ihn an und fühlte nur Leere. Wortlos schaute sie über die Dächer hinweg hinunter ins Tal des Kreuzes, die Zinnen des Klosters im letzten Abendlicht leuchteten, und die grauen Wolken ballten sich über den Berggipfeln auf der anderen Seite des Tals. Sie hatte ein Gefühl, als hätte man etwas in ihrem Innern amputiert, als sei sie von sich selbst abgeschnitten und nicht nur von dem sanften, gutaussehenden Jungen, mit dem sie ein ganzes Jahr lang zusammengelebt hatte. Im Augenblick, als sie von seinem Tod erfuhr, war jede Erinnerung an ihn ausgelöscht. Sie ging nicht zu seinem Begräbnis, sie wollte seine Eltern nicht kennenlernen. Als sein Bruder zu ihr kam, sagte sie, »Er soll seinen Eltern gehören. Mir gehörte nur ein ganz kleiner Teil von ihm. Ich kannte ihn kaum, und er kannte mich auch nicht. Wir suchten Wärme, keine Liebe, und wir fanden ein unzerstörbares Geheimnis.« Der Bruder verlor die Beherrschung und verbrannte Chanochs Decke. Der Rauch zog durch den Schornstein ab. Der Bruder sagte, »Ich kann mich ja in Unterhosen zu dir aufs Bett setzen. In Unterhosen auf dem Bett sagt man die Wahrheit.« Und sie antwortete ihm, »Du kannst dich ja ausziehen, wenn du willst, ich weiß nicht, was das ist, *Wahrheit in Unterhosen*. Du willst deinen Bruder finden, ich war wie sein Schatten, aber jetzt ist er tot, und Tote haben keinen Schatten.« Er weinte, aber sie hatte kein Mitleid für ihn übrig. Chanochs Eltern riefen Franz an; er bat sie, doch wenigstens während der *Schiwa*, der Trauerwoche, einmal zu ihnen zu gehen. Chava sagte, »unter keinen Umständen«. Als sie wieder anriefen, sagte sie am Telefon zu seiner Mutter, »Einen Chanoch habe ich nie gekannt«, und warf den Hörer auf die Gabel. Franz ging aus dem Zimmer und weinte, und Käthe klebte Papierstreifen auf die Fensterscheiben. Ein neuer Krieg bahnte sich an, und Käthe mußte an die alte Frau denken, die ihr von ihren Eltern berichtet hatte, und die aussah wie ein geschlachtetes Huhn.

»Möglicherweise hatte ich mal einen Freund, Papa«, sagte Chava zu Franz, »aber ich erinnere mich nicht mehr an ihn.« Jahre später, als ich Bunim in seinem Büro gegenübersaß, sagte er zu mir, »Was für ein gemeines Stück doch deine Mutter war, die Erinnerung an ihren Geliebten zu verraten.« Ich schaute ihm ins Gesicht und sagte, »Also ist meine Mutter jetzt eine Verräterin für dich, nicht? Wir alle waren Sprengsätze auf eurem Weg, jeder einzelne von uns war für euch ein Verräter. Willst du, daß ich jetzt herumlaufe und erzähle, daß die heldenhafte Chava, die Heldin von Koloniya, die Heldin eurer Schulbücher, eine gemeine Verräterin war? Eine Frau, die einen Araber heiratete? Eine Frau, die die Erinnerung an ihren Freund Chanoch auslöschte? An diesen süßen, verwöhnten israelischen Fratz, diesen armen scheinheiligen Rami? Wurde er nicht getötet, als die Sprengladung, die er in der Hand hielt, mit der er Araber hatte töten wollen, vorzeitig explodierte? Was bleibt dann von eurer Heldengeschichte übrig? Von euren Märchen für die Schulbücher?« Bunim lächelte säuerlich, konnte aber nicht verhindern, daß seine Stimme einen flehenden Klang bekam. »Sollen sie ruhig glauben, daß deine Mutter eine Heldin war. Mach, was du willst, Josef, aber es wird dir leid tun, wenn du den Namen deiner Mutter mit Asuri in Zusammenhang bringst.« Ich sagte zu ihm, »Asuri ist tausendmal mehr Jude als du, Bunim. Du weißt nicht mal, was es heißt, ein Jude zu sein. Du bist ein Fanatiker, ein Mönch, ein trauriger, kleiner Bürokrat, der Befehle ausführt. Nichts hast du gemeinsam mit der Großmutter, die mit ihrem Enkel ins Kino ging, um sich Ben Hur anzusehen. Sie fing an zu weinen, und ihr Enkel fragte sie, ›Was hast du, Bobbe?‹, und sie sagte, ›Sieh doch, wie die Löwen die armen Juden auffressen‹, und der Enkel sagte, ›Das sind keine Juden, das sind Christen‹, und sie beruhigte sich. Aber ein paar Minuten später fing sie wieder an zu weinen, und er fragte sie, ›Was ist denn jetzt wieder los, Bobbe?‹, und sie sagte, ›Sieh den armen Löwen da drüben am Baum, der kriegt überhaupt nichts zu fressen.‹« Bunim unterdrückte ein Lachen und sagte, »Wirklich komisch. Jetzt erzählt ihr Araber schon jüdische Witze.« – »Was meinst du mit ›ihr Araber‹?« fragte ich ihn. »Bin ich nicht der Sohn von Chava?« – »Ich meine von Asuris Seite«, erwiderte er. Da sagte ich zu ihm, »Weißt du was, Bunim, ab heute werde ich immer sagen, Chava, meine Mutter von Asuris Seite. Du bist ein Hurensohn, Bunim, und das weißt du genau.«

Endlich brach Käthes Schwager nach Amerika auf, und Käthe sagte zu ihm: »Ich begrabe die Toten. Kinder werde ich nicht mehr gebären. Wenn du Asuri in Amerika siehst, sage ihm, daß seine Tochter ihren Liebhaber verloren hat und sich nicht einmal erinnern kann, wer er war. Hier sterben alle. Wo hat uns dieser Araber nur hingeschickt!« Die Stadt war voll von Menschen mit Alpträumen, und Käthe konnte ihr Gestöhne nicht länger ertragen. Sie hörte nicht zu, wenn man im Radio die endlosen Namen der Leute verlas, die ihre Verwandten suchten. Sie hörte nicht einmal von Chavas heroischem Kampf.

Chava fuhr mit einem bewaffneten Geleitzug nach Jerusalem. Als sie sich dem Dorf Koloniya näherten, fing die Schießerei an. Der Kommandant beschloß weiterzufahren. Die Straße war schmal und gewunden und auf beiden Seiten von dem Dorf eingeschlossen, das schon zu Zeiten der Römer bestanden und seither tausend Wandlungen durchgemacht hatte. »Bevor es zerstört wurde, war es das größte und eines der schönsten arabischen Dörfer im ganzen Land gewesen«, sagte Asuri traurig, aber mit einer für ihn ungewöhnlichen Zurückhaltung in der Stimme. Chava saß am rechten Wagenfenster, der Fahrer war zwischen ihr und den Heckenschützen. Er wurde getroffen, und der LKW begann, den Berg hinunterzurollen. Chava schob den toten Fahrer aus der Tür und trat mit aller Kraft auf die Bremse, bis der Wagen zum Stehen kam. Er stoppte vor einem zweistöckigen Haus, aus dem das stärkste Feuer gekommen war. Chava suchte verzweifelt nach der Waffe des Fahrers. Der Junge, der hinten auf dem LKW saß, hatte ihr Gewehr genommen. Er war offensichtlich auch tot. Hinter der Wand aus Sandsäcken wurde nicht mehr geschoßen. Schließlich fand sie eine Pistole, eine alte Mauser. Sie wußte aber weder, wie sie zu laden, noch wie der Sicherheitshahn zu spannen war. Dann fand sie eine Handgranate, stieg auf die Sandsäcke und geriet unter Beschuß. Das schien ihr nichts auszumachen. Sie tat das alles ohne zu überlegen und hatte auch nicht die nötige Ausbildung, um zu wissen, was sie hätte tun müssen. Es gelang ihr, den Sicherheitsstift herauszuziehen; sie erinnerte sich, daß man danach einen kurzen Moment warten mußte, und dann schleuderte sie die Handgranate mit aller Kraft durch eines der Fenster ins Haus. Sie hörte Schreie, kurz darauf eine Explosion, und dann sah sie einen Mann aus dem Fenster fallen. Hinter ihr im Konvoi war ein Panzerwagen voll mit Dynamit, der von panzerbrechenden Geschossen getroffen wurde und explodierte. Chava war allein auf der Straße. Der nächste LKW kam schnell nach, hielt aber plötzlich mit kreischenden Bremsen an. Rechts zwischen den Bäumen war die jüdische Siedling Motza zu sehen. Dort hätten Soldaten sein müssen, aber die waren nicht da. Chava stand mitten auf der Straße, wie eine Närrin, erzählte mir Asuri, wie die Heldin in einem patriotischen Kitschfilm, und suchte nach einer neuen Handgranate. Sie fand eine in der Tasche des toten Soldaten und warf sie. Plötzlich sah sie einen Mann mit Hut und braunem Anzug, der ein Gewehr auf sie richtete. Sie sah sein höhnisches Lächeln und wußte, daß ihr Ende gekommen war. Sie versuchte, herunterzusteigen, aber ihre Beine gehorchten ihr nicht. Der Mann war als einziger in diesem Haus am Leben geblieben. Man schoß auf sie von weitem, aus einem anderen Haus, aber die Schüsse verfehlten sie. Sie starrte auf den Mann, der sein Gewehr auf sie gerichtet hatte und jetzt sorgfältig zielte. Es kam ihr vor, als vollführte er ein Ritual, eine Art zeremonieller Tanz, als er sie langsam genau ins Visier nahm, so nahe, daß sie die gelben Flecken in seinen Augenwinkeln und seine vor Aufregung geröteten Wangen sehen konnte. Er ließ sich Zeit, und sie starrte ihn regungslos an. Später sagte sie zu Asuri, es sei eine Art Hinrichtungsritual gewesen, zurückhaltend, aber doch voller Leidenschaft. »Die Mündung seiner Waffe bewegte sich vor meinem Körper hin und her, ohne Eile; das Fenster, in dem er stand, erschien mir wie ein aufgesperrter Rachen. Der Haß, den er ausstrahlte, war so überwältigend, daß er sich mit aller Gewalt beherrschen mußte; sein Gesicht war eine Maske.« In der blutigen, ausgestreckten Hand des toten Soldaten, versteckt zwischen den Sandsäcken, fand sie noch eine Granate, zog den Sicherheitsstift heraus und schaue auf den tanzenden Mann. Er feuerte einen Schuß ab und verfehlte sie. Plötzlich lachte er laut, und sie lachte zurück. Dann liefen Soldaten aus dem hinteren LKW, der zum Stehen gekommen war, auf sie zu. Chava warf ihre Handgranate im selben Augenblick, als der Mann grinsend sein Gewehr auf sie abfeuerte. Chava verspürte einen Schmerz, bückte sich vornüber, um den Schmerz zu bewältigen, und wurde fast von ihm aufgesogen. Aber dann richtete sie sich auf, riß sich das Hemd vom Leib und schwenkte es in der Luft, ihr Oberkörper war nackt. Vielleicht zum ersten Mal in ihrem Leben entblößte sie ihre Brüste im hellen Tageslicht. Im selben Moment explodierte der Mann vor ihren Augen. Die Granate, die sie geworfen hatte, war auf einer Ladung TNT gelandet, der Mann im braunen Anzug wurde vor ihren Augen in die Luft geschleudert, und sein Blut spritzte auf sie. Die Araber in den Nachbarhäusern flüchteten. Die Explosion war ohrenbetäubend. Später sagte Chava, »Ich sah die Kugeln auf mich zufliegen, ich sah einen Funken und fühlte den Schmerz, aber noch vor dem Schmerz sah ich den Todespfeil auf mich zukommen, das Blut quoll mir aus den Beinen und aus der Hüfte, der Schmerz war so schlimm, daß ich flatterte wie eine Fahne im Wind, vor dem Mann, der mich unbedingt mit seinen Kugeln erreichen wollte.« Irgend jemand sprang hoch, holte Chava herunter und legte sie halbnackt in den Panzerwagen. Trotz ihrer Schmerzen suchte sie nach ihrem Hemd, fand es aber nicht. Jemand reichte ihr ein anderes Hemd, das sie sich überzog, und erst dann verlor sie das Bewußtsein. Später sagte Chava zu Asuri, »Es ist schade um dieses Dorf. All die schönen Häuser sind zerstört worden. Man hat die Einwohner vertrieben und ein Haus nach dem anderen dem Erdboden gleichgemacht. Der Mann hat mich angesehen, ich sah sein Gesicht, er wartete auf den Tod, vielleicht war er ihm willkommen. Vielleicht fühlte ich das gleiche.« Chava vergaß nie zu erwähnen, daß der Mann auf sie geschossen hatte, als wäre es ein Ritual. Und in diesem Zusammenhang gebrauchte sie stets das Wort »faszinierend«. Das faszinierende Ritual des Todes.

10

Ich kann Chava – meine Mutter von Asuris Seite – sehr gut verstehen. Ich verstehe ihre Einstellung Ritualen gegenüber. Rituale sind Formen, die zum Inhalt werden; sie schützen uns vor der Realität. Als ich bei Asuri war und ihn anklagte, in Koloniya auf Chava geschossen zu haben, fühlte er sich verpflichtet, mir wieder und wieder etwas zu erzählen, von dem er wußte, daß ich es sehr wohl schon wußte. Er hatte überhaupt nicht im Krieg gekämpft. Vielleicht war sein Bedürfnis, dies ununterbrochen zu erzählen, statt mir einfach ins Gesicht zu schlagen, mit einem gewissen Schuldgefühl verbunden, weil er keinen einzigen Schuß abgefeuert hatte. Asuri kam ein Jahr vor Franz und Käthe nach Palästina. Er hatte von ihrer Ankunft gehört, versuchte anzurufen, aber die Leitung war besetzt. Das stimmte zwar, erklärte aber nicht, daß er es nie wieder versuchte. Als er in das Land kam, versuchte er, eine Stelle an der Universität zu bekommen, wurde aber abgewiesen. Das tat weh. Er bekam eine Stellung als Lehrer an einer christlichen Oberschule – ein Mann mit fünf Universitätsabschlüssen! Von Zeit zu Zeit veröffentlichte er wissenschaftliche Abhandlungen in englischen, französischen und amerikanischen Zeitschriften. Ein Jahr nach dem Ende des Zweiten Weltkriegs fuhr er nach Frankreich und lehrte ein halbes Jahr an der Sorbonne. Es heißt, er soll dort eine Frau gehabt haben, eine Frau, die mit einem anderen Mann verheiratet war. Ob er sie wohl geliebt hat? Ich habe ihn nie gefragt, und er hat es mir nie erzählt. Er kam nach Akko zurück und wohnte teils in seinem Haus in Akko, teils in einem Apartment in Haifa. Er wurde aktiv in der Partei, aus dem Bedürfnis, irgendwo dazuzugehören, Teil von etwas zu sein, das größer war als er. Dabei weiß ich, daß er so sehr Marxist war wie ich ein türkischer Monarchist. Unter einem Pseudonym veröffentlichte er einen kitschigen Liebesroman in hebräischer Sprache, von dem mehrere tausend Exemplare verkauft wurden. Als er ihn mir später zu lesen gab, lachte ich ihn aus. Ich sagte, was ich schon früher bei vielen Gelegenheiten hätte sagen müssen. »Du bist der letzte übriggebliebene Romantiker, Asuri.« In diesem albernen Roman beschreibt er einen Mann, der ein kleines Mädchen liebt, zusieht, wie es in einem prächtigen Herrenhaus in Jerusalem aufwächst, ein armer Mann, der selbst in einem Armenviertel lebt, der ihr manchmal eine Blume zuwirft, sich langsam in ihre Gedanken, ihre Phantasien und ihre Träume einschleicht. Ein gutaussehender Mann. Das Mädchen wächst heran wie eine Prinzessin. Sie wird von Männern umworben, aber sie weist alle ab. Am Morgen findet sie sich nackt, zusammengerollt wie ein Embryo, auf dem Fußboden neben ihrem Bett wieder. Die Eltern, entsetzt über die lustvolle Sinnlichkeit ihrer Tochter, verprügeln sie und schicken sie in eine Klosterschule, wo sie in schwarz-weißer Anstaltskleidung, die Hände hinter dem Rücken, in Reih und Glied mit den anderen Mädchen marschiert. Sie läuft weg, während er ihr aus einem schattigen Versteck nachschaut. Sie weiß, daß er da ist, obwohl sie ihn nie sieht. Sie läuft aus dem Internat weg, ihre reichen Eltern schicken sie auf eine Schule in der Schweiz, als sie ihnen sagt, »Ich kann den Wachsgeruch dieser Nonnen nicht mehr ertragen, ihre verwesenden Körper unter den langen stinkenden Gewändern.« Er fährt ihr in die Schweiz nach und studiert dort. Sie spürt seine Anwesenheit. Sie können einander riechen.

Ich lachte und sagte zu Asuri, er sei ein hinterhältiger Bastard. Es war ihm klar, daß ich auf etwas anspielte, was er gar nicht gemeint hatte, wenigstens damals nicht, als er das Buch schrieb. Er gab mir genau die Antwort, die ich hören wollte. Er sagte, daß er und Chava einander gespürt hatten, lange bevor sie sich trafen. Davon brauchte er mich nicht zu überzeugen, ich hatte es längst geahnt. Als ein Durchgedrehter, dessen höchste Moral der Verrat war, zuerst durch Bunim und danach durch die Sicherheitsorgane, wußte ich genau, daß ich Asuri und Chava gegeneinander ausspielte. Asuri war nicht der einzige, in dessen Kopf verrückte Geschichten entstanden.

Asuri kämpfte nicht, er beschäftigte sich mit Parteiangelegenheiten. Er sprach von arabisch-jüdischer Brüderlichkeit, glaubte aber nur, was er mit eigenen Augen sah. Junge Frauen aus dem jüdischen Sektor nahmen Kontakt mit den hartgesottenen Typen auf, die damals den Kern der Partei bildeten. Man hing Träumen nach und hielt Versammlungen ab, und als 1948 der Krieg ausbrach, blieb Asuri in Akko. Sein Vater fuhr nach Kfar Jassif und schloß sich eine Zeitlang der ›Befreiungsarmee‹ von Fawzi al-Kaukji an. Er mag ein paar Schüsse abgefeuert oder auch an einem kleinen Gefecht teilgenommen haben, aber große Kämpfer gab es in dieser Familie keine. Wie viele andere schrien sie herum und beschimpften die Juden, aber sie schossen nicht. Nur Asuri schimpfte nicht und schloß sich den Schreihälsen nicht an. Er weigerte sich, ein Gewehr in die Hand zu nehmen. In seiner Stadt war er ein angesehener Mann, von dem man annahm, er sei zu Größerem bestimmt als für den Krieg. Nur sein sterbender Onkel, der sich an die Überreste seiner Träume von ruhmreichen Siegen klammerte, zog mit siebenundsechzig Jahren in den Kampf, kehrte nach der Niederlage bei Mischmar Ha-emek nach Hause zurück und starb an gebrochenem Herzen. Asuri saß zu Hause. Er sagte zu seinem Vater, »Sag mir, wer gewonnen hat, wenn der Krieg vorbei ist.« Er hörte nicht einmal Nachrichten im Radio. Vielleicht stellte er sich vor, daß Franz irgendwo in der Nähe war und an ihn dachte, vielleicht gerade eine Lunge operierte, die von arabischen

Kugeln durchlöchert worden war. Er stellte sich sogar vor, wie Franz nachts auf der Straße die Verdunkelung kontrollierte und schrie, »Licht aus!« Was er sich jedoch nicht vorstellen konnte, war ein Franz, der in den Massen von Flüchtlingen, die ins Land kamen, ein verzerrtes Spiegelbild seiner selbst sah, und in einer Zeitspanne, die nur Käthe ermessen konnte, zu einem Kämpfer im großen Krieg um das Land Israel geworden war, um jene Juden zu retten, deren Schicksal er fast geteilt hätte, wenn Asuri ihn nicht in Sicherheit gebracht hätte – Juden, die die Flüchtlingsschiffe nicht mehr erreicht hatten, weil sie bereits begraben waren in Ländern, die Franz hinter sich gelassen hatte.

Nachdem Asuri den Kugelregen und das Bombardement durch den einzigen Granatwerfer, mit dem die Juden Akko eroberten, ausgesessen hatte, begann die Völkerwanderung. Zuerst trieb man die Araber zum Strand hinunter. Zwei Tage später brachte man Juden aus Haifa dorthin, die gerade auf einem Flüchtlingsschiff angekommen waren, und übergab ihnen die leeren Häuser. Danach kehrten die Araber in ihre Dörfer zurück, die sie verlassen hatten, um den Sieg abzuwarten, den ihnen ihre Führer in den nächsten ein, zwei Tagen versprochen hatten. Die Juden trieben die Araber bis zur libanesischen Grenze und zwangen sie hinüberzugehen. Es herrschte absolutes Chaos. Jeder jüdische Kommandeur betrieb seine eigene Politik. Ein katholischer Priester wurde brutal zusammengeschlagen, ließ aber seine Gemeinde nicht im Stich. Der Kadi der el-Dschasar-Moschee kam heraus, um seine Leute zu verteidigen. Ein Rabbiner unter den Flüchtlingen verhüllte vor Scham sein Gesicht. Asuri geht nicht auf Episoden ein, sondern hält sich an dokumentierte Tatsachen. Ich, der Sohn von Chava und Asuri von beiden Seiten, versuche herauszufinden, was wirklich in Akko geschah, wobei mir klar wird, daß ich unwissentlich in zwei entgegengesetzte Geschichten hineingewachsen war. Jede Seite gab der anderen die Schuld. Die Araber standen am Ufer. Sie gingen nach Tyra und kamen wieder zurück. Viele kamen nicht zurück. Einer von Asuris Brüdern ging zu seinem Bruder nach Beirut, der ihm half, nach Amman zu gelangen. Ein anderer Bruder konnte flüchten und eröffnete ein Geschäft für Elektroartikel unweit des Königspalasts. Als Abdallah in Jerusalem ermordet wurde, stand er ganz in der Nähe. Asuri verlor nicht den Kopf. Er aktivierte die Parteizentrale in Akko auf der Grundlage jüdisch-arabischer Brüderlichkeit, weil er überzeugt war, daß beide Völker dazu verurteilt waren, zusammenzuleben oder zu sterben. Und eben wegen dieser moderaten Einstellung wurde er von dem jeweiligen Militärgouverneur schikaniert. Man stellte ihn unter Hausarrest. Niemand wollte ihm genau sagen, wessen man ihn beschuldigte. Eine Frau aus Haifa, die in ihn verliebt war, kam nach Akko und wohnte bei ihm im Haus, aber er ging nie mit ihr ins Bett, wie er sagte. Vorher war sie die Freundin seines Bruders gewesen, seines dritten Bruders, der geflüchtet war und in Zypern auf sie wartete. Aber sie wollte das Land nicht verlassen. Sie glaubte an ihre Sache, klebte politische Poster und wurde verhaftet. Auf Schleichwegen schickte sie Briefe an seinen Bruder in Beirut. Es ist unnötig, hier alle Einzelheiten aufzuzählen; die Geschichte der Eroberung und Unterdrückung ist lang und durchaus nicht einfach, aber die Tatsachen sind bekannt. Um es Asuri leichter zu machen, sagte Chava später, die Zerstörung des schönen Dorfes Koloniya täte ihr leid. Aber da hatte Asuri schon angefangen, die Zerstörer zu verstehen. »In einem Krieg auf Leben und Tod«, sagte er, »in dem beide Seiten von ihrem Recht überzeugt sind, ist Zerstörung unvermeidlich. Wir hätten unsere Führer dazu überreden sollen, den Teilungsplan der Vereinten Nationen zu akzeptieren, aber das haben wir nicht getan. Flüchtlinge mit blutenden Wunden wollten ihren eigenen Staat, und das ging auf meine Rechnung, weil mein eigenes Volk nicht genug Verstand hatte, die historische Gelegenheit wahrzunehmen. Sie begriffen nicht, daß man ihnen Unabhängigkeit anbot. Sie wollten den ganzen Kuchen haben, und jetzt haben sie gar nichts.«

Asuri war kein verweichlichter Judenliebhaber, wie man später in Beirut in giftigen Artikeln behauptete, als sein bedeutendes Werk über die Geschichte des jüdisch-arabischen Konflikts in Palästina veröffentlicht wurde. Von allen Büchern über dieses Thema, die ich je gelesen habe, ist Asuris bei weitem das präziseste und objektivste, und sogar Bunim wendet es manchmal gegen mich an. Niemand ist bereit es zuzugeben, aber Asuri hat in keinem Punkt gelogen, er hat genaue und systematische Recherchen angestellt. Einmal sagte er mir voller Schmerz, »In Berlin, als Chava auf meinem Schoß saß und ich ihr aus Wilhelm Busch vorlas, haßte ich sie. Sie war die Barriere zwischen mir und Franz und Käthe. Gegen die konnte ich nicht kämpfen, aber die Kleine war ein leichtes Ziel für mich. Wie sie selbst mehr als einmal sagte, war sie eine bequeme Zielscheibe für den Mann, der in Koloniya auf sie geschossen und sie so zu eurer Nationalheldin gemacht hat.«

Ich mußte lachen, weil er »eure« gesagt hatte. »Ich bin der Sohn von Asuri auf der Seite von Abu-al-Misk Kafur Scharara«, sagte ich, aber er meinte, »Nein, das bist du nicht. Du bist überall ein Fremder, für mich, für ihn, auch für Chava. Du gehörst nur dir selbst. Du hast den Roman gelesen, den ich unter falschem Namen geschrieben habe. Bin ich wirklich ein unverbesserlicher Romantiker? Ich bin ein Wissenschaftler, ein sorgfältiger Rechercheur. Ich kann kaum glauben, daß ich jemals solchen Mist geschrieben habe, nur weil ich, wie du sagst, tief in meinem Herzen ein sentimentaler Araber geblieben bin. Ich suchte nach einer möglichen Realität, vielleicht keine notwendige, aber eine grundsätzliche Realität. In dieser hier wurden wir bestraft. In Kfar Jassif nahm man meinem Onkel sein Land weg. Land ist das Brot des Arabers. Er lebt auf seinem Land und für sein Land. Er hat kein Vaterland, sondern sein Land. Auch den Himmel habt ihr ihm weggenommen. Ihr habt einen jüdischen Gott dort eingesetzt mit einer Nationalhymne wie *Hatikva*. Ich sagte zu ihm, »Nicht *ihr*, sondern *sie*. Wie konntest du da Chava lieben?« und er sagte, »Wie

Feuer.« Da sagte ich, »Nur ein Araber würde sagen ›wie Feuer‹«, und er lachte. »Man hat mich gedemütigt«, sagte er. »Ich durfte Akko nicht verlassen und wurde unter Hausarrest gestellt. Ich saß und schrieb. Einmal rief ich Käthe und Franz an. Käthe meldete sich, aber ich sagte kein Wort. Ich hatte ihr nichts zu sagen. Wir waren drei intelligente Menschen, Josef – zwei Juden, ein Araber. Wir wußten, es war verboten, das zu suchen, was wir verloren hatten. Ich schrieb, man wollte mich für den Stadtrat haben; der Militärgouverneur versuchte gleichzeitig, mit mir zu fraternisieren und mich gleichzeitig gefügig zu machen. Juden wohnten in dem Haus meines Onkels, auch in den Häusern meiner Vettern, die im Flüchtlingslager im Libanon saßen. In dem schrecklichen Winter von 1949 rissen die Juden die Zitronenbäume aus, um Brennholz für ihre Öfen zu haben. Ich verstand, was meine Brüder nie verstanden – wo sie hergekommen waren, welche Leiden hinter ihnen lagen. Ich wußte, daß das noch lange kein Grund war, mich zu vertreiben, mich zu demütigen und mich aus meinem Haus hinauszuwerfen, aber ich wußte auch, daß die alten Gesetze nicht mehr existierten. Es gab neue Gesetze, und damit meine ich nicht die Gesetze von heute oder die Erlasse haßerfüllter Militärgouverneure, ich meine eine Art Wunsch, die Untröstlichen zu trösten und den Schmerz der wandelnden Toten zu verstehen, die in Akko meine Zitronenbäume abschlugen.« Und Asuri sagte mir, »Ich wollte nicht, daß das, was ich hier tun mußte, meine Stadt Akko, meinen Himmel und meinen historischen Boden zu verteidigen, nachdem ihr schon die schönen Häuser, die Obstgärten, Kafurs Garten und das Meer, die Ländereien in Galiläa genommen hattet – ich wollte nicht, daß sich das, was ich hier in Akko tat, gegen Franz und Käthe richten würde. Ich wollte Akko für meine Enkel erhalten. Wie hätte ich auch wissen können, daß mein einziges Enkelkind der abgetriebene Embryo eines jüdischen Mädchens namens Dinah sein würde, gezeugt von dem kochenden Samen meines halb-jüdischen Sohnes?«

Dies war der gröbste und gefühlloseste Spruch, den ich je von Asuri zu hören bekommen hatte. Er war verärgert wegen Laila, der arabischen Schauspielerin, mit der ich ein paar Monate in Haifa gelebt hatte. Damals war ich arabischer Nationalist, für den Asuris Kommunismus der Ausweg war – ein völliges Mißverständnis der Spielregeln des Krieges, eine Kapitulation vor einer fernen und fremden Macht. »Du wirst das jüdisch-arabische Problem nicht im Bett lösen, weder mit Dinah noch mit Laila«, sagte Asuri zu mir. Ich erzählte ihm, daß Laila in einem erbärmlichen Zimmer in Haifa neben mir im Bett lag, mit Bildern von Che Guevara und einer palästinensischen Fahne an der Wand und einem Regal voll arabischer Bücher, die sie nie las, und hebräischen Büchern, die sie las, wenn keiner da war, und daß sie zu mir gesagt hatte, »Du bist ein Barbar, Josef, ein Barbar! Ich hatte einmal einen jüdischen Freund, der mir Blumen schenkte. Er überschüttete mich förmlich mit Blumen. Meine Eltern brachten mich fast um, und ich schämte mich, ich fühlte mich so erniedrigt.« Und dann sagte sie plötzlich, »Du benimmst dich wie ein Araber«, und ich schlug sie. All die Jahre war ich in der Schule ein jüdisches Kind gewesen, Josef Rosenzweig, Jossie, der Enkelsohn von Franz, dem Ehrenmitglied des internationalen Verbandes der Lungenchirurgen, der Sohn von Chava, einer Nationalheldin, die in einem gerechten Krieg den Heldentod erlitten hatte. Ich schrie Laila an, und je mehr ich schrie, um so mehr verstand sie, daß ich der Araber war, den sie lieben wollte und nicht konnte. Das Land, in dem sie aufgewachsen war, hatte ihre Begriffe verzerrt. Araber waren für sie keine Menschen, sie waren eine nationale Identität. Ihre arabischen Freunde hatten sie im Stich gelassen. Nachdem sie mit sämtlichen linksradikalen Mädchen in Haifa ins Bett gegangen waren, heirateten sie ein Mädchen, das ihre Eltern für sie ausgesucht hatten. Laila, die befreite Frau, die einzige Araberin, die offen mit Männern lebte, die sich nicht fürchtete, sich ihren Eltern und ihrer Familie widersetzte, nie beten ging, die ihre Nationalität nicht als Schandfleck ansah, diese Laila versuchte, die Verbrüderung der Menschheit bei mir im Bett zu finden und übertrug mir die Rolle eines Arabers, der sie schlug. Laila sagte weinend zu mir, »Mach, daß du wegkommst, du stinkst wie ein Araber«, und ich lief mitten in der Nacht zur nächsten Telefonzelle, rief Dinah an und sagte ihr, »Komm zu mir zurück, laß alles stehen und liegen und komm zu mir zurück.« Sie weinte und warf den Hörer auf die Gabel. Ich ging zu Fuß nach Akko. Ich marschierte die ganze Nacht, wurde von ein paar Polizisten aufgehalten, die mich beschimpften, und einer schlug mich sogar, aber das machte mir nichts aus; ich kam bei Asuri an, und da sprach er diese harten, zornigen Worte. Asuri träumte von menschlichen Beziehungen und begegnete Juden, die nicht wie Franz und Käthe, sondern Fanatiker waren. Er stand ihnen im Weg, er war ein Stück Scheiße, arabischer Dreck, etwas, womit er nicht gerechnet hatte, als er Käthe in Berlin aufsuchte und ihr sagte, er könne den Brand riechen und sie müsse weggehen, um sich selbst, Franz und die kleine Chava zu retten. »Und du darfst nicht vergessen«, sagte er zu mir, »das war lange vor dem Holocaust, es war damals nur eine Frage der Menschenrechte. Die Nürnberger Gesetze waren zwar hart, aber hier leben wir nach Gesetzen, die nicht weniger hart sind. Damals gab es noch keine Konzentrationslager und keine Gaskammern. Nicht wegen dem, was später geschah, habe ich Franz und Käthe aus Deutschland hierhergebracht – solche Dinge waren zu dieser Zeit noch unvorstellbar.«

Was Laila betraf, hatte Asuri gewisse Vorbehalte – er sagte das nicht offen, aber ich kenne ihn ja. Sie war ihm zu arabisch, er wollte, daß ich zu Dinah zurückging. Mit Dinah, dachte er, würde ich eine bessere Chance haben. Ich erzählte ihm von ihren Eltern. Ich erzählte ihm, was für eine Katastrophe es für sie bedeuten würde, sollten wir jemals heiraten. Er hatte Mitleid mit Dinahs Eltern und übertrug sein Mitleid auf Franz und Käthe. Aber ich greife den Ereignissen vor und spreche von Dingen, die sich erst viel später ereigneten. Erst kamen die Demütigungen, die Kränkungen, die Plünderungen; der Mann, der zwei Tage und zwei

Nächte lang am Strand von Akko stand, keinen einzigen Schuß abfeuerte und den israelische Soldaten ins Wasser stießen, damit er im Meer seine »arabische Vergangenheit« wiederfand. »Solche Dinge vergißt man nicht«, sagte Asuri und fügte hinzu, »Weißt du, ich habe das schon längst vergessen. Wen ich nicht vergesse, das ist meine Mutter. 1948 war sie fünfzig Jahre alt. Eine schöne Frau, aber nicht mehr jung. Mein Vater ging nach Kfar Jassif, vielleicht feuerte er ein paar Schüsse ab, brachte den Freischärlern etwas Olivenöl und Mehl, Brotfladen und Käse. Dann kam er zurück und versteckte sich im Hause meines Bruders, der nach Beirut geflüchtet war. Seine Frau saß zu Hause. Es war ein typisches arabisches Heim.«

»Wer war mein Vater? Ein Mann mit wenig Schulbildung, ein kleiner Beamter bei der britischen Mandatsverwaltung. Meine Mutter war eine schöne Frau, die vor Haß brannte. Ich verließ Akko und zog nach Haifa. Die Juden eroberten Haifa, und die Araber ließen die Köpfe hängen und sahen zu, wie ihre geliebten Häuser zerstört wurden. Ich kehrte nach Akko zurück, aber meine Mutter war nicht mehr da. Du verstehst, was ein Sohn fühlt, und ich bin Araber, Josef, der arabische Sohn eines Arabers, wenn er erfährt, daß seine Mutter nach Tunesien durchgebrannt ist mit einem Offizier von Kaukjis sogenannter Befreiungsarmee, einem Haufen arroganter Angeber und Mörder, die alles andere waren als fortschrittliche Freiheitskämpfer. Von Zeit zu Zeit gab auch mein sonst so gescheiter und nüchterner Vater solche albernen Parolen von sich, und ich muß gestehen, daß es mich kitzelte, sie aus seinem Mund zu hören. Meine Mutter sei verjüngt worden, erklärte er mir, sie habe sich die Augen ausgeweint und sei dann mit einem Offizier von Kaukjis Armee – ich glaube, er kam aus dem Irak – in einem Fischerboot nach Tunesien geflohen. Ich kam in ein leeres Haus zurück. Mein Vater kam nach Hause und erfuhr, daß seine Frau ein Flüchtling war, durchgebrannt nach Tunesien mit einem schnauzbärtigen Helden, der in der Nähe von Afula drei Juden getötet hatte. Ich weinte für meinen Vater, aber er selbst weinte nicht. Er war ein starker Mann, nicht wie sein Bruder Abu-al-Misk. Ein Realist, bodenständig, kein Schwätzer. Später heiratete er wieder, eine Frau, die er aus einem der Dörfer bei Akko holte. Zu dieser Zeit arbeitete er als Dolmetscher bei der Militärverwaltung. Meine Brüder hatten sich inzwischen davongemacht, das Haus war fast leer. Ich hatte eine Wohnung in Akko und eine andere in Haifa. Jedesmal, wenn ich von Akko nach Haifa oder zurück fahren wollte, mußte ich mich in eine Schlange stellen, um von der Militärverwaltung eine Reisegenehmigung zu bekommen. Dafür war mein Vater zuständig, und manchmal schämte er sich, mir in die Augen zu sehen. Aber ich war ihm nicht böse. Seine Frau nörgelte an ihm herum, sie fing an, ihn zu verachten. Sie wollte, daß er ein Messer nahm und sich endlich an der Frau rächte, die ihn betrogen hatte. Es machte sie wahnsinnig, daß er nicht wütender war, daß er die Frau nicht umbrachte – oder sich selbst, daß er mir half, die Reisegenehmigungen von den Juden zu bekommen. Mehr und mehr verstrickte sie sich in den Haß, der in ihr kochte.

Im Bett bot sie meinem Vater einen kalten Körper dar, sie lächelte nie, kochte ihm die Mahlzeiten und zog sich immer mehr in sich zurück. Eines Tages brachte sie sich in ihrem Zimmer um. Wir saßen in der Küche und hörten sie schreien, ›Geh und erstich sie!‹ Aber mein Vater hätte nie jemanden erstechen können. Als Araber war er gescheitert, dem Milieu entrissen, in dem er aufgewachsen war, ohne etwas anderes gefunden zu haben. Ich bin es auch, Josef. Er und ich sind Produkte einer Umwandlung, von der du verschont geblieben bist. Deinen Zorn hast du von den Eltern meiner Eltern geerbt, nicht von mir, nicht von meinem Vater. Sie tötete sich vor unseren Augen, um uns zu strafen, aber sie strafte uns damit nicht. Ich weine über ihr Heldentum. Wie Chava war sie eine mutige Kämpferin für eine verlorene Sache. Sie kam ins Zimmer, und mein Vater sagte, ›Sieh mal, sie blutet aus dem Mund, aber wie kommt das Blut bis an die Beine, wenn sie sich den Hals aufgeschnitten hat?‹

Später begrub ich auch ihn. Und auch deine Mutter. Du bist alles, was mir geblieben ist, und du stichst mit demselben Messer auf mich ein, mit dem mein Vater weder sein treuloses Weib noch sich selbst erstach. Seine zweite Frau hatte feste Vorstellungen von arabischer Ehre. Sie entstammte einem entsprechenden Milieu, als sie zu uns kam und mein Vater sich weigerte, sich selbst oder einen anderen zu erstechen, und sich statt dessen ans Fenster setzte und auf die Bucht hinausstarrte. Und jetzt sitzt du hier, Josef. Du kommst von Chavas Seite, nicht von mir, von Chavas Seite an der Seite von Franz. Bleib da, Josef, in deinem eigenen Interesse.« Ich sagte zu Asuri, »Wie konntest du nur? Du bist 1948 hierher zurückgekommen, du hast gesehen, was sie euch antaten, wie sie euch demütigten, euch euer Land wegnahmen. Wie konntest du ruhig bleiben? Wie konntest du so gelassen bleiben? Sie haben dir alles weggenommen, deine Familie verbannt, deinen Vater kaputtgemacht und aus dir den Araber der Juden. Wie konntest du nur?« Er sah mich wortlos an, und ich sprach weiter, »Das sind fremde Eroberer, wie die Kreuzfahrer, selbstgefällige Heuchler, und sie werden auch so enden wie die Kreuzfahrer.« Asuri sagte, »Ich glaube, da irrst du dich, Josef. Ihr werdet hierbleiben, wir werden hierbleiben, darin besteht die Tragödie ...«

Als ich anfing, für Bunim zu arbeiten, nahm ich das Schwert von Abu-al-Misk mit, das Schwert, das einst Saladdin gehört hatte, um Rache zu nehmen, wo Asuris Vater es nicht getan hatte. Die Wahrheit ist, daß ich nie sehr konsequent war. Manchmal funktionierte meine Hellseherei, oft irrte ich mich auch. Hin und wieder gab ich Bunim Informationen, die ihm weiterhalfen. Das Schwert arbeitete gegen mich, nicht für mich. Auch als ich den Regen ins Kassit brachte, schaffte ich es nicht ganz, ich brachte ihn ziemlich nah heran, aber nicht bis zur Tür. Auf diese Art konnte ich ab und zu Bunims toten Lippen ein Lächeln entlocken. Möge Gott sich der kleinen Kinder erbarmen, die auf dem Spielplatz eines Mannes wie Bunim ihre verzweifelten und lächerlichen Spiele treiben.

11

Eines Morgens stand Dinah um neun Uhr auf und trank eine Tasse Kaffee. Sie legte das Ohr an die Wand und hörte mein Atmen auf der anderen Seite (ich war gar nicht da), die Tasse fiel auf den Fußboden, und sie hörte ihren Schrei. Aus der Wand trat die Gestalt von Chava, meine Mutter von Franz' Seite her. Dinah setzte sich hin und verfaßte ein Gedicht. Um halb zwei hatte sie die endgültige Fassung des Gedichts niedergeschrieben und merkte, daß sie Hunger hatte. Rami rief an, und sie verabredete sich mit ihm zum Mittagessen. Sie las ihm ihr Gedicht vor, und er fragte, wer die Frau sei, und sie erwiderte »Asuris Chava«, und er sagte, »Von ihr hat man uns in der Schule erzählt.« Dinah wollte lachen, hatte aber den Mund voller toter Babys und konnte nicht lachen. Wenn sie aß, kam es ihr vor, als kaute sie auf mir herum. Sie sagte zu Rami, »Es kommt mir vor, als ob dieser Wein Josefs Blut wäre.« Er versuchte, ihr Mitleid zu erregen, aber ihr war kein Mitleid mehr geblieben. Zur gleichen Zeit saß ich bei Bunim im Büro und versuchte, mich auf etwas zu konzentrieren, was bereits geschehen war oder bald geschehen würde, aber ich konnte es nur verschwommen sehen. Das Ganze war unrealistisch, und Bunim mochte keine abstrakten Bilder. Ich erzählte ihm von meinem Plan, die Wüste rot zu färben, und das Ganze erschien ihm so weit hergeholt, daß er nicht mal sagte, »Laß es sein.« Rami sagte zu Dinah, »Ich habe für Josef ein kleines Schädlingsbekämpfungsflugzeug organisiert, ein Freund von mir wird es fliegen, und eine Farbenfabrik stellt die Farbe zur Verfügung«, worauf Dinah erwiderte, »Josef wird niemals ein Künstler sein. Er ist nicht fähig, als Erwachsener die Ernsthaftigkeit des Kindes zu fühlen, das er einmal war. Seine Unschuld ist die Unschuld des Rächers, nicht die des Kindes.« Rami verstand nicht, was sie damit meinte. Sie brachte ihr Gedicht zum Redakteur der Literaturbeilage einer Zeitung, und um halb sechs sagte er ihr, das Gedicht würde in zehn Tagen in der Wochenendbeilage erscheinen. Sie ging nach Hause und fühlte sich leer. Rami versuchte, sich neben sie zu legen, aber sie stieß ihn weg. Er fragte warum, und sie sagte, »Geh jetzt bitte, es hat keinen Zweck. Ich gehöre ihm, und er ist nicht fähig, mich so zu lieben, wie ich es möchte.« Sie versuchte, durch die Wände von Bunims Büro mit mir in Berührung zu kommen. Sie hatte recht, und ich wußte es. Wen hatte ich je geliebt? Wann hatte ich je gewußt, wie ich lieben sollte? Rami weiß, wie man liebt, er verdient es, geliebt zu werden. Dinah war wie gelähmt. Abends im Kassit fragte Nissan sie mit verstecktem Spott, »Wo ist Josef? Warum kommt er nicht mehr?« Und sie antwortete, »Er ist zur Zeit mit einer wichtigen Arbeit beschäftigt.« Chedva lief noch immer zum Telefon, sagte kein Wort und heulte in den Topf hinein, den Heskel vor sie auf den Boden stellte, um ihre Tränen aufzufangen. Ich wollte wieder ins Kassit zurück. Dinahs Gedicht wurde veröffentlicht, und alle bewunderten es. Sogar ihre Gegner gaben zu, daß es ein Durchbruch war. Nur Dinah schämte sich. Ich rief sie an, und sie sagte, »Komm und liebe mich, Josef, nimm mich und mach mit mir, was du willst, befreie mich, damit ich nicht ersticke.«

Ich ging hin. Rami saß bei ihr im Flur und klebte Briefmarken in Dinahs Album. Jeder, der sie kennt, klebt Briefmarken in ihr Album. Ich sagte ihm, er solle verschwinden. Erstaunt drehte er sich zu mir um. Die einzige Frage, die ihm einfiel, war, wie ich hereingekommen sei. Ich erklärte ihm, »Ich habe immer einen Schlüssel zu Dinahs Wohnung gehabt, und ich zahle ein Drittel der Miete.« – »Noch immer?« fragte er erstaunt, und ich sagte, »Du Dummkopf, auf immer und ewig. Ich habe auch die Kaution bezahlt, und wenn du dir die Mühe machen würdest, nachzusehen, wirst du finden, daß diese Wohnung auf den Namen Josef Rosenzweig eingetragen ist.« Dinah rief, »Rami, sei ein guter Junge und geh jetzt.« Er ging zu ihr ins Zimmer, und sie warf ihm einen Blick zu, so eiskalt, daß sogar ich dabei fror, als ich in der Tür stand. Sie sagte, »Laß uns heute allein. Das hat nichts mit dir oder dir und mir zu tun. Heute brauche ich Josef hier bei mir.« Er antwortete, »Aber du hast mir doch gesagt, daß er nie wiederkommt.« Sie sagte, »Es ist nur vorübergehend. Ich leide, Rami, ich bin voller Trauer, ich brenne. Geh jetzt bitte.« Er begann zu weinen, und sie lachte ihn so gehässig aus, als wollte sie ihn so tief wie nur möglich kränken. Sie erschien mir schöner denn je, aber ich verspürte überhaupt keine Lust. Ich half Rami, seine Sachen zu packen. Ich hatte sogar Mitleid mit ihm. Dinahs Hände zitterten, sie sagte, »Ich habe ein Gedicht über deine Mutter geschrieben.« Dann zog sie sich aus, legte sich aufs Bett und machte das Licht an, damit ich sehen konnte, wie großartig sie war. Ich legte mich neben sie, so dicht wie möglich. Sie betrachtete meine Brust, streichelte sie und berührte meinen Hals, der sich über ihr spannte. Ich drang in sie ein. Ich dachte an Gertrude, die Franz um den kleinen Finger wickelte, und an ihre drei fetten Töchter, die bald meine Schwestern sein würden. Ihre Augen waren wie verschleiert und voller Panik. Ich strich ihr leicht übers Gesicht und spürte plötzlich diese Verbundenheit, die eine Art der Leere war, die nur sie zu füllen wußte. Ich begann nach all den Tagen und Nächten zu suchen, die ich in ihr zurückgelassen hatte, seit sie fünfzehn war und blutend in der Waschküche unterm Dach im Hause von Franz gelegen hatte. Sie sagte, »Der arme Rami wartet draußen.« Ich fragte sie, wie lange sie ihn noch so demütigen wolle, und sie sagte, am Ende werde er sie bekommen, er werde sie von mir befreien, und sie werde mich nicht mehr lieben. Ich sagte zu ihr, »Dinah, du wirst mich immer lieben«, und sie lachte –

manchmal hatte sie ein trauriges, bitteres Lachen voll unschuldiger Schläue – und drückte mich fest an sich. Ich versuchte zu überlegen, was Liebe sei, wer Asuri im Verhältnis zu Chava war, meiner Mutter von Asuris Seite her. Dinahs Körper war die See, in der ich meine giftigen Fische fing. Ich sagte ihr, »Du bist eine schöne Frau, Laila«, aber sie ging nicht in die Falle. »Rami, du kennst doch gar keine Laila«, sagte sie. In Wirklichkeit dachte ich gar nicht an Laila, sondern an meine Mutter. Im Zimmer trieben sich Teufel herum, die Teufel, aus denen Dinah ihre Gedichte machte. Einer der Teufel war meine Mutter, sie war eifersüchtig auf sie. Asuri liebte meine Mutter, nicht sie. Meine Mutter war tot, und sie verstand den Tod meiner Mutter besser als ich.

Meine rot angestrichene Wüste war auch als Sieg geplant, als Sieg über dieses Mädchen, die Tochter geretteter Flüchtlinge, derentwegen Franz gegen Ende der vierziger Jahre begonnen hatte, zu einem Bestandteil des Staates Israel zu werden, der eine neue Dimension in den Nahen Osten brachte, austrainierte Killer wie Rami und Konsorten, die Leute wie Asuri umbrachten, nur um sich danach ihren Schuldgefühlen hinzugeben und zu heulen. John Wayne und Marlon Brando in einer Person. Ich sagte, »Glaubst du, daß man das Schicksal der Indianer beklagen kann, wie Marlon Brando, während man sie gleichzeitig umbringt wie John Wayne?« Und sie erwiderte, »Filme sind nicht meine starke Seite.«

An diese Nacht werde ich mich ewig erinnern, wie an alles, was mit Dinah zusammenhängt, deren Ehe mit Rami in die Brüche ging, und die jetzt allein zu Hause sitzt und versucht, Gedichte in unserem Privatcode zu verfassen und sich vorstellt, daß wir vielleicht eines Tages auf alles pfeifen werden, uns von der Welle unserer Gefühle davontragen lassen, unsere festen Vorsätze, uns nie wieder zu sehen, in den Wind schlagen und gemeinsam einen Weg zurück suchen. Ich sagte einmal zu ihr, »Dinah, der Tod war für Chava der einzige Ausweg, und sie wußte das.«

Am nächsten Tag kam Rami zu mir. Ich erzählte ihm alles über meine Nacht bei Dinah. »Rami, sie ist wieder zu haben«, sagte ich zu ihm. »Denk, was du willst, aber geh zu ihr zurück, sie braucht dich. Gegen Ende der Nacht haben wir uns geprügelt, sie bewarf mich mit Büchern, und ich behandelte sie wie Dreck. Ich kann nichts dafür, Rami, aber wenn du hierbleibst, werden wir immer wieder zusammenstoßen. Eigentlich mag ich dich sehr, Rami, aber wir können nie Freunde werden, etwas wird uns immer trennen. Ich weiß selbst nicht, was es ist. Es ist nicht der Araber in mir und nicht der patriotische kleine Israeli in dir, es sitzt tiefer. Dinah, vielleicht ist es Dinah mit ihren Teufeln und ihren Gedichten. Sie möchte gern Chava sein, und du weißt nicht einmal, wer Chava war, obwohl ihr in der Schule etwas über sie gelernt habt. Ich kann dir das nicht erklären – das hängt alles mit alten Geschichten zusammen, mit Haifa, mit dem Ersten Weltkrieg, Deutschland und Käthe, verstrickt in ein Netz des Todes, Franz und einer Menge heiliger Scheiße.«

***

Chava lag fünf Monate im Krankenhaus. Damals stellte Käthe ihre Uhr auf halb fünf und überdrehte die Feder. Sie sagte, »Es ist jetzt halb fünf, am ersten Juni 1936.« Ihre Zeit war in dem Augenblick stehengeblieben, als sie im Hafen von Haifa das Schiff verließ. Franz fragte sie, wozu sie überhaupt eine Uhr trage. Sie sagte, das sei notwendig. Die Zeiger ihrer Uhr bewegten sich nie wieder, bis sie abfielen. Käthe besuchte ihre verwundete Tochter und fing wieder an, sie Grete zu nennen. Franz holte Hermann, den Facharzt für Orthopädie, aus Haifa. Chavas Hüfte und Bein wurden mit viel Liebe und Sorgfalt behandelt. Sie war auch an der Gallenblase verwundet worden, und als ihr Bein und ihre Hüfte wieder geheilt waren, erklärten die Ärzte Franz, man könne nicht wissen, wie lange sie noch leben würde. Franz besuchte sie täglich, und Käthe sagte zu ihm, »Du brauchst nicht jeden Tag dort hinzulaufen, Franz, sie wird auch ohne dich gesund.« In ihrer Stimme war ihr verhaltener Zorn, ihre Einsamkeit zu erkennen. Mittlerweile konnte sie Gegenstände, die sie früher gestört hatten, kaum noch erkennen. Der Tod ihrer Tochter Grete war ein weiteres Opfer, das sie bringen mußte: Zuerst ihre Schwester, dann ihr Sohn, ihre Eltern und jetzt Grete. »Irgend jemand will unser Blut trinken«, sagte sie.

Als Chava aus dem Krankenhaus entlassen wurde, gab es draußen schon den jüdischen Staat. Franz, der immer noch verwundete Lungen zusammenflickte, pflegte seine Tochter. Nach ein paar Monaten kehrte Chava nach Jerusalem zurück und nahm ihre Studien im neuen Universitätscampus im Kloster von Terra Santa wieder auf. Sie machte ihr Magister-Diplom in Psychologie und Erziehungswesen. Ein Freund von Chanoch, der ihr näherkommen wollte, zeigte ihr, wie sie mit ihrer Gehbehinderung fertig werden konnte. Franz schickte sie zu Hermann nach Haifa, der sie nochmals operierte und ihr Bein ein wenig verlängerte. Man sah ihr nicht an, daß sie hinkte, aber das Gehen fiel ihr schwer. Franz ging jeden Morgen mit ihr zum Strand, wo sie schwammen und Heilgymnastik für Chavas Bein machten.

Die Zeiger an Käthes Uhr standen immer noch still, das Haus glich einem von Spinnweben durchzogenen Museum. Jona ging einkaufen und kochte, Chava kam nur gelegentlich vorbei. Sie hatte ein Zimmer in Jerusalem. Franz tauschte seinen alten Morris gegen einen neuen Wagen ein, fuhr von Zeit zu Zeit mit Mosche Antiquitäten ausgraben und hatte Sehnsucht nach Asuri, der spurlos verschwunden war. Käthe lachte und sagte, »Wir sollten unseren Araber wieder herbringen.« Am Strand waren keine Kamele mehr zu sehen, man baute Hotels, der Garten vor dem Haus verwahrloste, das Haus selbst wies Risse auf, und Franz meinte, man solle es neu anstreichen, aber keiner der Mieter träumte jetzt noch von einer weißen, leuchtenden Stadt. Käthe versteckte sich vor dem grellen Tageslicht und trug elegante Kleider, die sie vor Jahren aus Deutschland mitgebracht hatte, die unpraktisch waren und zu nichts paßten, nicht zu dieser Stadt und nicht zum neuen Staat. Chava langweilte sich und kam sich leer vor. Sie schloß sich einer Gruppe junger Leute an, mit denen sie in Jerusalem am Samstagabend Falafel essen ging und kurze Ausflüge unternahm, die ihr nicht schwerfielen. Alle kümmerten sich um sie; die Geschichte ihrer Heldentat wurde immer populärer, Zeitungsreporter bestürmten sie, aber Chava hüllte sich in unwirsches Schweigen. Eines Mittags im Jahr 1950 kam die Gruppe nach Akko.

Sie besuchten die Dschasar-Moschee, das alte Gefängnis, gingen die Stadtmauer entlang und kamen zum Restaurant von Abu Christo. Chava und das andere Mädchen in der Gruppe gingen auf die Toilette, während die Männer ungeduldig auf sie warteten. Sie wollten noch vor Anbruch der Dunkelheit die alte Karawanserei besichtigen. Chava kam von der Toilette zurück und sah die lange Reihe leerer Tische direkt am Ufer, und genau gegenüber das Karmelgebirge, das ihr Vater in seiner Jugend gesehen hatte, ein wenig verschwommen, überlagert von den Schatten des Spätnachmittags, die das Wasser klarer erscheinen ließen, jedoch die Perspektive verzerrten. Der Berg sah verwundet aus, zerschnitten, aber die Schnittlinie schloß sich elegant an den Rand der Markise an, die über den leeren Tischen aufgespannt war. Chava sagte zu ihrer Freundin, »Ich bleib hier sitzen und ruh mich aus. Geh du nur mit den anderen, und holt mich später ab. Ich möchte eine Weile allein sein.« Ihr Gesicht war kalt, und der klare Blick ihrer Augen, den Chanoch so liebte und den Käthe fürchtete, war auf den Karmel gerichtet. Ihre Freundin wußte, daß es sinnlos war, Chava zu etwas überreden zu wollen, und sagte, »Gut, wir holen dich später ab.«

Chava trat ans Wasser und sah winzige Fische erschrocken umherflitzen. Sie setzte sich und bestellte ein Glas Weißwein. Abu Christo saß am Eingang neben einer Frau mit einer blitzenden Goldkrone im Mund. Er schaute sie an und sagte, »Dieses Mädchen dort – gib ihr von dem guten Wein.« Abu Christo wartete auf die Fischerboote, die jetzt eins nach dem anderen mit ihrem Fang hereinkamen. Ein Soldat hielt mit seinem Jeep vor dem Restaurant und brüllte, »Mach mir für heute abend zehn Portionen Humus fertig!« Abu Christo musterte ihn mit verächtlicher Gelassenheit, und Chava spürte den Blick, den er mit der Frau neben ihm austauschte. Sie nippte an dem kalten Wein. Kleine Jungen, deren Körper im schwindenden Licht schon grau geworden waren, sprangen von einem Felsen in ein kleines Hafenbecken, das durch ein Felsenriff von der Bucht getrennt war. Es sah gefährlich aus, aber Chava beobachtete ohne Angst die mutigen Sprünge, die zu einem gewissen Teil ihr zu Ehren ausgeführt wurden. Sie spürte eine angenehme Gelassenheit. Zum erstenmal seit ihrer Verwundung fühlte sie sich nicht fremd in ihrem Körper, eine innere Wärme durchströmte sie, ein angenehmer Geruch, ein Gemisch aus Pfefferminz, Fisch, Essig und Zitronen lag in der salzigen Luft. Die Wellen schlugen gegen die Kaimauer unterhalb der Terrasse, sie wurde naßgespritzt; es störte sie nicht.

Es wurde dunkel in der Bucht. Fischerboote in grellen Farben näherten sich der Mole vor dem Restaurant, die sich teilweise ihren Blicken entzog. Von ihrem Platz aus konnte sie die Bucht beobachten und die Masten der Segelboote im Hafenbecken. Sie war völlig in den Anblick vertieft, und zum erstenmal seit Jahren lief ein Schauder durch ihren Körper, als ob die kleinen Fische, die am Fuß der niedrigen Kaimauer, an der sie mit gekreuzten Beinen saß, wie besessen umherflitzten, aus ihrem Leib heraus ins Meer flüchteten. Vom Hafen her erschien ein gutaussehender Mann in einem Mao-Hemd und elegantem Jackett. Er hielt einen Spazierstock in der Hand, mehr aus Angabe, denn aus Notwendigkeit; Chava, die ein ganzes Jahr gehinkt hatte, erkannte das sofort. Ohne sie zu sehen, ging er sehr langsam auf die Mole zu. Sein Blick war auf das Meer und die fernen Berge fixiert. Die Art, wie er schaute, erweckte in ihr ein

Verlangen, für das sie erst später einen Namen finden würde. Er ging wie ein Blinder, als wäre jeder Schritt Teil eines gut einstudierten, uralten Rituals, als ginge er seit hundert Jahren täglich denselben Weg. In genau diesem Augenblick, wo sich seine Gestalt am vorteilhaftesten gegen die letzten blendenden Strahlen der untergehenden Sonne abzeichnete, erreichte der Mann den Rand der Mole. Chava sagte sich, dieser Mann hat seinen Auftritt haargenau mit dem Sonnenuntergang und der Abendröte am Himmel abgestimmt, und war schon damals eifersüchtig auf ihn.

Als er sich umdrehte und die Terrasse überquerte, wirkten seine gemessenen Schritte wie Satzzeichen zwischen dem fröhlichen Geschrei der Jungen, die ins Wasser sprangen. Ohne sie anzusehen, setzte er sich auf einen Stuhl, der dort stand, wo er ihn erwartete, legte seinen Stock auf den Boden und lächelte. Sie sah seine ergrauenden Schläfen und konnte den Blick nicht von seiner regungslosen Gestalt abwenden. Schönheit gegenüber war sie blind; es war nicht das gute Aussehen des Mannes, das sie anzog, sondern das Spiel, das er mit dem Feuer am Himmel spielte. Alles um ihn herum bildete eine Komposition, deren Mittelpunkt er war: der Junge, der vom Felsen sprang im Kontrast zu seiner würdigen, vornehmen Haltung in dem Stuhl, die Lichter, die vor Anbruch der Dunkelheit im Restaurant angezündet wurden, die Musik, die leise und klar von der Stelle herüberdrang, wo Abu Christo neben der Frau mit dem Goldzahn saß. Der Stuhl, auf dem der Mann saß, war *sein* Stuhl; sie wußte das so genau, wie sie wußte, daß der Stuhl, auf dem sie saß, nicht *ihr* Stuhl war. Sie vergaß ihre Freunde. Das Wasser, das gegen die Kaimauer schwappte, erstrahlte in einem matten, dunklen Licht; der Himmel entflammte in einem leuchtenden Feuerwerk über dem Karmel, den Türmen und der Mauer, über den Fischerbooten, die vom Feuer umgeben in den Hafen einfuhren. Der Mann lehnte sich im Stuhl zurück, die rote Sonne versank hinter dem Felsen, und die Körper der kleinen Jungen verwandelten sich in farblose Röntgenaufnahmen.

Chava hatte Schmerzen in ihrem verwundeten Bein. Der Mann lenkte den Lauf der Welt. Er erschien ihr wie ein alternder Engel an der Pforte des Paradieses. Sie verspürte den Wunsch, auf ihn zu schießen, wie auf den tanzenden Araber in Koloniya, doch war sie wie gebannt vom ernsten Ausdruck seiner grauen Augen, die, ohne zu sehen, auf das Wasser starrten. Sie trank den gekühlten Wein aus. Das Meer wurde stürmisch, flammte ein letztes Mal rot auf und färbte sich schwarz. Übrig blieben nur die kleinen Fische, die sich im Lampenschein des Restaurants tummelten, die dunklen Umrisse der kleinen Jungen, die an einer gefährlichen Stelle zwischen den Felsen ins Hafenbecken sprangen, und das Geräusch des Wassers. Sie sah den Jungen zu und verspürte plötzlich ein unerklärliches Glücksgefühl, doch gleichzeitig eine nervöse Spannung in Erwartung des Mannes, den die violetten Schatten der Dämmerung und die fernen Lichter von Haifa in ein mattgrünes Licht tauchten. Die Spitze des Berges, die noch vor wenigen Minuten hell aufgeleuchtet hatte, versank in der zunehmenden Dunkelheit. Der Mann streckte die Beine aus, und seine Füße berührten zwei kleine Kiesel. Sie schienen dort zu liegen, um die Grenzlinie zwischen ihm und Chava zu markieren. Beobachtet von Chavas durchdringendem Blick hob er mit fast unmerklicher Bewegung einen Finger. Ihr gefiel die herrische Bewegung, mit der er den Finger eine Sekunde lang erhob, die Hand dabei auf dem Tisch ließ, anstatt sie in der Luft herumzuschwenken, und sie war nicht im mindesten überrascht, daß der Kellner im selben Augenblick erschien, als er den Finger senkte. Er eilte herbei, flink und zielgenau wie ein Pfeil. Auf dem Tablett, das er dem Gast diskret vorsetzte, befanden sich ein Kännchen Kaffee, eine kleine Tasse, ein Glas Wasser, zwei Stückchen Gebäck und eine Scheibe Zitrone. Er hat nicht einen Tropfen verschüttet, sagte sich Chava voller Bewunderung. Das Wasser im Glas war so still, als sei es hineingemeißelt. Chava war entzückt von dieser Vorstellung, von der Intensität, die es diesem Moment verlieh, der mit dem Sonnenuntergang und dem Anbruch der Dunkelheit endete.

Der Mann hob die Hand, drehte sich um und lächelte Abu Christo zu, der das Lächeln mit einem kaum merklichen Verziehen der Lippen erwiderte, während die Frau neben ihm den Mann mit einem Kichern begrüßte. Die dunklen Wellen schlugen an die Kaimauer unterhalb des Restaurants, doch ihre Kraft war bereits erschöpft. Chava beneidete den Mann. Der Kellner hatte ihm die Tasse gefüllt, er hatte an dem Kaffee gerochen, einen Tropfen Zitrone an den Rand geträufelt, jetzt führte er die Tasse an den Mund und trank sie in einem Zug aus. Ein Junge mit einem Fischernetz kam vorbei, rief dem Mann »Achallan!« zu, er erwiderte den Gruß mit einer Handbewegung. Abu Christo stellte im Radio verführerisch heulende arabische Musik ein, jemand machte mehr Licht, wodurch die kleinen Fische vertrieben wurden, ein paar Gäste betraten das Restaurant und begrüßten Abu Christo, und Chava bewunderte die Art, wie der beeindruckend gutaussehende Mann den Sonnenuntergang gezähmt und einer kleinen Tasse Kaffee untergeordnet hatte.

Er trank sein zweites Täßchen Kaffee aus und erhob sich ohne Eile; Chava, die den Blick von ihm abwandte, wußte, daß er auf sie zukam. Sie war von süßem Schrecken erfüllt. Sie wußte, daß er auf ein Zeichen von ihr reagierte, auf eine Geste oder einen Blick, war sich aber nicht sicher, ob sie wirklich wollte, daß er kam. Sie wäre ganz zufrieden gewesen mit der Rolle eines Zuschauers bei einer zweiten Vorstellung desselben Rituals, die diesmal vor der Kulisse des Meeres statt der judäischen Berge gegeben wurde. Der Mann stand bereits vor ihr, und sie hatte ihn immer noch nicht angesehen. Plötzlich erschien der Kellner und servierte ihr Kaffee. Als sie die Tasse mit zitternder Hand zum Mund führte, sagte der Mann mit einer Stimme, die weder traurig noch spöttisch klang, »Sehen Sie mal, was für ein schönes Land Sie hier bekommen haben.«

Chava trank ihren Kaffee und spürte das Messer in ihrem Inneren wüten. Sie hob den Kopf, schaute ihn an und sagte lächelnd, »Wenn Gewalt eine Form von Verführung ist, verschwenden Sie Ihre Zeit.« Er lachte und fragte, »Darf ich mich zu Ihnen setzen?« und sie sagte, »Warum fragen Sie? Es sieht ganz so aus, als ob Ihnen das alles gehört.« Er sah ihr ins Gesicht, und seine Stimme klang wie eine Liebkosung. »Wenn ich mich jetzt zu Ihnen setze, dann, weil Sie jetzt hier sind und früher nicht hier waren«, sagte er.

Asuri erzählte mir, beim Anblick von Chava habe er ein Gefühl gehabt, als habe sie ihm Akko weggenommen. Er sagte, »Unsere erste Begegnung war eine im Zorn. Sie saß da, allein und schön, stark und unterwürfig zugleich, zurückgezogen, als gehöre sie zu einer anderen Welt. Ich schaute sie an, sie sah nicht, daß ich sie ansah. Sie war mir fremd, als wäre sie gekommen, um mir das zu rauben, was mir gehörte. Du weißt, daß ich normalerweise nicht so denke, es ist nicht meine Art . . .«

Sie saßen schweigend am Tisch, jeder spürte die Gegenwart des anderen. Abu Christo persönlich brachte ihnen ein Tablett mit Tintenfisch, Garnelen, kleinen gegrillten Fischen, Humus und Tehina, Salaten auf kleinen Schalen und eine Flasche gekühlten Weißwein. Eine leichte Brise erhob sich, und die feuchte Luft kühlte sich angenehm ab. Wortlos ließ sich Chava von Asuri bedienen. Sie hörte, wie ihre Freunde zurückkamen, wie Abu Christo ihnen ungeniert sagte, sie wäre schon gegangen. Sie habe sich nicht wohl gefühlt und ein Taxi genommen. Asuri saß da und genoß die Angst, die ihr den Magen umdrehte. Später sagte Chava zu Franz, »Nie war sich Asuri seines guten Aussehens so sicher wie an jenem Abend. Er wußte nicht einmal, daß ich seiner Schönheit gegenüber blind war.«

Der Wind drehte sich in Richtung Haifa auf den Kamm des Karmelgebirges zu, der undeutlich aus der Dunkelheit hervorragte. Vogelschwärme flogen in geschlossener Formation dorthin, angestrahlt von den Lichtern zweier Schiffe, die in den Hafen einliefen. Chava sagte, »Was ist denn, hat es Ihnen die Sprache verschlagen?« Sie erkannte, daß er aus seinem Ritual herausgerissen worden war, und vielleicht tat ihr das sogar leid, sie hätte sich gerne in diese Vorführung hineinbegeben, um nie wieder zu sich zurückzukehren. Die Zuversicht, die er ausstrahlte, war vollkommen, und sie wußte immer noch nicht, daß er der Mann war, auf dessen Schoß sie als kleines Mädchen gesessen hatte, während er ihr mit korrektem, aber seltsamem Akzent Wilhelm Busch vorgelesen hatte.

Dinah sagt mir immer wieder, daß Asuri Chava gegen Käthe geliebt hatte. Sie hat Chava nie gekannt, hegte aber aus irgendeinem Grund einen Groll gegen sie. Ich bin der Sache nie auf den Grund gekommen und habe die Wurzeln der Abneigung nie entdeckt. Sie sagte, Asuri wollte sich rächen. Ich mußte lachen, denn ich wußte, daß es Asuri nicht im Traum eingefallen wäre, die Chava von Abu Christo könnte das kleine Mädchen sein, das er einmal in Berlin gekannt hatte. Asuri war kein Frauenheld, was für ihn spricht; mit seinem Aussehen hätte er sich einen Harem halten können. Er war und ist immer ein romantischer Junge geblieben, der seine Romantik in eine kitschige Geschichte von einem kleinen Mädchen in Jerusalem übertrug, mit genauen Formeln einer ungenauen Wissenschaft herumspielte und mit der methodischen Erforschung schwer definierbarer Themen wie Geschichte und Philologie. Leichtfertig war Asuri nie und nimmer gewesen, er litt um des Leidens willen und suchte nie nach einem leichten Ausweg. »Chava war eine leichte Beute«, sagte Abu Christo wütend, als sie Asuri nach Chavas Tod festnahmen, nachdem er völlig gebrochen wieder ins Restaurant gekommen war und den Stuhl zerschmettert hatte, den der Kellner ihm unterschob. Aber Chava war durchaus keine leichte Beute, und Abu Christo mußte mir gegenüber zugeben, daß die Begegnung zwischen ihnen das Schönste und Spontanste war, das er je erlebt hatte. Was Chava gefesselt hatte, war Asuris Ritual, immer noch war sie besessen von dem Gesicht des Mannes, der auf sie geschossen hatte. Selbst Franz hatte nie geahnt, daß die Erinnerung an den Mann im braunen Anzug und Hut, der sie angeschossen hatte, sie immer noch verfolgte, sie mit einem Schrecken füllte, den sie nicht loswurde, bis Asuri sie geheimnisvollerweise durch seinen rituellen Auftritt im Restaurant davon erloste.

Chava hatte plötzlich Hunger und begann herzhaft zu essen. Asuri tunkte ein Stück Pitta in die Tehina und trank Wein. Genau über ihren Köpfen hing eine Lampe, sie konnten einander in vollkommener Deutlichkeit sehen. Trauer traf auf Trauer, entlegene Systeme, die in anderen Galaxien operieren, verbanden sich mit den einfachen Gesetzen der Schönheit, irgend etwas fing Feuer und erhellte die Luft. Sie sah einen aristokratischen Araber, einen intellektuellen Araber, von der Art, die sie vor dem Krieg in Jerusalem getroffen hatte. Asuri sah in ihr eine junge Frau, und er war es nicht gewöhnt, um Frauen zu werben. Er war es gewöhnt, daß sie um ihn warben, worauf er sich in der Regel zurückzog oder gelegentlich darauf einging. Er suchte nie nach etwas, was über eine vorübergehende Affäre hinausging, Chava erschien ihm plötzlich so unwirklich, daß er verlegen wurde, und wer Asuri jemals verlegen gesehen hat, weiß, wie lächerlich er sich machen konnte.

Er benahm sich so ungeschickt bei seinen Versuchen, ihr den Hof zu machen, daß es sie richtig freute. Es gefiel ihr, daß er keinen Ton herausbrachte, darum kämpfte, die richtigen Worten zu sagen und sie nicht finden konnte. Auf einmal war er nicht mehr gescheit und witzig, sondern bewegt von der Traurigkeit, die in ihrem Gesicht aufleuchtete. Als er plötzlich sagte, sie solle auf sich aufpassen und mehr essen, brach sie in lautes Gelächter aus. »Nicht einmal mein Vater redet so mit mir«, sagte sie. Gegenüber den Frauen in der Partei war er gleichgültig und streng. Sie gingen in seinem Zimmer ein und aus, ohne sich jemals zu beklagen. Asuri war das Lieblingskind der Stadt, und sein Ruf reichte bis nach Haifa und Nazareth. In den Dörfern der Umgebung war er allgemein anerkannt und geachtet, obwohl seine Macht geringer war, als die der machtberauschten Militärgouverneure, denen sein Vater diente. Er lernte Käthes und Franz' Brüder von ihrer weniger angenehmen

Seite kennen. Frauen der Jüdisch-Arabischen Freundschaftsliga organisierten Protestveranstaltungen, es fanden gewalttätige Demonstrationen statt. Asuri ging nicht zu Demonstrationen. Er schrieb Flugblätter und Broschüren, brachte eine Zeitung heraus und studierte und unterrichtete. Der Partei gegenüber war er loyal, ohne sich jedoch hervortun zu wollen; er war bereit, im Stadtrat mitzuarbeiten, weil das die notwendige Voraussetzung dafür war, eine unerträgliche Situation einigermaßen zu regeln. Die Menschen waren verzweifelt und ohne Hoffnung. Kein arabischer Ritter war ihnen zu Hilfe geeilt, als der einsame Granatwerfer die Stadt beschossen hatte. Ein Netz der Unterordnung und des Aufstands war im Entstehen, ein Hin und Her der Widersprüche. Die einen riefen die Bevölkerung heimlich zur Unterwerfung auf, die anderen zur Rebellion. Asuri sagte dazu, was der Zeit angemessen war. »Recht oder Unrecht, ich bin nicht zum Richter berufen.« Chava war begeistert von ihm. Kein Zweifel, meine Mutter, die ich liebte, liebte diesen Mann. Das machte mich eifersüchtig. Ich haßte ihn wegen der zwei Frauen, die ihn begehrten, Käthe und Chava. Aber Asuri war ehrlich mit sich selbst. Er war fair, auch wenn man ihm wehtat. Die Kunst des Überlebens hatte er von den Juden erlernt, und jetzt erlebte er, wie sie verschleudert wurde, im Wahnsinn des fanatischen Nationalismus der Juden und Araber, hier im jüdischen Staat. Jahre später sagte er einmal zu mir, »Sicherlich gehörst du einer verfolgten Rasse an, du gehörst aber auch zu einer Rasse, die verfolgt wurde, und jetzt Rache nimmt an denen, die schwächer sind als sie, für das, was andere ihr in der Vergangenheit angetan haben. Ich verstehe das, aber es fällt mir nicht leicht. Es hat nur zwei Frauen gegeben, die ich wirklich begehrte, Käthe und Chava, und eine von ihnen habe ich geliebt. Alle anderen waren Frauen für den Augenblick, für das Vergnügen und Vergessen. Chava verliebte sich in mich, und du darfst sie dafür nicht richten. Sie kämpfte, aber sie war zu schwach. Weiß du, wie ein Teufel aussieht? Ich war der Teufel, der bei Abu Christo auftauchte und nach allen Regeln der Kunst sein höllisches Ballett tanzte. Die Verkettungen besiegten uns beide. Es gab keinen Sieger bei diesem Duell, in dem wir beide so tolpatschig kämpften.«

Chava sah, wie er erfolglos die alten und erprobten Verführungskünste anzuwenden suchte. Sie war entzückt. Nach zwei Stunden mühsamer Konversation sagte sie zu ihm, »Ich heiße Chava, lebe in geborgter Zeit.« Er tat etwas, was völlig uncharakteristisch für ihn war: Er nahm ihre Hand, las in ihrer Handfläche und verkündete mit feierlichem Ernst, über den sie später lachen sollten, »Ihnen steht ein sehr langes Leben bevor.« Als würde er es wissen. »Was sind Sie, ein Wahrsager?« fragte sie, und er sagte, »Ich weiß es.« Dann lächelte er und sagte traurig, »Nein, ich weiß überhaupt nichts.«

Schließlich bewegte sie ihre Hand auf der Tischplatte, weg von dort, wo er sie hingelegt hatte. Ihre Hand berührte seine Hand. Sie hielten sich an den Händen; Asuri erzählte ihr, wie er nach Akko zurückgekommen war und seine Wohnung verdreckt vorgefunden hatte. Wie sie seine Zitronenbäume herausgerissen hatten. Er erzählte ihr sogar von seinem Vater. Als Mann mittleren Alters schämte er sich, sich so kindisch verliebt zu haben. Ich bedauere sie; sie tun mir leid, der schmerzhaften Augenblicke wegen, die sie auf dem Weg zueinander erdulden mußten. Sie hatten ein Gefühl, als schlösse sich ein Kreis. Er erzählte ihr, wie sein Vater wie gelähmt in seinem Zimmer gesessen hätte, verachtet von seiner Stiefmutter, weil er keine Rache hatte nehmen können. Er kam ihr lächerlich vor, doch liebenswert. Chava wußte, daß es Liebe war, noch bevor das Wort ausgesprochen wurde. Ihre Hände gefroren in den seinen. Asuris Hände waren warm. Er wollte sich für sie bewegen, für sie Luft holen, den scharfen Geruch des Meeres für sie einatmen. Er erzählte ihr von der Verjüngung seiner Mutter im Alter von fünfzig Jahren. Wie sie sich in einen Offizier aus Kaukjis Befreiungsarmee verliebt hatte und mit ihm nach Tunesien durchgebrannt war, ohne auch nur die geringste

Sehnsucht nach ihren fünf Kindern und ihrem Mann zu haben. Wie die Stiefmutter nach Rache schrie. Wie sein Vater es ablehnte, Rache zu nehmen. Wie die Frau vor ihren Augen starb, in dem großen Zimmer mit Ausblick aufs Meer. Schon damals wollte Chava seine Augenlider küssen. »Und du?« fragte sie, »Wie alt bist du?« Er sagte, »Ungefähr fünfundvierzig, etwas mehr vielleicht – vielleicht etwas weniger.« Er sagte »etwas mehr – etwas weniger«, weil er sich nicht genau erinnern konnte. Sie lachte und sagte, »Ich bin kein Kind, weißt du. Nein, auch ich bin kein Kind mehr.«

»Meine Stiefmutter«, sagte er plötzlich, und nur ich, der ich ihn sehr gut kenne, weiß, wie ungewöhnlich es für ihn war, daß er über sich selbst mit einer fremden Frau sprach, »meine Stiefmutter kam aus einem Dorf und trug noch eine *Galabiyeh*. Ihr erster Mann starb im Krieg, er sei ein Held gewesen, sagte sie. Sie brachte ihre Töchter zu uns, eine von ihnen war für mich bestimmt. Sogar Abu Christo, das alte Schlitzohr da drüben, versuchte, sie mir anzuhängen. Dann heiratete ihre Mutter, eine stolze Frau, meinen Vater – vielleicht wegen des Familiennamens, vielleicht gefiel er ihr, vielleicht war sie nur einsam, und die Familie hatte ja auch Geld. Sie war eine Frau mit Feuer in den Augen, voller Zorn. ›Was hat denn dein Sohn in Deutschland gelernt?‹ schrie sie meinen Vater an. ›Kann man mit seinen Diplomen Juden töten? Wie viele Juden kann man töten mit den Wörtern, die er schreibt?‹ Damals lachte die ganze Stadt über meinen Vater. Seine Frau war ihm durchgebrannt, er hockte zu Hause und ging zur Arbeit ins Büro des Militärgouverneurs. Und seine zweite Frau war wahnsinnig vor Haß und Verachtung.« Asuri schenkte Chava Wein nach und schaute hinaus aufs Meer. Dann sagte er, »Landvermesser kamen und maßen die Häuser ab, die wir verlassen hatten. ›Wer entscheidet so was?‹ fragten wir sie. Sie antworteten, ›Das steht in der Bibel geschrieben.‹ ›Was steht in der Bibel?‹ fragte ich. ›Wie viele Häuser ihr euch aus fremdem Besitz aneignen dürft?‹ Sie lachten. Sie waren zu lachenden Juden geworden. Ich war nicht wütend. ›Ich kann das verstehen‹, sagte ich, ›aber nehmen wir die Maßstäbe der Bibel; steht dort nicht geschrieben: *Gerechtigkeit. Gerechtigkeit sei dein Ziel?*‹ Sie verstanden nicht, was ich meinte. Sie sagten, ›Was wissen schon Araber von der Bibel?‹ Als ob diese dummen Landvermesser etwas gewußt hätten!«

Chava hörte seinen Zorn, hatte aber das Gefühl, daß er ihr zuliebe den zornigen Mann darstellte. Später sollte auch ich dieses Gefühl kennenlernen, wenn man Bilder der Hölle im Himmel an die Wand hängt. Er sagte, »An dem Fenster stand mein Vater«, Chava lächelte über die Anordnung der Wörter. Er sah sie lächeln und wurde rot. Süßer Mann, höre niemals auf zu erröten, dachte sie und schaute auf die Wellen, die mit stürmischer Leidenschaft den zerfressenen Beton umwarben. Asuri sagte, »Blonde Soldaten fuhren auf ihren Jeeps durch die engen Gassen, vertrieben die Araber, die angefangen hatten zurückzukehren, traten ihnen in den Bauch oder zwischen die Beine, als Hilfe auf dem Weg, als Hilfe, damit sie verstanden, daß die Araber nur eine Sprache verstehen, die Sprache der Gewalt. So steht es in all ihren Büchern, den Büchern, die sie noch in Polen gelesen hatten. Die zweite Frau meines Vaters fluchte und schimpfte immer, ›Geh und tue etwas‹, aber er tat nichts. Sie sagte ihm, ›Der Eintritt ins Paradies ist dir sicher.‹ Aber er ging nicht. Er besitzt einen Krummdolch, den er von meinem Onkel, Abu-al-Misk Kafur, geschenkt bekam, aber er sticht ihn niemand ins Herz, weder seiner treulosen Frau in Tunesien, noch sich selbst. Die Frau wurde wahnsinnig vor Abscheu und Haß. Sie wurde von der Schande zerfressen. Ihr erster Mann ist in der großen Schlacht um Palästina als Held gestorben, und ihr zweiter Mann sitzt am Fenster und starrt aufs Meer hinaus. Sie hat sich nicht aufgehängt, wie die Leute sagen. Sie schnitt sich in ihrem Zimmer den Hals auf, kam zu uns, stand in der Tür, das Blut floß aus ihr heraus, mein Vater blieb stehen, seine Augen waren trocken und leer. ›Wie kann das Blut ihre Beine erreichen, wenn es ihr aus der Kehle strömt?‹ fragte er nur. Später sagte er, ›Ich habe sie umgebracht. Die eine habe ich nach Tunesien vertrieben, die andere habe ich getötet. Warum bin ich nicht wie Haj Amin-al-Husseini, wie der kühne Ritter, der ich hätte sein sollen?‹ Aber dazu war mein Vater nicht mehr fähig. Die Frau war gestorben, damit man im Paradies noch einen Ziegelstein in die Mauer einfügen konnte. Sie war eine Moslema und glaubte fest daran, daß ihr Tod es Allah ermöglichen würde, einen weiteren Ziegelstein in die Mauer des Paradieses einzufügen, die hin und wieder Risse aufwies. Sie war eine stolze Frau.«

Chava schaute ihn an. Sie spürte die Wildheit, mit der er seine Worte wählte, um sie zu kränken und ihr zu sagen: Du bist gekommen und hast mir mein Akko weggenommen. Sie verspürte einen Anflug von Angst. Fast hatte sie gefunden, wonach sie ihr ganzes Leben lang gesucht hatte, ohne es zu wissen, sie wollte es nicht wieder verlieren. Sie sagte, »Ich war in einem Geleitzug nach Jerusalem. Sie schossen auf mich.« Er schaute sie an, und sie sagte, »Ich bin ein hoffnungsloser Fall. Man wird mich nie wieder richtig zusammenflicken können.« Er fragte sie nach ihrem Namen, und sie sagte es ihm. »Ich heiße Asuri«, sagte er und sah sie an. Er zog seine Hand zurück und stand auf. Abu Christo starrte ihn verwundert an, als er begann, im Lokal auf und ab zu gehen. Der Kellner lief ihm mit einem Glas Arak hinterher. Er trank den Arak und schmetterte das Glas wütend auf den Boden. Dann kam er zu ihr zurück. Sie saß ganz still. Ohnehin war alles verloren. Die See war voller Haie und Teufel. Sie wußte, es gab keinen Weg zurück, aber das kümmerte sie nicht. Er fragte, »Bist du die Tochter von Franz?« – »Ja«, sagte sie, »ich bin die Tochter von Franz.« – »Und von Käthe?« fragte er. Als er »Käthe« sagte, war seine Stimme voller Sehnsucht. Sie stand auf und sah ihn wütend an. Er sprach von ihrer Mutter mit dem gleichen Gefühl in der Stimme, wie ihre Mutter von dem Mann sprach, der ihr als Kind die Gedichte von Wilhelm Busch vorgelesen hatte. Dann begann Asuri zu weinen, und sie starrte ihn verwundert an. Nie im Leben hatte sie so riesengroße Tränen gesehen. Sie hingen an seinen langen Wimpern, und er weinte, so wie er vor Jahren hätte weinen sollen, als Käthe ihn an sich herankommen ließ, um ihn dann wegzustoßen, aus Liebe, aus Unverstand, aus Unsicherheit. Und jetzt, wo er endlich Liebe gefunden hatte, mußte es wieder die Liebe von Franz sein, es mußte seine Tochter sein, die er ihm rauben würde, eine zweite Käthe. Er konnte nur hoffen, daß sie verheiratet war und Kinder hatte. Nein, sie hatte keine Kinder. »Ich bin nicht verheiratet«, sagte sie. »Ich habe auch keinen Freund.« Um drei Uhr morgens ging er mit ihr ins Büro des Militärgouverneurs, um einen Passierschein zu bekommen. Ein junger Offizier, der seinem Vater einen Gefallen schuldete, war bereit, ihm einen auszustellen. Dann fuhr er Chava in seinem kleinen Ford nach Tel-Aviv. »Wenn es dir so viel bedeutet«, sagte sie ihm, »warum hast du die ganzen Jahre über nicht mit Franz und Käthe Kontakt aufgenommen?« Er sagte zu Chava, was er später auch zu Franz sagen würde. »Ich habe versucht anzurufen, aber die Nummer war besetzt.«

12

Nachdem Dinah und ich uns getrennt hatten, nachdem ich versuchte hatte, ihre Armeeuniform zu ficken, nachdem meine Freunde aus dem Krieg zurückgekehrt waren, standen mir schmerzliche Erfahrungen bevor. Giora, einer meiner engsten Freunde aus der Schulzeit, war am Suez-Kanal gefallen. Ich ging zu ihm nach Hause, ich wollte Gioras Vater, Nachie, trösten. Ich hatte Giora gekannt, seit wir zusammen in die neunte Klasse gegangen waren. Seine Mutter hatte einen Schock erlitten, alle meine ehemaligen Schulkameraden saßen um sie herum. Ein junger Soldat im Overall der Panzertruppen starrte ins Leere und sprach monoton vor sich hin, wie jemand, der seine Gefechtsneurose noch nicht überwunden hat. Alle waren erschüttert. Nachie sagte, » Sie haben meinen Sohn umgebracht«, und dann sah er mich im Türrahmen stehen. Er mußte jemandem die Schuld zuschieben, Golda und Dayan waren weit weg, ich war der Feind. Er stand auf und warf mich aus dem Haus. Ich war gekommen, den Vater meines Freundes zu trösten, vielleicht des einzig wahren Freunds, den ich je gehabt hatte, der mir nie mein Verhältnis mit Dinah vorgeworfen und mich beschuldigt hatte, ich hätte ihre Eltern zugrundegerichtet, die nicht deshalb in ihren jüdischen Staat gekommen waren, damit ihre Tochter einen Araber heiratete. Und jetzt auf einmal stand Gioras Vater Nachie auf und vertrieb mich im Zorn aus seinem Haus, ein Mann, der an Demonstrationen gegen die Militärregierung teilgenommen hatte, der stets auf der richtigen Seite stand, der das Herz auf dem rechten Fleck hatte. Ich ging nach Hause, Franz saß vor dem Radio und hörte Nachrichten. Er sagte, »Jetzt geben sie dem Geheimdienst die Schuld. Der Geheimdienst hat sich geirrt, und zweitausendsechshundert Jungen mußten diesen Irrtum mit dem Leben bezahlen«. Ich schaute meinen Großvater an, der alles andere war als ein typisch israelischer Chauvinist. Ich wartete, aber er sagte kein Wort über die zwanzigtausend Araber, die ebenfalls getötet worden waren, Ägypter, Syrer, vielleicht auch Verwandte von Asuri. Er sagte, »Zweitausendsechshundert Jungen wurden umgebracht«. Er sah, wie ich ihn anschaute, die Worte des Sprechers im Radio hatten die Worte in seinem Kopf ersetzt. Die Luft war geladen mit dem Gefühl des Fehlschlags und der Trauer. Ich fuhr nach Haifa, einige Monate lang hielt ich mich fern von Franz. Das war meine arabische Epoche. Ich zog zu Kassem, einem Bühnenautor, der Proteststücke schrieb. Wir waren eine kleine Gruppe, Dichter, Lehrer und Studenten, ein Maler, dessen nationalistische Gemälde ich entsetzlich fand, aber ich sagte kein Wort. Zu mir sagte ich: Josef, keine Halbheiten! Ich dachte an Gioras Vater, den Augenblick, als seine Augen meine getroffen hatten, wie die Augen eines Fremden, als das Feuer des Hasses und der Verzweiflung aufgeflammt war. Ich traf Laila, die ich bisher nur flüchtig gekannt hatte. Alle setzten mir zu, ich sei zu kühl, zu arrogant, zu herablassend, aber nach den Streitereien drehte Kassem in der Zweizimmerwohnung in der Abbas Straße, wo wir wohnten, mir eine Haschischzigarette, wir sprachen über Pablo Neruda und Brecht und Picasso, und er zeigte mir ein paar Gedichte, die ich noch nicht kannte. Ich zwang mich, Arabisch zu lesen und schrieb sogar ein paar Gedichte. Sie machten einen Dichter aus mir, ich zeichnete ein paar Illustrationen zu verschiedenen Gedichten, abstrakt, aber voller Zorn. Mein Zorn gefiel ihnen. Laila ging in die Falle, die ich ihr gestellt hatte. Ich hatte von Anfang an ein Auge auf sie geworfen, auf ihre scheue gepflegte Schönheit, die sich so sehr von der

Dinahs unterschied. Sie versuchte, ihren Platz innerhalb des Kompetenzen- und Beziehungsgeflechts der Partei zu finden; sie sprach über Marxismus, ohne das Geringste davon zu verstehen, sie suchte einen Halt. Das konnte ich verstehen, denn hier in Haifa war auch ich ein Flüchtling, und genau das wollte ich sein. Wir waren wie Brüder. Die Genossen gingen mit jüdischen Mädchen aus, zerstörten so den heiligen Schoß der trauernden Väter, die an jeder Straßenecke lamentierten und Präventivmaßnahmen planten, wenn die Araber kommen würden, um den heiligen Leib ihrer Töchter zu schänden. Ich verstand sie, ich verstand, wie schlau sie gedemütigt wurden. Jeder meiner Freunde stammte aus einer Familie, die man ausgeplündert hatte. Die Zeit und die Phantasie sorgten dafür, daß das Ausmaß der Plünderungen übertrieben wurde, die Zahl der geraubten Ländereien, der Umfang der gestohlenen Hektare wurde immer größer. Jeder von ihnen trug eine Narbe. Jeder, der einmal im Autobus von einem jüdischen Polizisten festgenommen wurde, der »Komm her, Araber!« zu hören bekam, kennt diese Narben. Ich konnte das verstehen, und was ich nicht aus eigener Erfahrung kannte, hatte ich aus dem Blick in Nachies Augen gelernt. Ich besaß einen Reisepaß auf den Namen Rosenzweig und noch einen anderen auf den Namen Josef Scharara. Ich ging zu Franz und erklärte ihm, er sei ein Verrückter, ich sagte ihm, wie er mich gekränkt hatte, als er vor dem Radio gesessen und von *unseren Jungens* gesprochen hatte. Er erinnerte sich und versuchte, es mir zu erklären; was ich aber nur wollte, war eine Ausrede, um ihm Geld abzuknöpfen. Ich hatte beträchtliche Sparkonten von Franz und Asuri und Geld in der Schweiz, aber ich wollte, daß er mir meine Reise bezahlte. Franz stellte mir sofort einen Scheck aus. Ich ging ins Reisebüro und buchte einen Flug nach Athen. Laila sagte, »Du wirst dort Murad treffen, er schreibt Gedichte.« Ich flog nach Athen und saß dort fünf Tage im Hotel. Jeden Tag sah ich mir die Akropolis an; ich ging spazieren, Athen gefiel mir nicht besonders, ich saß in einer Bar herum und trank

Ouzo; ich traf eine Frau, die für fünf Dollar meine Mutter sein wollte, zog sie in eine dunkle Ecke, schlug sie zusammen, entriß ihr die Handtasche und schüttete den Inhalt auf die Straße. Im Hotel nannten mich alle respektvoll »Mister Scharara«, als könnten sie den Dolch sehen, den ich am Herzen trug. Nach fünf Tagen stopfte ich meine zwei Koffer mit wertlosem Ramsch voll, ich wollte sehen, wie sich die israelischen Zöllner und Sicherheitsbeamten die Hände dreckig machten. Ich schüttete klebrigen Orangensaft über meine alten Unterhosen und ein paar billige griechische Bücher, streute Abfall aus dem Mülleimer darüber und nahm den nächsten Olympic Airlines Flug nach Israel. Als ich aus dem Flugzeug stieg, erwartete mich ein Streifenwagen der Grenzpolizei. Vor allen Leuten brachte man mich als einzigen Passagier aus dem riesigen überfüllten Jumbo zum Polizeiwagen, und der Bulle, der drinsaß, fragte mich, wo ich gewesen sei. Ich sagte es ihm, er drückte sein Gesicht ganz dicht an meines, stieß mir den Ellbogen in die Rippen und fragte, »Hast du Murad getroffen? Abu Saidan?« Ich sagte ihm, ich hätte niemanden getroffen. Sie führten mich in die Mitte der Abfertigungshalle. Die ankommenden Passagiere starrten mich an, als wäre ich die schreckliche Gefahr, die sie alle erwartet hatten. Viele schlugen die Augen nieder, andere betrachteten mich voller Neugier. Man brachte mich in einen kleinen Raum und verhörte mich drei Stunden lang. Sie öffneten meine Koffer, steckten die Hände in den klebrigen Dreck, fluchten, brachten mir ein Glas Wasser und schütteten es mit Absicht versehentlich über mich. Dann hielt man mich an den Armen fest, steckte mir eine Zigarette in den Mund und gab mir Feuer, das Streichholz verbrannte mir die Lippen. Ich sagte kein Wort. Ich fühlte, wie das Blut gegen die Wände meines Hirns schlug und sah vor mir die Olivenbäume, von denen Laila immer sprach. Ich bin ein Araber, dachte ich, und einige der Polizisten sind Araber, Drusen, sie verrichten ihre Arbeit mit gleichgültiger Grausamkeit, und ich kann das verstehen. Sie müssen den Staat der Juden schützen. Nach drei Stunden waren sie mit mir fertig. »Beklage dich nicht«, sagten sie, «sonst stopfen wir dir das Maul, daß du dich nie wieder beklagen kannst.« Ich rief ein Taxi. Der Fahrer sah mich an und fragte, »Bist du nicht der Araber, den sie vorhin zum Verhör geholt haben?« Ich sagte ja, und mußte lange warten, bis ich ein Taxi fand, das mich mitnahm. Ich kam in Haifa an, warf die Koffer fort und ging zu Laila. Ich rief Dinah an und sagte, »Ich habe eine arabische Freundin.« Laila und ich begannen unsere Liebesaffaire. Nach ein paar Tagen fing sie an, schlecht über ihre Freunde zu sprechen. »Für die sind jüdische Mädchen nur zum Ficken da. Geheiratet werden Araberinnen, die ihre Väter für sie bestimmen. Was für Revolutionäre«, sagte sie, »aber das sind die einzigen, die wir haben.« Sie lebte mit mir zusammen, offen und ohne Scham, sie hatte keine Angst, daß ihre Brüder uns mit Messern überfallen würden, aber sie hatte Angst, mich zu lieben, sagte sie. Ihr zuliebe fing ich an, den arabischen Kraftkerl zu spielen. Ich beleidigte sie, ich setzte mich hin und ließ mir von ihr den Kaffee bringen. Ich saß und trank meinen Kaffee, plötzlich schrie sie mich an, »Warum spielst du mir hier den Araber vor?« Ich sagte, »Was ist so schlimm an einem Araber?« – »Nichts«, antwortete sie, »aber warum mußt du diese nahöstliche Macho-Masche so dick auftragen? Ich hatte mal einen jüdischen Freund, der war so nett zu mir, ein Rumäne, der aus Südamerika kam, er hatte einen Bart. Er brachte mir bei, mich selbst zu respektieren.« Da schlug ich sie, und sie schrie, »Du bist ein miserabler Araber, Josef, du spielst mir einen Araber vor. Du hättest mir Chavas Sohn bringen sollen, nicht Kafurs Neffe.« Ich war wütend, und wir stritten die ganze Nacht. Sie hungerte nach Liebe, aber sie fing an, den Josef zu verabscheuen, der nach Haifa gekommen war, um ihrer Welt anzugehören. Die Barriere, die sie zwischen uns errichtete, war viel wirklicher und authentischer, als ich es mir je hatte vorstellen können.

Und dann wurden wir ausgewählt, an einer Propagandareise in die Sowjetunion und andere Ostblockländer teilzunehmen. Ich sagte zu Franz am Telefon, ich würde in Posen nach den Gräbern seiner Eltern suchen, und er lachte.

Kassem hatte ein Proteststück verfaßt, Laila spielte darin unbeschreiblich schlecht die Rolle der unterdrückten arabischen Frau. Im wirklichen Leben wirkt Unterdrückung viel glaubwürdiger. Aber sie hatten eine Art Totem aufgebaut und taten ihr Bestes, der Rolle zu entsprechen, die Nachie mir zugeteilt hatte, als ich zu ihm kam, um mit ihm seinen Sohn Giora zu beweinen. Wir reisten ab, vereint in unserer Ergebenheit den großen Worten wie *Brüderlichkeit* und *Weltrevolution* gegenüber. Keiner von uns glaubte wirklich daran, aber wir spielten das Spiel so gut es ging. Was mich betraf, stellten die Sicherheitsorgane und auch Franz Ermittlungen an, aber am Ende sagten sie: Wenn er unbedingt ein Araber sein will, dann sollen sie ihren Araber haben.

In Moskau brachten sie uns in einem Hotel unter. Sie waren nicht gerade entzückt von uns, jedoch verpflichtet, freundlich zu sein. Dreißigtausend junge Pioniere kamen in Lastwagen in das Stadion, um uns zu sehen. Man brachte sie aus den Fabriken und anderen Betrieben. Der Führer jeder Gruppe trug die Fahne seines Betriebes, sie jubelten und klatschten nach den Anweisungen der professionellen Beifallslenker. Kassem ging in die Falle, er liebte diesen Beifall, die ganze spontane Liebe, die man auf Befehl produzierte. Laila erkannte, wie falsch das alles war, aber auch sie wollte geliebt werden, wollte Beifall ernten, und spielte voller Schwung die heilige arabische Frau, die von den Juden, den Israelis, den zionistischen Imperialisten Gequälte. Sie spielte so gut, daß alle klatschten wie eine verrücktgewordene Maschine. Kassem strahlte vor Glück. Sie übersetzten sein Stück in siebzehn Sprachen – in Sprachen wie Georgisch, Kaukasisch, Ukrainisch, Polnisch, Kurdisch, Deutsch, Russisch und weiß der Teufel was noch. Arbeiter aus Panzerfabriken klatschten wie verzaubert und brüllten Parolen von den Traktoren, die sie für die Welt von morgen bauten. Das Ganze kam mir kindisch vor. Ich hatte die Schnauze voll. Als die Reihe an mich kam, ein Gedicht vorzulesen, sah ich, wie der Dolmetscher mich mit kalter Verachtung anschaute. Ich fing seinen Blick auf, ich hatte eine Vision, wie er morgen bei mir im Hotel sitzen und mir von Zion und Jerusalem vorweinen würde, und mitten im Stadion, vor dreißigtausend erschöpften, aber gehorsamst begeisterten Zuschauern, begann ich zu lesen und er übersetzte. Und dann sagte ich auf Jiddisch – eine Mischung aus dem bißchen Jiddisch, das ich aufgeschnappt hatte, und Deutsch, das ich natürlich gut konnte – ich sagte, »Ich habe einen Vater, der hat eine Mutter, die ist mit einem Terroristen durchbrannt, der den Juden die Köpfe abschnitt und sie auf Besenstiele steckte. Und er hatte eine Stiefmutter, die daran glaubte, sie könne sich mit einem Dolch eine Eintrittskarte ins Paradies verdienen.« Der Mann versuchte, meine Worte zu übersetzen, verhedderte sich, wurde blaß, sagte ein paar Worte auf Jiddisch zu mir und wandte sich dann zur Zuschauermenge. Er deklamierte, was ihm gerade in den Kopf kam. »Wer kann den Tod des kleinen Kindes rächen? Blut fließt von den Olivenbäumen, Kreuze brennen in der Einöde, schrei auf, geliebtes Land, beweinet die Gefallenen! Oh Augen, die ihr diese Schmach erblickt, nur die Fahne, vermodernd noch im Kerker, kann die Krone der faulenden Eiche abschlagen.« Das Publikum jubelte ihm zu. In meinem gebrochenen Jiddisch sagte ich zu ihm, »Wir sitzen also im selben Boot, oder?« Am nächsten Tag kam er zu mir ins Hotel, saß in meinem Zimmer und fragte mich, wie ich bei diesen dreckigen Arabern gelandet sei. »Gib mir ein hebräisches Buch«, sagte er. »Ich möchte mehr auf Hebräisch träumen, man vergißt so schnell. Früher konnte ich viel Hebräisch, aber jetzt nicht mehr.« Dann weinte er an den Ufern von Babylon und Zion, und ich hatte Mitleid mit ihm. Ich sagte zu ihm, »Mach dir keine Illusionen über mich, ich bin ein Araber, ich weiß nur zufällig ein paar Dinge, die andere nicht wissen.« Er wußte nicht, was er sagen sollte; er war völlig verwirrt, ein sowjetischer Jude, der verbotene Spiele spielte. Er bat mich, keinem etwas zu sagen, und ich versprach es ihm. Später trieb ich vor vierzigtausend Zuschauern in Ost-Berlin mein Spiel mit ihm. Ich sprach jiddisch und sagte »Das Volk Israel soll leben«, und er übersetzte etwas von toten Olivenbäumen und von vertriebenen arabischen Arbeitern in einem großen Tal. Er sprach pathetische Worte, und ich ließ ihn weitermachen. Laila wagte es nicht, auch nur ein Wort zu sagen. Die Reise war ihr zu wichtig. Der Beifall. Kassem bemerkte, daß unsere Gastgeber ihn heimlich auslachten, aber er tat so, als höre er es nicht. Sie brachten Mädchen, die ihn umarmten, sie sagten ihnen auf Russisch, »Geht zu diesem Araber und legt den Arm um ihn.« Ich hörte, wie eine Frau, die neben dem Dolmetscher stand, auf Jiddisch schimpfte. Ich sprach sie an und sie vergaß, wo sie war. Sie ergriff meine Hand, die Hand, die die heilige Mauer in Jerusalem berührt hatte, und sagte, »Sie holen diese Araber nur für die Propaganda, die können richtig hassen.« Es war alles fürchterlich. Als Laila nachts zu mir kam, sagte ich zu ihr, »Die halten uns zum Narren und nutzen uns aus.« Sie weinte und sagte, »Ich weiß, aber wir müssen mitspielen, wir sind die Vertreter der neuen Welt, die Freiheitskämpfer, die unter dem Joch der zionistischen Unterdrücker schmachten. Das ist es, was sie wollen, und das werden wir ihnen geben, denn sie sind mehr im Recht, als du denkst.« Ich sagte, »Laila, das ist doch scheinheiliges Gerede, und du weißt das«, und sie antwortete, »Ihre Heuchelei ist mir immer noch lieber als eure Beleidigungen, eure Diskriminierung und euer Rassismus! Du zumindest hast etwas, wo du hinrennen kannst. Du hast eine andere Mutter. Ich habe nichts.« – »Laila«, sagte ich zu ihr, »du hast zweiundzwanzig arabische Staaten. Beweg dich doch ein bißchen. Warum mußt du ausgerechnet dieses winzige Stückchen Land haben? Du gehörst der großen arabischen Nation an, tausend Jahre lang habt ihr die Juden unterdrückt. Warum willst du nicht ein Viertel Prozent dieses Territoriums an meine Mutter abgeben . . .« Aber auch darauf wußte ich eine Antwort, die mir Laila nicht erst zu geben brauchte.

Als ich dort auf dem Podium stand, dachte ich an Franz. Franz sagte dauernd, daß Asuri kein Kommunist sei, sein Marxismus sei nur eine Ausflucht seines Nationalismus.

Hier, aus weiter Entfernung, tat mir Asuri leid. Ich sprach vor dreißigtausend Menschen über die zweite Frau seines Vaters, wie das Blut ihr aus der Kehle gespritzt war, und der Dolmetscher erzählte allen möglichen Unsinn von toten Olivenbäumen. Ich lachte darüber, und dreißigtausend Menschen lachten mit. Der Dolmetscher weigerte sich, an meine arabische Hälfte zu glauben. Er kam zu mir auf der Suche nach Josef Rosenzweig. Ich ließ ihm seinen Glauben. Laila sagte, »Du führst ihn doch an der Nase herum. Er glaubt, daß du ein Jude bist.« – »Und was bin ich denn?« fragte ich sie. Der Dolmetscher trug ein Gedicht vor, wie wir aus dem Holocaust ein Geschäft gemacht hätten, um die armen Araber aus ihrem Land zu vertreiben. Er sagte, es seien nur eine Million Juden umgekommen, aber die Zionisten, die mit den Nazis kollaboriert hätten, übertrieben die Anzahl der Opfer, übertrieben, was sie erleiden mußten, nur um mehr Geld und Waffen aus Deutschland herauszupressen, und so unseren armen Brüdern, den Fellachen, ihr Land zu rauben. Abends saß er wieder bei mir, fragte nach Jerusalem und trank jedes Wort von dem, was ich ihm erzählte, in sich hinein und sagte in seinem gebrochenen Jiddisch, »Die nennst du Freiheitskämpfer? Geile arabische Schlägerbande!«

Sie organisierten eine Tournee für uns, sie spendeten uns Beifall. Laila deklamierte auf Arabisch vor einem Publikum, das eine andere Sprache sprach. Kassem benahm sich unmöglich, aber keiner von uns sprach darüber, was sich wirklich abspielte. Wir wahrten den Schein. Mitten in einer Diskussion schrie Kassem mich an, »Was kann man schon von einem Juden erwarten? Die Tatsache, daß Asuri deine Mutter gefickt hat, macht dich nicht zu einem von uns. Du mußtest nie durchmachen, was wir durchmachten, du kannst eingebildet sein, weil du Franz hast.« Ich sagte ihm, er habe mehr Orte, wo er hingehen könne als ich, und er rief, »Seht ihr, ich habe euch doch gesagt, er ist ein Jude!«

Nachdem wir wieder zurückgekehrt waren, suchte ich weiterhin Trost bei ihnen. Nachies feindlicher Blick stach mir immer noch ins Herz wie eine rostige Nadel. Unsere Freundschaft war lau geworden, es gab immer wieder heftige Auseinandersetzungen. Schließlich wurde es unmöglich, weiter bei Kassem zu wohnen. Laila und ich schauten einander mit unfreundlichen Augen an. Sie war in die schwarze Magie ihrer Einsamkeit verstrickt. Sie fing an, am Stadttheater in Haifa zu arbeiten und sagte, sie werde denen schon beibringen, eine arabische Frau zu respektieren. Asuri kam und holte mich weg. »Hier ist kein Platz für dich«, sagte er. »Das sind Spielereien. Du mußt dich entscheiden, obwohl die Entscheidung schon vor deiner Geburt für dich getroffen wurde.« Ich erzählte ihm, das wären alles Heuchler, nicht besser als die schlimmsten arabischen Nationalisten, und er meinte, »In dieser Tragödie gehörst du zu keiner der beiden Seiten, das ist dein Glück und gleichzeitig dein Fluch. Du wirst immer das nächste rettende Ufer sein, auf dem man landet und das man anspuckt.« Ich rief Dinah an und erzählte ihr von meiner jiddischen Eskapade in Moskau. Sie hätte gern gelacht, hatte aber Angst, und das machte mich noch wütender.

13

In meinem Koffer fand ich einen zusammengefalteten Zettel. Ich las, »Wenn ich dich je vergesse, Jerusalem, möge meine rechte Hand verdorren.« Ich zeigte Laila den Zettel und sie sagte, »Dieser freche Bastard!« Ich sagte zu ihr, »Man kann den Leuten die Sehnsucht nicht verbieten, Laila.« Dann ging ich zu Kassem, meine Sachen abzuholen. Er warf mir einen zornigen Blick zu, aber dann umarmten wir uns. Laila sagte, »Du bist der Mann, den ich geliebt habe, welche Chance hat unsere Liebe jemals gehabt? Du gehörst Dinah, du wirst dich nie von ihr losmachen können.« Ich sagte ihr, daß dies nicht der Grund sei, und sie wußte es. Sie wurde rot und sagte, »Es wäre besser für uns, so zu tun, als wenn das der Grund wäre.« – »Also gut«, sagte ich, »wenn du es so willst.«

Im Ruckblick bin ich mir heute nicht mehr sicher, wonach ich damals in Haifa suchte, nicht in der Stadt Haifa, sondern bei dem Versuch, Anschluß zu bekommen. Letztendlich war ich der Sohn von Chava, und außer dem Todestanz in Koloniya hatte Chava keine Wurzeln in diesem Land. Käthe gehörte der Vergangenheit an, wie die Spinnweben auf ihren Möbeln, Franz gehörte mehr zu Asuri als zu Käthe. Als Asuri Chava in jener Nacht von Akko nach Hause brachte, hielt er vor ihrem Haus, legte den Kopf auf das Steuerrad und wartete. Chava sagte, »Nichts kann daraus werden, nur wieder die Geschichte mit dem Judenstern.« Er verstand nicht, was sie in Wirklichkeit wollte, aber es gab keinen Weg zurück. Er log, als er sagte, »Ich kann jetzt nicht mehr zurückfahren, sie werden mich unterwegs anhalten, mich zum Verhör mitnehmen und mich achtundvierzig Stunden einsperren. Ich sollte lieber hierbleiben.« Sie sagte, »Komm mit rauf. Es ist Zeit, daß du mit Franz über das sprichst, was ihr hinter euch gelassen habt.«

Um fünf Uhr morgens, in einem stillen Haus, ging der Mann mit ihr die Treppe nach oben, der die einzige Möglichkeit darstellte, die sie je haben würde, zurückzukehren zu dem, was sie gewesen war, bevor man ihr gesagt hatte, sie solle eine neue Identität annehmen. Sie wußte, daß Käthe da sein würde. Sie wollte sehen, wie Käthe sich unterwarf. Seit ihrer Kindheit hatte Chava darauf gewartet, sich an Käthe rächen zu können, und niemand, weder Chanoch noch Franz, niemand kannte die klaffende Wunde, die Käthes reine Schönheit ihr geschlagen hatte. Asuri schaute auf die stille Straße, betrachtete die Zypresse und die Kasuarina vor dem Haus, den Wagen von Franz, der hier geparkt war. Er mußte an die Zeit denken, die er vergeudete bei den Verhandlungen zwischen seinen Nachbarn in Akko und dem Militärgouverneur, an die Prozesse und Räumungsbefehle und Verhaftungen. Er sah, welche Position der Stärke dieses Haus darstellte, und er erinnerte sich, von wo er Franz hierher gebracht hatte, damit man seine Tochter auf einen Lastwagen setzen und auf dem Weg nach Jerusalem auf sie schießen konnte. Alles, was er wirklich wollte, war, Franz das wiederzugeben, was er ihm schuldig war. Und das war, endlich von Käthe die Tochter zu bekommen, auf die er so lange gewartet hatte. Er dachte an den Militärgouverneur, mit dem zusammen er Hoffmannsthal las, wie selbstgerecht er war, wie sehr er die Unterwürfigkeit liebte, die er in Asuris Augen zu lesen glaubte. »Der Krieg hat erst angefangen«, hatte er zu ihm gesagt. In einem düsteren Zimmer in Akko, mit Leninbildern voller Fliegendreck an den Wänden, sagten die Menschen, Araber und Juden, »Nach der Revolution wird es keine Nationen mehr geben und keine Kriege.« Wie gerne hätte er ihnen geglaubt, aber er konnte es nicht. Er glaubte nur an diesen Moment in der Stadt der Militärgouverneure, zusammen mit Chava, ihrem Augapfel, ihrer Kriegsheldin. Er wartete darauf, die Treppe hinaufzugehen und dem Feind entgegenzutreten, dem Mann, der – wenn Asuri den Brand nicht rechtzeitig gerochen hätte – als Rauch zum Himmel eines müden Gottes aufgestiegen wäre. Warum muß ich ihn verstehen, fragte er sich, und wer hat mich gebeten, für ihn den Pförtner des Paradieses zu spielen? Er dachte an die Flüchtlinge, die sich am fünfzehnten Mai 1948 außerhalb der Grenzen des Staates Israel befunden hatten, und die jetzt nicht mehr in ihre Heimat zurückkehren konnten. In ihre Häuser waren andere Flüchtlinge eingezogen. Er schaute Chava an und Traurigkeit überflutete ihn. Er wollte keine Rache und wollte sie doch. Er fürchtete sich, das Haus zu betreten.

Durch das runde Fenster zwischen dem zweiten und dritten Stock sah er die Bäume, die die aufgehende Sonne mit einem goldenen Schein umgab. Es war kalt im Treppenhaus, und der Geruch von altem Lysol vermischte sich mit dem Geruch seiner Angst. Chava öffnete die Tür. In der Wohnung war es dunkel. Er dachte an Franz und Käthe. Chava führte ihn auf Zehenspitzen in die Küche, setzte Wasser auf, versuchte, keinen Lärm zu machen und sich mit irgend etwas zu beschäftigen. Er stand mucksmäuschenstill, und sie wäre am liebsten in ihn hineingekrochen und hätte sich dort versteckt. Von der anderen Seite der Tür hörte er das gleichmäßige Atmen schlafender Menschen. Er setzte sich, umfaßte mit beiden Händen die heiße Kaffeetasse und sah zu, wie die aufgehende Sonne die Baumkronen erreichte. Plötzlich wollte er den genauen Augenblick des Sonnenuntergangs berechnen, um Franz zu überraschen, aber Franz schien ihm weit weg zu sein, so als schliefe er nicht im Nebenzimmer. Käthe, die schon damals mehr tot als lebendig aussah, schlief fest. Am Abend zuvor hatte Franz ihr nach einem hysterischen Anfall eine Schlaftablette gegeben. Als Franz in der Tür stand und Asuri ansah, zog sich Chava in eine Ecke zurück, mit dem Rücken zur Speisekammertür, wo sie sich im Sonnenlicht kaum noch von dem matten Gelb-Grau der Tür abhob.

Asuri sah Franz an und dachte, wo ist der stolze Kriegsheld mit den blassen, forschenden Gesichtszügen in diesem ehrbaren Flüchtling vom Rummelplatz der Geschichte. Franz wollte erst mal Kaffee haben. Seine Zunge konnte nicht die Worte formen, die er sagen wollte. Chava umarmte lächelnd ihren Vater. Der sagte, »Du warst schon lange nicht mehr hier, Asuri.« Asuri lachte, hörte wieder auf und versuchte, die banalen Worte in einen verständlichen Zusammenhang zu bringen. Sie sahen einander an. Wie zwei alte Gäule, dachte Chava. Aus den Augenwinkeln konnte sie die geschlossene Tür zum Schlafzimmer ihrer Mutter sehen. Sie wußte, ohne darüber nachdenken zu müssen, daß Asuri die Schlafzimmertür mit seinen Augen zu durchdringen suchte.

Sie saßen und tranken Kaffee. Chava hatte ein paar Zwiebacke gefunden und bestrich sie mit Margarine und Marmelade. »Gute Marmelade«, sagte Asuri. Chava lächelte. Es wurde heller, die Schatten krochen die Wand hoch und verschwanden. Asuri stand plötzlich auf, hob Franz vom Stuhl und küßte ihn ins Gesicht. Franz wurde blaß. Eine einzelne Träne tropfte ihm aus dem Auge. Er schaute hinunter auf seine Hausschuhe und sagte, »Asuri ist hier.« Chava sagte, »Er wird mein Mann werden.« Franz schaute seine Tochter verlegen an und wußte nicht, was er sagen sollte. Er wollte zu Käthe ins Zimmer laufen, um sich zu vergewissern, daß sie noch da war. Asuri sagte, »Ich muß gehen. Es wird Morgen und mein Passierschein ist nur bis zehn Uhr gültig. Gib ihr einen Kuß von mir.« Chava sagte, »Es ist schon eine ganze Stunde vergangen, und ich habe es gar nicht bemerkt«, und Asuri sagte, »Ich hätte lieber im Auto bleiben sollen.«

Den ganzen nächsten Tag saß Chava zu Hause und wartete. Jona ging ans Telefon und sagte, »Madame Käthe, ein Mann aus Akko will Chava sprechen.« Käthe sagte, »Ich kenne niemanden in Akko. Ich gehe runter zum Meer, schwimmen.« Sie lief zum Strand, suchte im Meer nach Asuri und fing an zu schwimmen. Franz lief ihr nach, und sie rief ihm zu, »Ich schwimme nach Berlin. Du kannst dich auf den Kopf stellen, aber Asuri wird mit Chava nie eine Chava zeugen.«

Was mit Chava und Asuri geschah, war unausweichlich, die Art, wie sie sich in der Öffentlichkeit zeigten, machte es nicht besser. Sie saßen in den Cafés, und die Kellner, deren Geruchssinn im KZ geschärft worden war, warfen ihnen feindselige Blicke zu. Asuri ärgerte das nicht, aber Chava kam sich vor wie ein verwundetes Tier. »Ich weiß nicht, was ich tun soll«, sagte sie. Sie trennten sich und kehrten zueinander zurück. Ein Jahr verging, ich weiß nicht wie, und Asuri kann sich nach so langer Zeit auch nicht mehr erinnern. Ich weiß nur, daß es ein Jahr voller Bitterkeit war. Sie saßen im Café, und die Leute starrten sie an, sie gingen ans Meer und Chava sagte, »Ich weiß nicht, was ich tun soll, ich kann nicht mir dir leben, und ich kann nicht ohne dich leben.« Sie gingen tanzen, in ein Nachtlokal, wo keine Fragen gestellt wurden. Bei Abu Christo erzählte man, daß Asuri niemals weine und daß die berühmte Geschichte von seinen großen Tränen pure Erfindung sei. Asuri war vollauf damit beschäftigt, Leuten zu helfen, die Schwierigkeiten mit den Behörden hatten. Er wurde wieder unter Hausarrest gestellt, weil dem Militärgouverneur eine Bemerkung mißfiel, die Asuri über ihn im Parteiklub gemacht hatte. Dann wurde er wieder freigelassen. Beides, die Festnahme und die Freilassung, ohne jede rechtliche Begründung. Asuri versuchte nicht länger, das alles zu verstehen. Chava kam und blieb eine Woche bei ihm. Asuris Vater schloß sich in sein Zimmer ein. Er war schon lange krank und lag jetzt im Sterben. Asuris Brüder begannen sich zu versammeln, aber nicht alle erhielten eine Einreisegenehmigung. Dem Bruder aus Jordanien verweigerte man die Einreise, der Bruder aus Beirut kam mit gefälschten Papieren. Chava saß mit ihnen am Sterbebett von Asuris Vater. Asuri sagte, »Der geht nicht dahin, wo mein Onkel Kafur verschwand, als er starb. Er geht zu seinen beiden Frauen.« Wie romantisch, dachte Chava. Sie entdeckte seinen Körper, der auf sie wartete. Seine Brüder sprachen die ganze Zeit vom Kampf, und Asuri klammerte sich an sie und sonderte sich gleichzeitig ab. Chava sagte zu ihm, »Asuri, ich muß ein Kind von dir haben.« Er sagte, »Und wo werden wir es großwerden lassen?« Sie saßen, umgeben von dem berauschenden Duft der Orangenblüten, und tauschten Zärtlichkeiten aus. Sie gaben sich ihrer Liebe hin, weil es sonst nichts gab, dem sie sich hingeben konnten. Asuri besuchte Franz, und ihr altes Freundschaftsverhältnis, das Chava nicht verstehen konnte, weil es schon hundert Jahre alt war, lebte wieder auf. Käthe stand in der Tür und sah Franz an, danach warf sie Asuri einen gelassenen Blick zu und war beruhigt. Etwas, das früher einmal in ihr gebrannt hatte, war tot. Jona sagte, »Was macht dieser Araber hier?« – »Asuri und Chava saugten sich gegenseitig das Blut aus«, sagte Franz später einmal zu mir, aber er sagte es ohne Bitterkeit. Er verstand sie. Käthe zog sich ein weißes Kleid an, das sie aus Berlin mitgebracht hatte, und fuhr nach Akko. Sie hatte Schwierigkeiten, in die Stadt zu kommen. Eine Gruppe Araber stand neben einem Lastwagen, Polizisten durchsuchten ihre Taschen. Käthe betrachtete die Mauer, die Türme und die Minaretts und sagte, »Welch eine schöne Stadt!« Sie fuhr weiter und fand das Haus. Chava öffnete ihr die Tür. Asuris Brüder waren da. Das Haus war ein stattliches zweistöckiges Gebäude, umgeben von sorgfältig getrimmten Bäumen, voller Männer und Frauen, die sie nicht kannte. Es war sehr sauber. Chava saß über ein Buch gebeugt auf dem Sofa in Asuris Zimmer. Im Zimmer standen eine Schreibmaschine und Regale voller Bücher. Im Fenster war das Meer. Im Meer war der Tod, den sie immer hatte heiraten wollen. Sie sagte zu Chava, »Heirate ihn nicht«, und Chava sagte zu ihr, »Warum bist du hergekommen?« Käthe sagte, »Du hast mich nie geliebt«, und Chava sagte, »Das ist nicht wahr. Es war schwierig für mich. Ich suchte nach

Liebe, und du lebtest nur für deine Erinnerungen.« Käthe setzte sich neben Chava und strich ihr übers Haar. Asuri kam herein und setzte sich in dem düsteren Zimmer auf einen Schemel. Chava sagte, »Ich bin eine Jüdin, die im arabischen Basar an einem Fleischerhaken hängt. Wer wird mich kaufen?« Käthe sagte, »Heirate ihn nicht. Tue es nicht mir zum Trotz.« Und Chava sagte, »Das hat nichts mit dir zu tun, Mutter, überhaupt nichts.« Käthe war den Tränen nahe. Es wurde ihr klar, wie nutzlos ihre Reise hierher gewesen war. Sie sagte, »Ich hätte einen schönen Tod sterben können, aber statt dessen bin ich hergekommen. Ich kann keine Ruhe finden. Das Meer ruft mich. Ich werde dahin zurückschwimmen, wo ich geboren bin. Du bist nur ein Druckfehler in dem Buch, das dieser elegante Araber geschrieben hat.« Chava schlug ihr ins Gesicht, und Käthe sagte, »Ich bin nur ein alter Lumpen. Ich bin nicht gekommen, um dein Glück zu zerstören, sondern um dich zu retten. Du kannst das nicht begreifen. Ich habe hier gelebt, in der Hitze und dem Lärm unter schwitzenden Juden und messerstechenden Arabern, und ich weiß es. Es ist ein schweres Land, eine schwere Sprache, alles ist fremd hier. Was wird aus dir werden, wenn ihr Fremdes und Fremdes zusammenschließt?«

Da sagte Asuri, »Käthe, wenn ich euch beide anschaue, möchte ich weinen. Du weißt doch, wer ich bin, was ich bin und was passiert ist.« Käthe sagt, »Asuri hat in seinem ganzen Leben nur einen Menschen geliebt, und das war Franz. Darum hat er sich auch nie gemeldet, er hatte Angst. Männer sind wie Pfauen ohne Federn.« Käthe stand auf und ging von einem Zimmer ins andere und wieder zurück. Asuri sagte zu Chava, »Deine Mutter ist krank und gehört ins Krankenhaus.« Chava sagte, »Ich hasse sie.« Asuri nahm Chava in die Arme, aber seine Augen suchten nach Käthe. Chava sagte, »Warum gehst du nicht mit ihr ins Bett. Das ist es doch, was du willst.« Asuri brachte Chava hinunter zum Strand, zeigte aufs Meer und sagte, »Von hier aus werden wir wegfahren und mit unserem Sohn zurückkehren.« Und

Chava sagte, »Mit unserer Tochter.« Und damit hatte ich sie zu dem Moment gebracht, auf den ich seit Millionen von Jahren gewartet hatte, geboren zu werden. Chava ging ins Haus zurück, wo Käthe hinter geschlossenen Fensterläden beim Schein einer düsteren Lampe saß und versuchte, sich vor sich selbst zu schützen. Sie wußte schon nicht mehr genau, wer sie war.

14

Als Chava ins Haus ihrer Eltern kam und zu Käthe sagte, »Ich bin schwanger«, zog Käthe, ohne ein Wort zu sagen, einen baumwollenen Hausmantel über ihren seidenen Morgenrock, und ging aus dem Haus. Es war ein kalter Februarmorgen. Sie ging hinunter zum Strand, zog ihren Morgenmantel aus und ging ins Wasser. Sie setzte sich in das seichte Wasser, wo sich die Felsen im trüben Licht des Wintermorgens abhoben, und starrte auf die schwarzen Wolken, die sich über ihr zusammenzogen. Es regnete nicht, aber es blies ein eisiger Wind. Ein Mann, der in einen dicken Mantel gehüllt war, bemerkte sie und sah, wie die Wellen sie überspülten. Er rief die Polizei. Die Polizisten liefen zum windgepeitschten Strand hinunter, wo die Wellen ihnen entgegenschlugen, und versuchten, die halberfrorene Frau aus dem Wasser zu ziehen. Ihre Lippen waren blau angelaufen, und die Tränen in ihren sanften Augen waren gefroren. Sie fragten sie, wer sie sei, und sie antwortete nur, »Bringt mich zum Roten Kreuz.« Als man sie ans Ufer zog, flüsterte sie, »Das hätte sie mir nicht antun dürfen.« Einer der Polizisten rieb sich die kalten Hände und fragte, »Wer?« Aber sie gab keine Antwort. Von weitem sahen sie einen Wolkenbruch, der sich ins Meer ergoß und immer näher kam. Sie beeilten sich, die Frau wegzubringen. Die Straßen waren noch leer, der Verkehr ruhte. Sie fuhren mit ihr ins Assuta-Krankenhaus, wo man sie ins Bett brachte. Die Schwester wußte nicht, was sie machen sollte. Sie sah vor sich eine erfrorene Frau mit einem dümmlich-glückseligen Gesichtsausdruck und rief eine Kollegin, die sofort den Arzt alarmierte. Die Polizisten gingen weg. Chava saß zu Hause. Sie wußte, daß ihre Mutter verschwunden war, aber sie rührte sich nicht. Jona kam und weckte Franz. Der fragte, wo Käthe sei, aber Chava gab keine Antwort. Er fing an zu schreien, aber Chava zog sich in ihre Schale zurück und sagte nur: »Sie ist weggegangen. Mutter ist weggegangen.« Franz ging hinaus, um sie zu suchen. Der Nachbar, der immer noch mit einem Feldstecher nach Feinden Ausschau hielt, rief ihm zu: »Die Polizei hat sie weggebracht.« Franz lief zur Polizei, aber der diensthabende Sergeant verstand nicht, wovon er redete. Er versuchte, Franz zu beruhigen. »Frauen, die davonlaufen, kommen immer wieder zurück«, meinte er. Dann erschien ein durchnäßter Polizist und sagte: »Wir haben am Strand eine Verrückte gefunden«, und fing an, einen Bericht zu schreiben. Franz eilte ins Assuta-Krankenhaus, Dort fand er eine fremde Frau vor. Sie schaute ihn an, ohne ihn zu erkennen. Sie konnte nicht begreifen, was dieser Mann von ihr wollte. Ihr ganzes Leben lang war sie davongelaufen, jetzt war sie angekommen.

Eine Woche später verlegte man sie in ein anderes Krankenhaus. Sie verbrannte sich mit Zigaretten die Hand, schnitt sich die Adern auf und sagte, »So fühle ich wenigstens etwas.« Sie banden sie ans Bett und gaben ihr Tabletten, aber sobald man sie in Ruhe ließ, fand sie eine Zigarette oder ein Streichholz und versengte sich. Ihre linke Hand war voller Brandwunden. Sie weinte nicht, weil ihr die Verbrennungen nicht wehtaten. Sie sagte, »Es ist ein süßer Schmerz«, und lächelte schüchtern.

Jeden Morgen brachte Franz ihr einen Strauß weißer Nelken und legte ihn neben sie. Er setzte sich zu ihr und las aus der Zeitung vor; wenn es ihr langweilig wurde, las er ihr aus einem Buch vor. Danach fuhr er ins Hadassa-Krankenhaus und operierte die Lungen anderer Menschen. Er war sehr müde. Er fühlte, daß Asuri ihn betrogen hatte, aber das brachte ihm Asuri nur noch näher; er liebte es, abends mit ihm zusammenzusitzen und sich zu unterhalten. Die Verbindung zwischen ihnen war erneuert, und Käthe, die einmal das Band zwischen ihnen gewesen war, zahlte den Preis dafür. Chava besuchte ihre Mutter nicht. Asuri fragte sich laut, was sie mit ihrem Sohn anfangen sollten, nachdem er geboren war, und sein Bruder, der einzige, der in Akko geblieben war, nahm ihn mit in den Parteiklub und hielt ihm einen Vortrag. Er sagte, »Ich stand hier am Strand, und die Juden brüllten mich über ihre Lautsprecher an, sie jagten mich davon. Sie stahlen unseren Grundbesitz, unsere Häuser, unsere Bäume. Was ist uns geblieben? Ein Haus und der Himmel über uns. Du bist ein geschlagener Mann, Asuri, bring uns kein jüdisches Kind hierher. Was sollen wir denn mit ihm machen? Ein neues Kapitel der Geschichte beginnt, es wird keine Aufstände mehr geben; sie sind zu stark, sie haben die Welt auf ihrer Seite, und wir sitzen hier und träumen von der Zukunft. Was für eine Zukunft? Sie haben auch die Zukunft gekauft!« Asuri wußte, daß er etwas tun mußte, um Josef Leiden zu ersparen, aber was? Chava kam und ging, sie quälte ihn mit ihren Launen. Liebevoll und zärtlich sagte sie zu ihm, »Was immer auch geschehen mag, Asuri, du bist der einzige Mann, den ich jemals lieben werde. Aber du mußt mir mehr Freiheit geben, etwas abrücken von mir. Du setzt mich unter Druck mit all diesen Problemen.« Dann fuhren sie auf einem kleinen Schiff nach Zypern. Das Schiff stank nach Kotze, die man nicht weggeputzt hatte. Chava und Asuri ließen sich in Zypern von einem Friedensrichter trauen. Sie kamen zurück und gingen zum Innenministerium, um sich als Ehepaar registrieren zu lassen. Zunächst weigerte sich der Beamte, sie zu registrieren. Es gab große Aufregung. Eine dicke Frau schrie Chava an, »Wenn du so einen geheiratet hast, mußt du auch die Folgen tragen!« Ein junger Anwalt, den sie auf dem Flur trafen, setzte sich für sie ein. Asuri stand da, ohne ein Wort zu sagen. Chava schaute mit feindseliger Arroganz um sich und unterdrückte den Schrei, der in ihr aufstieg. Frauen, die vielleicht Verständnis aufgebracht hätten, wurden durch Chavas hochmütige Blicke gereizt, bittere Worte zu sagen, die sie vielleicht sonst nicht gebraucht hätten. Es war ein Ausbruch tiefen, uralten Hasses, ohne das jemand es darauf abgesehen hätte. Chava war entsetzt, und Asuri konnte ihr nicht zu Hilfe kommen. Es waren ihre Juden, nicht seine. Sie sah, wie hilflos er war. Sie sagte auch nicht, »Wißt ihr nicht, wer ich bin? Die Nationalheldin, über die eure Kinder in der Schule lernen.« Sie sagte, »Ihr seid noch schlimmer als die Leute in Deutschland, vor denen meine Eltern geflüchtet sind.« Ein Aufruhr brach aus. Jemand rannte, um einen Rabbiner zu holen; er schaute sie haßerfüllt an und beschimpfte sie mit lauter Stimme. Sie flüchteten. Chava sagte, »Komm, laß uns wegfahren«, und Asuri sagte, »Wohin denn? Wohin können wir flüchten?« Und auch Franz, den Käthe nicht mehr erkannte, sagte, »Ihr solltet lieber wegfahren.« Er war schon sehr müde.

Ich wurde in einem Krankenhaus in Paris geboren. Am Tag meiner Geburt erhielt ich die französische Staatsbürgerschaft. Asuri lehrte an der Sorbonne. Chava sagte später, es wäre eine große Ehre für einen Mann, dem man eine Stelle an einem Tel-Aviver Gymnasium verweigert hatte, an der Sorbonne zu unterrichten. Nachts saß er und schrieb seine Bücher. Chava gewöhnte sich schnell an das Leben in Europa. Hier war noch etwas von ihrer Kindheit übrig und erwartete sie. Alles war viel klarer und das Leben unkomplizierter. Das komplexe Gewirr von Liebe und Haß war weit weg. Sie hatte nichts weiter zu tun, als mich großzuziehen. Chava war eine gute Mutter. Sie überhäufte mich mit Liebe und Zärtlichkeit. Asuri sagte, ich sähe aus wie Franz, und sie sagte, ich sähe aus wie Asuri. Asuri mochte Paris nicht. Alle Türen standen ihm offen, aber er wurde in eine Position gedrängt, in der er etwas repäsentieren mußte. Er wollte niemanden repräsentieren als sich selbst. »Unterrichten machte Spaß«, sagte er mir später, »aber hinterher verlangten sie Erklärungen von mir.« Und er konnte nichts erklären. Er schrieb eine umfangreiche Abhandlung zum

Thema ›Zweihundert Jahre jüdisch-arabischer Beziehungen in Palästina‹ und kam zu schmerzlichen Schlußfolgerungen. »Ein Araber sollte nie zu solchen Schlußfolgerungen gelangen«, sagte er später zu mir. Es sind Erkenntnisse, die wir erst jetzt zu verstehen beginnen, daß es keine Hoffnung gibt, daß die Tragödie bereits begonnen hatte, lange bevor die Historiker sie überhaupt erkannten. Daß alles vorherbestimmt zu sein schien. Daß der Fanatismus unausweichlich war. Daß das Land beiden Nationen fremd war, die einen Nationalismus erfanden, der nicht ihrer Geschichte, sondern ihrem Leiden entsprang. Ich lebte fünf Jahre in Paris. Die letzten zwei sind mir noch in Erinnerung. Ich konnte schon damals vorhersehen, was morgen geschehen würde, und brachte die Kinder im Luxembourg-Garten, wo Chava mit mir spazierenging, zum Lachen. Asuri wurde traurig und nervös, er hatte Heimweh. Das Gesundheitsministerium schickte Franz als Vertreter Israels auf internationale Kongresse, und er nahm Käthe mit. Er glaubte, sie könnte im Ausland geheilt werden. Aber auch dort konnte ihr keiner helfen. Er kam nach Paris, um seine Tochter zu besuchen. Asuri nahm ihn auf einen Spaziergang mit, und sie gingen Käthe besuchen, die in einem Krankenhaus in Paris untergebracht war. Käthe sagte lächelnd, »Unser Araber ist gekommen.« Dann lachte sie. Asuri verließ das Zimmer. Am Abend gingen wir in ein Restaurant, ich saß bei meinem Großvater auf dem Schoß, und er flüsterte mir deutsche Wörter zu. Er war ganz aufgeregt. Asuri sagte, »Ich muß nach Palästina zurück.« Chava sagte, »Nein, wir bleiben hier.« Franz wollte sich nicht einmischen. Im Krankenhaus fragte Käthe ihn, »Wer bist du?« Franz sagte, »Sei brav, Käthe, und trinke deinen Saft.« Er war der liebevollste Ehemann. Zu Hause und im Ausland brachte er ihr jeden Morgen Blumen und versäumte es nicht ein einziges Mal. Franz wurde nach Berlin eingeladen; er sollte dort einen Vortrag halten. Er flog ohne Käthe ab. Drei Tage später kam er zurück. Er sagte, er habe überhaupt nichts gefühlt, so, als wäre er in einem fremden Land gewesen. Asuri versuchte, es zu verstehen, und stellte ihm Fragen. Franz war von einer seltsamen Angst erfüllt, die Asuri an ihm nicht kannte. In derselben Nacht verschwand Franz. Er ließ nichts von sich hören, und Chava stellte Ermittlungen an. Im israelischen Konsulat sagte man ihr, Franz sei nach Kopenhagen gefahren, um einen Vortrag zu halten. Chava wußte aber, daß kein Vortrag in Kopenhagen geplant war. Sie rief bei verschiedenen Leuten an und schob Asuri die Schuld zu. »Deinetwegen ist meine Mutter krank und mein Vater verschwunden«, sagte sie. Er umarmte sie wortlos. Meine Eltern waren krankhafte Romantiker. All ihren Zorn und ihre Ängste ließen sie aneinander aus. Franz war mit dem Nachtzug nach Kopenhagen gefahren. Es war kalt, und die Heizung funktionierte nicht. Es tat ihm nicht leid, er hatte es so gewollt. Er wollte das Gefühl kennenlernen, in einem geschlossenen Zug durch Deutschland zu reisen. Alles zog an ihm vorbei, die schreienden Beamten auf den Bahnhöfen, das Vieh auf den dunklen Weiden, der Kölner Dom, als er frierend in seinem Erster-Klasse-Abteil saß und sich vorkam wie ein Schaf auf dem Weg zum Schlachthof. Er kam nach Paris zurück und sagte zu Asuri, »Bei meinem Vortrag in Berlin waren viele meiner Jugendfreunde im Saal, aber es kam mir vor, als wäre alles nur ein Traum. Ich war froh und glücklich, wieder Deutsch zu sprechen, aber es war, als wäre Käthe bereits tot und hätte sich nicht selbst die Hände verbrannt, sondern als würden diese Leute sie bei lebendigem Leibe verbrannt haben.« Franz wartete nur darauf, zu der trügerischen Vergangenheit zurückzukommen, die er mehr und mehr in den Tonscherben aus der Zeit der alten Könige Israels fand. Asuri sagte zu Chava, »Wenn wir nicht heimfahren, gehört Franz bald das ganze Land. Er raubte mir mein Land, aber meine Sehnsucht ist nicht weniger wert als seine alten Tonscherben.« Chava ging ins Krankenhaus, um vielleicht durch ihre Mutter verstehen zu können, was die beiden Männer ihres Lebens wirklich wollten. Sie nahm mich mit. Ich stand da und schaute in das schöne Gesicht meiner Großmutter. Sie fragte, »Wer ist dieses Kind?« und winkte mir zu. Chava sagte ihr, wer ich sei. Käthe sprach zu mir in ihrem gebrochenen Hebräisch, und ich antwortete ihr auf Französisch.

Franz und Käthe fuhren zurück nach Israel und hinterließen eine lange Spur der Sehnsucht. Wie Käthe vor vielen Jahren, begann auch Asuri, seine Koffer zu packen. Er versuchte zu verstehen, wie Chava so gleichgültig sein konnte. Sie sagte, » Dieses Kind soll hier als freier Mensch aufwachsen.« Asuri sagte, »Wir haben uns an ihm versündigt und müssen ihn lehren, stark zu sein. Dort werden die Grenzen ihn zerreißen, aber hier wird er keine Grenzen haben. Er wird so verloren und heimatlos werden wie deine Mutter es ist.« Chava weinte und versuchte, sich zu widersetzen. Aber Asuris Sehnsucht war wie eine Schlinge um ihren Hals. Chava hatte Sehnsucht nie gekannt. Sie dachte ebensowenig an Tel-Aviv, wie sie damals an ihren Freund Chanoch gedacht hatte, nachdem er getötet worden war. »Was vorbei ist, ist vorbei«, sagte sie zu Asuri, aber der sagte, »Nein, das ist nicht wahr.«

So kam ich im Alter von fünf Jahren nach Israel. Vom Professor an der Sorbonne stieg Asuri hinunter auf die Ebene des Stadtrats und der Rempeleien in der Partei. Jetzt saß er wieder in seinem düsteren Zimmer, unter dem Portrait von Lenin, und redigierte die Druckfahnen seines monumentalen Werks. Ich wuchs abwechselnd im leeren Haus meines Großvaters und bei Asuri auf. Chava und Asuri wußten nicht, wo sie wohnen sollten. In Haifa gab es eine leerstehende Wohnung, dort hatten gemischte Paare es leichter als woanders, aber Chava wollte Tel-Aviv in die Knie zwingen. Tel-Aviv hüllte sich in Gleichgültigkeit und bekämpfte sie. Sobald Asuri seinen Namen nannte, war es nichts mit der Wohnung, und sie mußten von neuem den gelangweilten Immobilienmakler aufsuchen. Schließlich fanden sie einen Vermieter, der sagte, »Mir ist es egal, ob er Araber ist und du Jüdin oder umgekehrt, solange ihr genug und pünktlich zahlt. Ich will viel Geld, und ich will es in Dollar.« Und sie zahlten, was er verlangte.

Chava – meine Mutter von Asuris Seite – war die Protagonistin isolierter Augenblicke: des Augenblicks, als auf sie geschossen wurde, des Augenblicks, als sie Asuri in Abu Christos Lokal kommen sah, des Augenblicks, als sie zu ihrer Mutter ging und sagte, »Ich bin schwanger.« Ihre Heimkehr war von mehr als nur Bedauern begleitet. Sie stieg hinter Asuri aus dem Flugzeug, von bitterem Groll erfüllt. Dinah sagte, Chava habe immer ein Ventil für ihren Zorn gegen sich selbst gesucht, wegen dem, was sie ihrer Mutter angetan hatte. Dinah sucht überall nach Hintergründen. Ihre Affäre mit mir war das Einzige in ihrem Leben, für das sie keinen Grund nennen konnte. Einmal, als Dinah übers Wochenende von ihrer Grundausbildung als Soldatin nach Hause kam, rief sie mich vom Busbahnhof in Tel-Aviv aus an. Ich saß bei Franz im Haus und las den Koran. Franz sagte, ich täte das nur aus Trotz gegen Dinah, aber ich wollte wirklich verstehen, Dinge erfahren, die man mir vorenthalten hatte. Mein ungläubiger Vater und meine Mutter hatten mir für meinen Kampf ums Überleben nicht genug Munition gegeben. Franz ließ mich in Ruhe. Nachdem die Armee sich geweigert hatte, mich einzuziehen, und seit seinem Wutausbruch beim Generalstabschef war er zunehmend damit befaßt, seinen Abscheu für die Menschen in seiner Umgebung zu unterdrücken. Im Grunde war Franz die gewalttätige Hälfte von Asuri, und Franz gewalttätig zu nennen, ist, als würde man Albert Schweitzer mit einem Stierkämpfer vergleichen. Dinah wohnte damals noch bei ihren Eltern. Sie gehörten zu den deprimierendsten Menschen, die ich je kennengelernt hatte. Sie mochten mich, wünschten aber gleichzeitig, ich wäre tot. Mehr als alle anderen spürten sie meine Fremdheit. Die Tatsache, daß mein Vater ein Araber war, ließ sie zusammenbrechen. Sie erwarteten von Dinah, daß sie ihnen all jene Träume erfüllte, die sie nicht einmal zu träumen imstande waren. In ihren Träumen erschien immer jemand wie Rami und hielt um die Hand ihrer Tochter an. Sie waren immer höflich zu mir, und Dinahs Mutter hatte auf ihre Art sogar eine Schwäche für mich, als hätten trotz allem mein Lächeln und meine sprunghaften Zornesausbrüche, meine Fähigkeit, für einen Augenblick in der Zukunft zu leben und den Regen ins Kassit zu bringen, einen gewissen Unterhaltungswert für sie. Dinah mußte ihr alles über mich erzählen. Als wir uns trennten, wußte sie nicht, ob sie nur glücklich oder auch ein wenig traurig darüber war. Etwa eine Stunde, nachdem Dinah vom Militärdienst auf Urlaub gekommen war, sah mich ihr Vater ins Haus kommen. Anders als seine Frau hatte er keine Zweifel darüber, daß er mich nicht mochte. Als er sah, wie ich zu ihnen kam, eine Stunde, nachdem seine Soldatentochter zum ersten Urlaub nach Hause gekommen war, konnte er seinen Zorn nicht bändigen. Er stand auf und lief aus dem Zimmer, um nicht eine Minute im selben Raum mit ›Dinahs Araber‹, wie er mich hinter meinem Rücken nannte, sitzen zu müssen. Ich sagte zu Dinah, ich sei sicher, sie würde eine tolle Soldatin werden. Sie hörte den Zorn aus meiner Stimme heraus und fühlte sich schuldig. Sie gab sich wirklich keine besondere Mühe, war aber trotzdem eine gute Soldatin, vielleicht nicht übermäßig diszipliniert, aber in ihrem Drang, sich überall auszuzeichnen, störte es sie, die einzige Soldatin in ihrer Einheit zu sein, die einen Araber zum Freund hatte. Sie mag nicht immer das Haar vorschriftsmäßig unter das Käppi gesteckt haben, vielleicht hatte sie auch manchmal zur unpassenden Zeit ein Kaugummi im Mund, aber morgens war sie in fünf Minuten fertig zum Appell, sie war kräftig, Liebling aller Offiziere und Unteroffiziere, die erste, die sich immer freiwillig meldete, und, ohne es zu wollen, eine gute Schützin. Sämtliche Prüfungen bestand sie mit Auszeichnung. Sie versuchte nicht, die Lehrgangsbeste zu sein, aber sie wußte, daß ich recht hatte. In zwei Wochen würde sie ihre Grundausbildung als überragende Rekrutin des Kurses abschließen, und sie wußte, dies würde mich verrückt machen. Ich sagte ihr, »Du wirst nicht nur die Grundausbildung mit Auszeichnung abschließen, sondern auch zum Unteroffizier befördert werden.« Nein, sagte sie, das werde sie nicht, aber sie wußte genau, man würde sie zur Beförderung vorschlagen. Sie wußte, sie würde versuchen zu widerstehen, dann aber den Lehrgang machen, ihn bestehen und eine gute Unteroffizierin werden.

Als ich anfing, ihre Uniform zu ficken, brach sie in lautes Gelächter aus. Aber das Lachen brach plötzlich ab. Ich sah, wie sie aus der Tiefe ihrer Seele heraus – einer Tiefe, die ich selbst nur zu gut kannte –, fast gegen ihren Willen gezwungen war, für etwas zu kämpfen, um das die Juden in ihren Kellern gebetet hatten, und daß sie plötzlich diese verfluchte Uniform verteidigen mußte, mehr aus ihr machen mußte, als sie wirklich war, und sich selbst dafür haßte. »Was ist schon eine Uniform?« sagte sie später, aber in diesem Augenblick war die Uniform ein Symbol der Gehirnwäsche, von zweitausend Jahren, die man uns in der Schule eingetrichtert hatte, mit schmerzverzerrtem Gesicht, zusammengebissenen Zähnen, mit Stolz und Hochmut, jene zweitausend Jahre, die man immer wieder gegen mich ausspielte, gegen den Sohn von Asuri, nicht den Sohn von Chava von der Seite meines Großvaters Franz. Sie sagte nicht, ich hätte ihre Uniform geschändet, aber nachdem sie einmal kurz gelacht hatte, fing sie an, mit mir zu kämpfen, um die Uniform vor weiterer Schändung zu bewahren. Vielleicht auch, um ihren Vater zu beschützen. Sie sagte, »Auch wenn gar kein Anlaß besteht, mußt du mir immer wehtun.« Ich sagte, »Ich habe doch nur eine Uniform gefickt. Was zum Teufel ist denn schon eine Uniform, jede Armee der Welt hat Uniformen und Helden, die Deutschen auch.« – »Für dich ist das nicht nur irgendeine Uniform, Josef«, sagte sie. Ich hatte gewußt, daß sie das sagen würde. Seit sie zum Militär gegangen war, konnte ich an nichts anderes mehr denken, als an den Tag, an dem sie auf Urlaub kommen und ich sie hier in diesem Zimmer finden würde, das ich seit vier Jahren kannte – eine jüdische Soldatin, die eines Tages im Autobus meine Taschen durchsuchen würde, die bei Asuris Vettern in Sachnin das Baby auf dem Arm halten würde, während die Männer das Haus durchsuchten, eine Verbündete jener Leute, die Asuris Vettern in Verwaltungshaft nehmen oder sie foltern würden, mit all dem Einfallsreichtum, den sie besaßen. Alles nur, um jene ›zweitausend Jahre‹ zu rechtfertigen.

Ich sagte ihr, »Was du wirklich willst, mit all deiner sogenannten Liberalität und deinen linken Ansichten, ist eine schlagkräftige Armee«, und sie sagte, »Ja, das stimmt.« Da sagte ich, »Mein Volk führt Krieg gegen meinen Staat, und umgekehrt. Was bin ich?« Und sie sagte, »Du bist mein Liebhaber. Aber ich bin Teil eines anderen genetischen Codes.« Ich fragte sie, »Wohin gehörst du? Wohin, außer zu mir?« Sie wollte antworten, wußte aber, daß falsch sein würde, was immer sie sagte. Darum schwieg sie.

Sie war verwirrt und erschöpft, die Ausbildung war hart, und sie hatte eine Woche lang nicht richtig geschlafen. Sie sah auch nicht gut aus, ihre Nase pellte sich von den Gewaltmärschen in der glühenden Sonne, sie hatte abgenommen. Eigentlich wollte ich ihre Uniform respektieren, es war ja auch die Uniform meiner Mutter Chava gewesen. Wenn ich ihr wehtat, tat ich mir selbst weh, da, wo es am meisten schmerzte. Ich hatte schon immer Asuri darum beneidet, daß er ein vollblütiger Araber war, frei vom verfluchten Blut der Juden, das mich im Namen ihrer absoluten Gerechtigkeit dazu zwang, mein eigener Feind zu sein.

Dinah schämte sich, weil sie die Beherrschung verloren hatte. Sie legte sich ins Bett, wickelte sich in die Decke und schaute mich ängstlich an. Sie kaute wie wild an ihren Fingernägeln.

Nachher sagte sie mit jener Feindseligkeit, die immer sichtbar wurde, wenn sie glücklich war, »Wahrscheinlich hat es dir mehr Spaß gemacht, meine Uniform zu ficken als mich.« Sie lag dicht an mich geschmiegt, und ich hielt ihren entspannten Körper in meinen Armen. Wir hatten gerade unser wahres Geheimnis wiederentdeckt – die Leidenschaft, der sich keiner von uns beiden jemals würde entziehen können. Das fast dämonische Verlangen, ineinander aufzugehen – die Schreie, der sanfte Schlag, den wir verspürten, die zitternde Anteilnahme jeder Faser unseres Körpers. Sie schaute mich an, sie war erschöpft vom Militärdienst, von der Liebe, vom Ficken, von all dem zusammen. Ihr Gesicht war verzerrt, und sie sah aus wie ein Vogel in der Falle. Das Licht fiel auf meine halbgeschlossenen Augen, und ich konnte mir die Bemerkung nicht verkneifen, »Ja, deine Uniform war geiler.« Und sie sagte, »Davon träumt jeder Araberjunge, eine jüdische Soldatin zu ficken, ihre Uniform zu ficken . . .« Ich schloß wütend die Augen. Einen Augenblick lang wollte ich sie schlagen. Dann dachte ich daran, was wir eben zusammen erlebt hatten, und wußte, daß sie recht hatte. Jetzt, als ich mit ihr zusammen gewesen war, war es ein Augenblick des reinen Glücks, nicht nur Dinah zu ficken, die ich so sehr liebte, sondern eine jüdische Soldatin, eine harte Phantasiegestalt, eine Frau, der eine Uzi-Maschinenpistole am Körper klebte, die in mein Haus kommen konnte, wann immer sie wollte, um mich zu verhaften, die meinen Vater erniedrigen konnte. Vielleicht lag es an unserem Streit, vielleicht an Dingen, die viel tiefer gingen, Dinge, wie sie nur Bunim in all ihrer grausamen Simplizität vorbringen konnte. Ich hatte es wirklich mehr genossen als gewöhnlich. Im selben Augenblick, wo sie ihre beschissene Uniform anzog, war sie zehnmal stärker als Asuri, der Franz' Erbschaft angetreten hatte und ein Flüchtling in seinem eigenen Land geworden war. Auf eigenartige Weise machte mich das stärker als sie, eben weil ich keine Uniform trug. Natürlich auch unermeßlich viel schwächer. Und wenn Asuris Vettern jenseits der Grenze Uniformen und Waffen hatten, machte mich das stärker und gleichzeitig absolut unterlegen. In welche Richtung ich auch schaute, ich saß in der Falle. Ich mußte die Uniform meiner Mutter vögeln, um meinen Vater zu töten.

Danach versuchten wir zu vergessen. Wir tranken kaltes Bier aus dem Kühlschrank. Dinahs Mutter kaufte das Tuborg speziell für mich. Dinahs Vater kam herein und sagte gereizt, »Hör mal, Josef, vielleicht dürfen wir auch mal unsere Soldatentochter sehen? Seit man sie eingezogen hat, haben wir sie nicht mehr gesehen. Du kannst ja später wiederkommen.« Ich sah ihn an, er tat mir leid, aber ich sagte, »Ich gehe, wenn sie es mir sagt.« Dinah saß nackt da, nur in ihren Militär-Parka gehüllt. Es war nicht besonders kalt, aber sie zitterte und sagte kein Wort. Ihr Vater schaute sie an, voller Sehnsucht nach seiner einzigen Tochter, aber sie versuchte, ihn nicht zu sehen, und mich auch nicht. Er war ein feinfühliger Mensch. Er war verletzt und ging hinaus, um mich nicht sehen zu lassen, wie sehr ich ihn gekränkt hatte. Ich erzählte Dinah von Chava und Asuri, damals in Tel-Aviv, als ich fünf Jahre alt war, und sagte, »Stell dir mal vor, wie oft sie gezwungen waren, das Haus zu verlassen, vor einem anständigen Menschen wie deinem Vater zu stehen und zu fühlen, daß sie nicht erwünscht waren.« Sie weinte lautlos. Ich wußte, daß sie nur ein bißchen bei ihren Eltern sein wollte, nicht gegen mich, nicht ohne mich, sondern mit ihnen zusammen, damit sie sie ein wenig verwöhnten. Im Bett war sie eine Frau, aber wir waren beide noch Kinder. Sie war ein achtzehnjähriges Mädchen, das gerade nach einer harten Ausbildung von vier Wochen auf Urlaub gekommen war. Ihr Vater sollte stolz auf sie sein und ihr sagen, wie hübsch sie in ihrer Uniform aussah, damit sie sagen konnte, »Das stimmt doch nicht, das redest du nur so daher. Ich hasse diese Uniform.« Aber zu mir konnte sie nicht sagen, daß sie ihre Uniform haßte. Das konnte sie nur jemandem wie ihrem Vater sagen, und das machte mich wütend. Vielleicht war das der Grund, daß ich im Koran las, als sie anrief. Seit Jahren lag er in meinem Zimmer, ich hatte ihn noch nie gelesen. Ich wußte, was geschehen würde, ich erriet es. Es kann einen manchmal verrückt machen, wenn man weiß, was passieren wird. Diese ganze Situation war schon einmal durchlebt worden, ich kannte sie auswendig; sie wußte, daß ich es wußte. Es machte sie wütend, daß sie nach den Regeln spielen mußte, die ich für sie erfunden hatte. Das war, als sie mich vom Busbahnhof aus anrief.

Ich saß lange bei ihr, wir redeten, während ihre Eltern warteten. Sie war so müde, daß sie einschlief, während ich sprach. Ihr Vater kam herein, legte ihr die Hand auf die Stirn und sagte, »Sie ist erschöpft. Du weißt nicht, wie hart die Grundausbildung ist. Sie schinden sie zu Tode.« Ich sagte ihm, ich wisse es. Er schaute mich an und sagte, »Du solltest jetzt gehen. Du hast uns nicht viel übriggelassen.« Und Dinahs Mutter, die mich auf ihre Art mochte, deshalb aber nicht weniger feindselig war, versuchte, ihren wachsenden Zorn im Zaum zu halten. Sie sagte, »Du hast doch schon alles bekommen, was du wolltest, nicht wahr?«

15

Als Asuri anfing, auf der Straße vor dem Café Kassit zu stehen, düster und beherrscht, wie ein stiller schwermütiger Vorwurf, brauchte ich ihn als Herausforderung. Ich fuhr in die Wüste, saß zusammen mit Rami und Dinah und war eifersüchtig auf alle und jeden. Asuri war für mich eine Notwendigkeit, weil ich ihn liebte. Ich brauchte ihn, um mich von dem entsetzlichen Zwang zu befreien, immer meine Grenzen zu kennen, zu wissen, wie weit ich gehen durfte und wo die Linie gezogen war. Je mehr ich Rami und Dinah peinigte, umso enger brachte ich sie zusammen. Eines Tages rief Dinah Franz an und sagte ihm, sie wolle mich unten im Hof sprechen. Ich ging hinunter. Der Garten, den Käthe hatte entstehen sehen, war naß vom Regen, der über Nacht gefallen war. Dinah saß zusammengekauert auf einer Bank. Vielleicht wollte sie mich hier treffen, damit sie sich nicht dabei ertappen mußte, wie sie vom Balkon herab nach einer Liebesbank für uns beide suchte. Sie bewegte sich kaum, während sie sprach, ihre Augen waren auf eine Lücke zwischen den Häusern fixiert, durch die man das Meer sehen konnte. Die See war stürmisch, und ein Schiff segelte in Richtung Aschdod. Dinah sagte, »Ich möchte Rami heiraten.« Ich reagierte nicht. Ich hatte nichts zu sagen. Sie sagte, »Er ist das Schönste, was mir je passiert ist. Er kam mit deiner Empfehlung zu mir. Du bist in die Wüste gefahren, um dort dein Spiel mit einer dänischen Touristin zu treiben.

Deshalb konnte ich ihn treffen, du bist verantwortlich für diese Heirat. Hättest du mich so nehmen können, wie ich bin, wäre ich heute nicht so allein.«

Ich erzählte ihr, ich hätte Asuri auf der anderen Seite der Dizengoffstraße gesucht und könne ihn dort nicht finden. Sie sagte, »Du weißt doch, daß er nicht mehr kommen wird. Wie lange soll er denn auf dich warten?« Ich sagte, ich hätte mein Leben damit verbracht, auf sie zu warten. Wenn man auf jemand warten will, dann wartet man. »Jetzt wirst du melodramatisch, Josef«, sagte sie. »Du und warten? Du hast nicht auf mich gewartet, du wolltest mich zerbrechen. Warum haben wir uns denn getrennt? Du hast gesagt, du würdest mich niemals heiraten, weil ich Chava bin. Du würdest in meinen Augen den Tod von Käthe und Chava sehen. Ich bin weder Käthe noch Chava, ich bin Dinah, und ich will einen eigenen Mann und ein eigenes Heim und alles, was dazugehört.« Ich schaute sie an. Sie war verlegen und abweisend. In der Ferne, an der Straßenecke, sah ich Ramis Haarschopf. Der arme Kerl versteckte sich hinter einem Stapel Bretter, den die Bauarbeiter dort liegengelassen hatten. Ich wußte nicht, ob sie gekommen war, um mich um Erlaubnis zu bitten, Rami zu heiraten, oder ob sie darauf hoffte, ich würde es ihr verbieten. Ich sagte, »Dinah, ich kann dir nicht sagen, was du tun sollst, ich kann dich nicht aufhalten.« Sie flüsterte, »Doch, du kannst es«, und stand auf. Wir sahen einander an, und ich sagte ihr, »Du weißt, wo du mich finden kannst, wenn du es willst. Sage Rami, er muß deshalb nicht aufhören, ins Kassit zu kommen, ich mag ihn gern, aber aus dieser Sache wird nichts Gutes herauskommen. Vielleicht werde ich endlich doch noch die Wüste rot anmalen, und dann verschwinde ich von hier.«

Ich ging nicht zur Hochzeit und später, als sie sich scheiden ließen, ging ich auch nicht zu Rami, um ihn zu trösten. Franz war traurig, Gertrude hatte ihn bereits in ihrem Netz gefangen. Das Haus stand leer. Asuri kam nur noch selten. Ich mußte an Chava denken, meine Mutter von Asuris Seite, und an ihre Liebe. Wie sie beide mich in

Tel-Aviv aufgezogen hatten, mich nach Akko, nach Haifa und zur Partei mitgenommen hatten. Chavas Körper war am Verdorren, nachts saß sie bei einer Flasche Wein, bereit, den glorreichen Tod zu sterben, der ihr gebührte, und den sie gegen kleinliche Bitterkeiten und Niederlagen eingetauscht hatte, die sie frühzeitig altern ließen. Zu Asuri sagte sie, »Schau mich an, ich falle auseinander. Josef wächst in einem fremden Land auf, umgeben von Feindseligkeit«, aber Asuri sagte, »Das kommt dir nur so vor. Ich arbeite, ich habe angefangen, an der Universität von Haifa zu lehren, vieles ist besser geworden, der Kampf geht weiter, auch wenn ich nicht länger daran teilnehme. Juden und Araber sind eine Geschichte, und wir beide sind eine andere.« Nein, sagte sie, das sei nicht wahr, es sei die gleiche beschissene Geschichte, und Franz sagte, »Vergessen wir doch, was gewesen ist, warum muß alles so sein, wie es ist?« Und Chava sagte, »Ich kann in einem Leben doch nicht gleichzeitig als Jüdin leiden, die dazu bestimmt war, als Lampenschirm auf dem Tisch von Ilse Koch zu enden, und als Objekt für den Haß dieser Flüchtlinge, die den Staat übernommen haben, für dessen Entstehen ich gekämpft habe, der mich so, wie ich bin, nicht haben will, und der meinen Sohn zurückweist. Die sehen mich an und denken, ich hätte meine Seele dem Feind verkauft, einen jüdischen Körper in einem arabischen Basar verkauft; ich fühle mich erniedrigt. Josef führt ein Doppelleben, das ihn zerstört, auch wenn er es noch nicht gemerkt hat. Er sagt, ich bin ein Israeli, ich bin ein Jude, mein Name ist Josef Rosenzweig, nicht Asuri, nicht Scharara. Rosenzweig. Aber wer bin ich?« Da sagte Asuri, »Wozu ist Franz nach Palästina gekommen? Damit sein Enkelsohn in Paris aufwächst?«

Ich dachte an sie, als Dinah aufstand und mich allein im Garten zurückließ. Ich war sicher, daß Franz mich mit einem Buch in der Hand verstohlen vom Fenster aus beobachtete. Er trug seit einiger Zeit eine Brille. Bald würde Gertrude ihn in die Arme schließen, deren drei fette Töchter unbedingt die Tantchen von Franz Rosenzweigs arabischem

Enkelsohn sein wollten. Ich erinnerte mich, daß die Leute in Akko gesagt hatten, Asuri wäre von der jüdischen Krankheit befallen. Erst viel später fand ich heraus, daß Asuri nach Deutschland gefahren war, um die Deutschen zu zwingen, Chavas Wiedergutmachungsgelder auszuzahlen. Chava selbst hatte gesagt, »Meine Eltern haben ihren Besitz mitgenommen, und die Deutschen können mir nicht zurückgeben, was ich verloren habe.« Aber Asuri fuhr trotzdem hin; ja, er bestand sogar darauf zu fahren. Er traf seine Jugendfreunde wieder, die versuchten, ihm alle Schwierigkeiten aus dem Weg zu räumen. Aber vielleicht waren es genau die Schwierigkeiten, die er gesucht hatte. »Was bedeutet dir diese Jüdin?« wurde er gefragt. Gekränkt sagte Asuri, »Sie ist meine Frau.« Er kam nach Israel zurück und brachte die Wiedergutmachungsgelder mit, die sein Anwalt für ihn herausgeschlagen hatte. Chava weigerte sich, dieses Geld anzurühren, und es wurde schließlich als Treuhandvermögen für mich in der Schweiz hinterlegt. Eine ordentliche Summe kam da zusammen für Chavas Sohn. Chava wußte davon, ich auch. Später sagte ich einmal höhnisch zu Asuri, »Du hast Chava wegen dieser deutschen Wiedergutmachungsgelder geheiratet.« Dinah ertrug alle möglichen Kränkungen und wartete, aber wie lange konnte sie warten? Sie warf mich aus der kleinen Wohnung am Nordau Boulevard, für die ich Kaution und Miete bezahlt hatte, in der sie jetzt mit Rami lebte. Als sie kam und mir Geld aufdrängen wollte und sagte, sie und Rami würden mir die Wohnung abkaufen, erklärte ich ihr, das komme nicht in Frage. Kurz bevor ich mit dem Piloten des kleinen Flugzeugs losfliegen wollte, um endlich die Wüste rot zu färben, kam Rami zu Franz nach Hause und redete die ganze Nacht auf mich ein. Er versuchte, mir zu erklären, daß er sie liebe, daß sie zusammenlebten; er wisse, sie würde mich immer lieben, aber auf keinen Fall könne er mit ihr in einer Wohnung leben, die mir gehörte. Ich solle endlich nachgeben. Ich sagte zu ihm, »Schau mal, Rami, deine Mutter ist tot, dein Vater hat dich im Stich gelassen, Geld hast du keins, Dinah hat die besten Jahre ihres Lebens an mich vergeudet; jetzt hat sie dich. Ihr beide paßt gut zueinander. Ich habe sogar aufgehört, euch nachzustellen. Was ist mir denn geblieben von dir und Dinah? Nur diese Wohnung. Laßt mir doch dieses bißchen Gefühl der Zugehörigkeit. Versuch mal, es so zu sehen: Stell dir vor, du hättest eine Witwe geheiratet. Der Mann ist tot, und die Wohnung gehörte ihm. Was hättest du getan? Ich bin der verstorbene Ehemann.«

Rami setzte Dinah unter Druck, aber sie wollte die Wohnung nicht verlassen. Im tiefsten Innern wußte ich, daß sie froh war, weil ich die Wohnung behalten wollte. Zwar heiratete sie Rami, aber ich sollte nicht von der Bildfläche verschwinden. Hin und wieder rief sie mich an und sagte, die Miete sei erhöht worden oder es gebe Reparaturen, und die Nachbarn meinten, das sei Sache des Hauswirts. Ich erschien dann als der Retter mit dem Geldbeutel. Sie nahm mein Geld gerne an, obwohl Rami hätte zahlen können, er verdiente gut; aber sie gab viel Geld aus, kaufte sich Kleider, eine teure Stereoanlage und Schallplatten, weil sie gerne Musik hörte. Ihre Gedichtbände wurden veröffentlicht, die Zeitungen schrieben über sie, sie wurde im Fernsehen interviewt und offiziell als kraftvolle Dichterin anerkannt. Wenn ich einen Sohn hätte, würde er jetzt auf dem Gymnasium die Gedichte auswendig lernen, die sie in unserem Privatcode über mich geschrieben hatte. Ihr gefiel der Gedanke, daß ich sie beide aushielt, und das war auch Rami klar, er war ja kein Narr; nach Asuri war er der letzte der großen Romantiker, und er verstand es sehr gut. Sie brauchte meinen Haß, um ihre Liebe zu schützen. Genausogut kann Asuri erzählen, was er will, er ist nicht deshalb nach Deutschland gefahren und hat dort Chavas Wiedergutmachung durchgesetzt, weil er glaubte, es stehe ihr zu, sondern weil er ihr beweisen wollte, daß er die Deutschen besiegen und sie zwingen konnte, ihm Geld für ein jüdisches Mädchen auszuzahlen. Schon mit sechzehn durchschaute ich Asuri vollkommen. Später, als ich die Affäre mit Laila hatte, kam er öfters in ihre Wohnung auf dem Karmel, genau einen Stock über der Wohnung der alten Polin, die die ganze Nacht über religiöse Lieder spielte. Sie liebte Laila, und mich betrachtete sie wie eine gütige Puffmutter, die schon zu alt ist, ihre Klienten persönlich zu betreuen. Immer wieder sagte Asuri zu Laila, »Du vergeudest deine Zeit, Laila, Josef bleibt nicht bei dir, er gehört einer anderen Frau.« Dann ging Laila ins Nebenzimmer und weinte, weil sie mich wirklich liebte und die Wahrheit, die Asuri ihr vor Augen hielt, nicht ertragen konnte. Nichts, was ich ihr sagte, konnte sie beruhigen. Damals wurde mir klar, daß Asuris Charakter viel komplizierter war, als es den Anschein hatte. Er, der in seinen schriftlichen Abhandlungen jedes Wort vorsichtig und objektiv formulierte, der sich öffentlich für eine Koexistenz zwischen Juden und Arabern aussprach, gehörte gleichzeitig einer Partei an, an die er ebensowenig glaubte wie ich. Asuri sicherte sich ab. In Wirklichkeit aber war er frei von dem Fluch seiner Generation, von den Träumen über die Rückkehr der Umajjaden, dem falschen Pomp der Vergangenheit. Trotzdem hatte er eine etwas romantische Einstellung gegenüber den arabischen Freiheitsbewegungen. Sie ermordeten in einem Kibbuz mehrere Kinder. Die Worte, mit denen er dieses Verbrechen verurteilte, klangen nicht besonders überzeugend. Vielleicht bewunderte er tief in seinem Herzen die verbissene Zielstrebigkeit, die ihm fehlte. Manchmal, wenn ich ganz ehrlich mit mir bin, wenn ich versuche, diesen tragischen Konflikt zu verstehen, für den so viele Patrioten beider Seiten ein Patent angemeldet haben, als hätten sie ihn persönlich erfunden, glaube ich, daß die Kluft zwischen den gemäßigten Lagern – und Asuri ist wirklich ein Gemäßigter – erheblich tiefer ist, als zwischen den verschiedenen Extremisten, denn der eigentliche Kern des Konflikts ist Chava, das geplünderte Land, die uralten Wunden und etwas, das noch tiefer geht. Das Europa von Franz brannte lichterloh, Chava sprang aus dem Feuer und landete bei Asuri. Sie verlieh seinen Brüdern, meinen Onkeln, eine neue Identität, die sich während des Kampfes herauskristallisierte. Das Feld wurde den Extremisten überlassen, und der Krieg, das weiß ich genau, wird sehr lange dauern und sich über Generationen hinziehen. Halbe Maßnahmen bringen keine Lösung. In diesem Spiel wird es einen Gewinner geben müssen, und sein Sieg wird gleichzeitig eine Niederlage sein. Der Sieger, wer immer es ist, wird an sich die Narben tragen und keinen Frieden finden, weder für sich, noch für seine Feinde.

Chava und Asuri versuchten, eine Brücke zu bauen, aber im Bett baut man keine Brücken. Sie saßen auf der dünnen Naht zwischen beiden Seiten und das einzige, was dabei herauskam, war Josef, also ich. Sie saßen in einem Netz, und was immer sie auch taten, war zum Scheitern verurteilt. Sie hatten die Wahl; sie hätten in Paris bleiben können, aber dort wäre Asuri sein Leben lang ein Fremder geblieben. Er wollte in seinem eigenen Klima leben, in seinem eigenen Land. Chava gehörte nirgends hin, sie hätte ohne weiteres einen französischen Sohn aufziehen können, und heute muß ich ihr, und nicht Asuri, recht geben. Vielleicht liegt hier die Wurzel meines Zorns gegen ihn. Er hat mir einen ehrenhaften Ausweg vorenthalten, einen möglichen Zufluchtsort. Als mir klar wurde, daß ich hier nicht bleiben mußte, daß ich flüchten konnte, weggehen und von dem Geld leben, das dort für mich angelegt war, war es bereits zu spät. Ich war schon ein Teil dieses beschissenen Landes geworden und des Fluches, der auf ihm lastet. Heute, während ich diese Zeilen schreibe, lebe ich an keinem wirklichen Ort. Ich existiere und bin mir selbst und meiner Umgebung ein Fremder. Am Zeitungskiosk sehe ich Israelis, die hebräische Zeitungen kaufen; ich schaue sie an, höre zu, wie sie sich auf Hebräisch unterhalten; sie kennen mich nicht, und es besteht keine Gefahr, daß einer mich erkennen könnte, aber trotzdem gehe ich hinter den Kiosk und warte, bis sie weg sind. Dann kaufe ich arabische Zeitungen, ägyptische, syrische und libanesische und gehe nach Hause in meine kleine Wohnung, um dort meinen Krieg allein weiterzuführen. Ich habe keine feste Freundin. Manchmal treffe ich mich mit französischen Bekannten, die glauben, ich sei ein Libanese aus Beirut, der sich mit Import-Export befaßt, ein Kunstliebhaber; manchmal gehe ich ins Theater oder in die Oper. Der Dichter, den ich die ganze Zeit lese, ist Heine, der deutsche Jude, der sein Judentum und sein Deutschtum liebte und haßte, der in Paris lebte und sich an sich selbst rächte, Liebesgedichte und Anklagen gegen sich selbst schrieb. Wahrscheinlich bin ich der einzige lebende Mensch, der noch nach den Lektionen sucht, die Heine in Paris hinterlassen hat. Paris ist eine launische Stadt, viele Fremde sind hier untergegangen und in Vergessenheit geraten. Paris hat längst den Verbannten vergessen, der hier hier seine ironischen Sticheleien schrieb, seine traurigen jüdischen Gedichte, seine deutschen Liebeslieder. Ich weiß, daß ich ihn hier nicht finden werde, aber ich suche weiter. Ich stelle mir vor, ich wäre ein israelischer Heine, ich wartete hier auf das Wunder, das mich rettet, damit ich zurückkehren kann – aber wohin? Kehre ich zurück, werde ich Zoll für meinen Verrat entrichten, keinen erheblichen Verrat, aber immerhin ein Verrat. Ich werde einen Preis zahlen müssen, der mir sogar jetzt, während ich diese Zeilen schreibe, unannehmbar erscheint. Ich weiß genau, wer die Leute sind, die mich suchen. Wenn ich mit Freunden telefoniere, verstehe ich den Wink, den sie mir zu geben versuchen, aber ich tue so, als verstünde ich ihn nicht, sogar jetzt, wo die Begegnung, die alles zum Explodieren bringen wird, nahe bevorsteht, bin ich ganz ruhig und gelassen. Falls die Begegnung, auf die ich warte, tatsächlich stattfindet und ich mich wieder demselben alten Fluch ergebe, kann Bunim Recht behalten. Er wird auf mich warten und sagen, »Ich wußte ja, daß er eines Tages zurückkommt. Und jetzt wird dieser falsche Jude, dieser nicht-arabische Araber bezahlen.« Bunim hat einmal zu mir gesagt, »Wenn ich ein Araber wäre, nicht so ein Araber wie du, sondern ein stolzer, selbstbewußter Araber, würde ich mich der *Fatah* anschließen.« Darauf beehrte ich ihn mit meinem unterwürfigen ›arabischen‹ Lächeln und fuhr mit meinem Bericht fort, was sich in den Lagern von Jassir

Arafat abspielte, was ich dort sah, und was sich noch ereignen würde. Er warf mir einen verächtlichen Blick zu und sagte, »Es gibt keinen Araber, der nicht käuflich ist, du brauchst nur deinen Preis zu nennen.« Er starrte vor sich hin, und ich wußte genau, was er dachte. *Und wie viele Juden gibt es, die nicht käuflich sind? Seit wann sind Stolz und Patriotismus spezifisch jüdische Eigenschaften?* Er muß sich sehr einsam gefühlt haben in seinem verzweifelten Bemühen, die Ungerechtigkeiten, die er beging, zu rechtfertigen. Aber sein Gewissen quälte ihn nicht. Er hatte die Menschlichkeit, zu der er vor langer Zeit erzogen worden war, längst abgelegt, um Leute wie Asuri zu unterdrücken, um immer recht zu behalten, auch wenn er im Unrecht war, weil auch auf der anderen Seite genügend professionelle Rechthaber standen, jeder von ihnen ein Bunim. Die Welt ist voller Bunims, und ich sterbe hier allein und voller Heimweh. Hätte Asuri mich nur hier aufwachsen lassen, denke ich, dann wäre ich heute ein französischer Künstler und hätte nicht diese tiefe Wunde, aus der die Tränen auf dieses Buch fallen. Vielleicht wird es gelesen, ich aber schneide es mir aus dem Fleisch.

16

Mein Augenblick des Ruhms war der Flug über die Wüste. Wir starteten von einem kleinen Flugplatz in der Nähe von Beer-Schewa. Ami, der Pilot, fragte mich, wo ich all die Farbe aufgetrieben hätte. Ich erzählte ihm, ich hätte für das ganze Projekt eine Subvention erhalten, und der Hersteller hätte die Farbe gestiftet. Wir flogen zu einem Punkt, den wir im voraus markiert hatten, und ich begann, die Farbe zu versprühen, die ich im Laufe des letzten Monats in einer verlassenen Militärbarracke mit durchlöcherten Wänden aufgemischt hatte. Eine Woche lang flogen wir jeden Tag etwa fünf Stunden. Ich hatte die Nase voller Farbe. Die Luft war rot von der Farbe. Ami lachte und setzte sich eine Schutzmaske auf, aber ich nicht. Allmählich begann das riesige Viereck, das ich abgesteckt hatte, sein Aussehen zu verändern. Das Rot sank ein und erblühte über dem Sand, den Steinen und der spärlichen Vegetation wie ein Pflanzenteppich. Es hatte lange gedauert, bis ich einen geeigneten Platz gefunden hatte. Ich hatte einen Monat damit verbracht, das Gelände zu vermessen und eine Fläche von anderthalb Quadratkilometern mit Nylonbändern einzuzäunen. Eine solche Fläche gleichmäßig mit Farbe zu besprühen, war harte Arbeit und teuer. Es gab Stellen, wo die Farbe ein bißchen dünn war, aber wer jemals mitten in der Wüste ein riesiges, knallrotes Viereck gesehen hat, das sich scharf von dem flammenden Gelb der Umgebung abhebt, welches allmählich in sanftes Grau übergeht und dann kraß und drohend zu den Gipfeln einer Bergkette aufsteigt, kann sich das Glück vorstellen, das mich bis zum Überlaufen erfüllte und so dick aus mir herausquoll, daß ich es beißen konnte. Ich brauchte niemanden, nur dieses riesige Viereck, das Flugzeug und das Panorama.

Ami begriff nicht genau, was ich da machte, aber er brauchte das Geld, und ich glaube, er mochte mich ganz gern. Er gehörte zu derselben Armeeinheit wie Rami, und Fliegen war sein Hobby. Bevor er zu Ramis Spezialeinheit gekommen war, hatte er an einem Lehrgang für Kampfpiloten teilgenommen, aber ohne Erfolg. Man hatte das damit begründet, daß er nicht genügend Angst habe, und das sei gefährlich. Er war der mutigste Mensch, den ich je kennengelernt habe, in sich gekehrt und verschlossen. Er wohnte in einem kleinen Häuschen in Ramat Hanegev, neben einer Straßenkneipe, die einem Freund von ihm gehörte. Nachts gabelte er oft eine hübsche Touristin auf und ließ sie an seinem Seelenfrieden teilnehmen. Er wollte auch mich für seine Frauenbekanntschaften interessieren, aber während des Monats, in dem ich an meinem roten Viereck arbeitete, dachte ich an nichts anderes. Am Abend zog ich mich in mein Zelt neben der abgelegenen Straßenkneipe zurück und fiel sofort in tiefen Schlaf. Ich träumte nicht einmal. Morgens kam Ami und weckte mich lächelnd mit einer Tasse Kaffee, bevor wir in die Straßenkneipe gingen, in dessen Räumen noch die Gerüche der Ausschweifungen der letzten Nacht eingeschlossen waren. Ich konnte die Touristinnen und die Hippies riechen, die auf dem Weg nach oder vom Sinai hier vorbeigekommen waren, und mit denen Ami hier die Nacht verbracht hatte. Deutsche, Engländerinnen, Norwegerinnen, Schwedinnen und Däninnen. Ami starrte am Morgen ins Leere, und ich konnte mir ein genaues Bild von dem machen, was sich in der Nacht zuvor ereignet hatte, wie er gelangweilt eines der Mädchen aufgelesen, sie zum Bier eingeladen und dann in sein Häuschen mitgenommen hatte, das innen wie ein Palast aussah. Er hatte sich einen offenen Kamin gebaut; darauf grillte er

Fleisch und kochte Kaffee. Danach spielte er auf seinem Banjo. Morgens fuhren wir zum Flugplatz, stiegen auf, und ich versprühte Farbe, bis das Viereck fertig war. Ami verabschiedete sich von mir und sagte, Rami und Dinah hätten angerufen, um zu fragen, wie ich vorankomme. Sie hatten vor, eine Reise zu machen. Ich bat ihn, er solle ihnen sagen, sie sollten es mich wissen lassen, wenn sie Geld bräuchten. Ami lächelte. Vielleicht war ihm als einzigem klar, daß ich die Rechnung für die Affäre zwischen Rami und Dinah bezahlte. Dinah ermunterte Rami, sein ganzes Geld auszugeben, um eine Situation herbeizuführen, wo ich erscheinen und bezahlen würde. Es war ein Spiel, das wir spielten, Dinah und ich. Ami lachte und fragte mich, ob ich ihn mit Laila bekanntmachen könnte. Ich sagte ihm, er solle nach Haifa fahren, Grüße von mir ausrichten und ihr sagen, ich hätte endlich die Wüste der Juden erobert und zum Bluten gebracht. Er lächelte spöttisch, aber nicht ohne Zuneigung. »Josef ist ein toller Kerl«, sagte er zu seinen Norwegerinnen, Däninnen und Schwedinnen. »Er ist den ganzen Tag mit dem Flugzeug unterwegs und malt die Wüste rot an.« Ich gab ihm eine Woche Urlaub und lief tagelang in der glühenden Sonne herum, zog die Plastikbänder heraus und brachte sie weg von dem Viereck. Als Ami zurückkam, flogen wir einen ganzen Tag lang über dem Viereck herum und fotografierten es. Ich machte sechshundert Aufnahmen, und sogar Ami sagte, es sähe schön aus, besonders am Spätnachmittag, wenn die Schatten über die Wüste kriechen, der Abend sich mit dem Rosa und Violett des Sonnenuntergangs nähert, das Viereck sich verdunkelt, voller Kraft, enorm im Vergleich zum Weiß der Wüste, die immer noch die letzten Sonnenstrahlen aufsaugt.

Ich baute die Mikros auf. Die große Vorführung konnte beginnen. Ich verschickte Einladungen an die Presse und an Kunstkritiker. Zeitungen berichteten, ich hätte die Wüste rot gefärbt, die Leute waren interessiert. Rami hatte, ohne mich zu fragen, ein paar Prominente aufgetan, wir charterten ein paar Flugzeuge, das Happening sollte an einem Samstag stattfinden, einem Samstag im späten Frühling. Dann kam ein Jeep der Naturschutzbehörde, gefolgt von einem Jeep der Grenzpolizei. Sie teilten mir mit, ich hätte das Gebiet sofort zu verlassen, es sei militärische Zone, die Armee würde jetzt hier Übungen abhalten. Asuri hörte davon und reiste an. Kassem und Laila, die er angerufen hatte, sagten, die Sache interessiere sie nicht, meine Spielereien mit israelischer Kunst wären meine Privatsache und hätten nichts mit dem nationalen Kampf zu tun. Rami versuchte, die öffentliche Meinung zu mobilisieren, Dinah schrieb einen scharfen Artikel. Sogar ein Fernsehteam erschien, machte Aufnahmen und interviewte mich. Ich war bedroht, verwirrt und verliebt in mein Viereck, ich wollte den Augenblick erleben, von dem ich so viele Jahre geträumt hatte, aber es half alles nichts. Vor mir stand ein breitschultriger Mann mittleren Alters. Ich wußte, daß er ein berühmter ehemaliger Armeeoffizier war, unter dem Rami einmal gedient hatte. Jetzt arbeitete er für die Naturschutzbehörde. »Es tut mir leid«, sagte er. »Die Gegend ist zum militärischen Sperrgebiet erklärt worden. Hier werden Manöver mit Panzereinheiten abgehalten. Du kannst mir dankbar sein, daß du der Wüste nicht ihre natürliche Farbe wiedergeben mußt.« Sein Ton war aggressiv, und ich konnte hören, daß es ihm Vergnügen machte, mir zu zeigen, wer hier zu bestimmen hatte und wem diese Wüste gehörte. Ich sagte ihm, man habe hier noch nie Übungen abgehalten. Er sagte, »Es ist nicht deine Sache, wo die Armee ihre Übungen abhält und wo nicht. Du dürftest davon gar nichts wissen. Der Staat Israel ist nicht entstanden, damit ein Araber die Wüste anmalt.« Was ihn ärgerte, war die rote Farbe. Er wußte, wessen Blut es war. Er war aggressiv, aber in seiner Stimme klang ein trockener Humor mit, das Gefühl seiner Macht über mich bereitete ihm grimmiges Vergnügen. Nicht, daß er mich an einem Baum aufhängen wollte, aber er sagte mit beißender Ironie, die mir nicht entging, die Syrer würden vielleicht einem Juden erlauben, ihre Berge rot zu färben, allerdings erst, nachdem sie ihn aufgehängt hätten. Rami kam und fing an, mit ihm zu streiten. Abends meldete das Fernsehen, ein arabisch-israelischer Maler kämpfe um das Recht, in der Wüste ein umweltbezogenes Kunstwerk zu schaffen. Ein Kampf entbrannte zwischen den Journalisten beider Lager, die einen waren für, die anderen gegen mich. Der ehemalige Offizier siegte, und er wußte von vornherein, daß er siegen würde. Er versuchte nicht einmal zu erklären, warum sie gerade dieses Viereck Wüste unter Tausenden anderer für ihre Manöver brauchten. Er wollte mir zeigen, wer hier die Macht hatte, und er zeigte es mir. Ami hatte Mitleid mit mir und fuhr zum Oberkommando des Südbereichs. Dort sagte man ihm, die Entscheidung sei gefallen und nicht mehr rückgängig zu machen. Später kam heraus, daß die »nicht mehr rückgängig zu machende« Entscheidung von Ramis ehemaligem Kommandeur an Ort und Stelle getroffen worden war. Er mochte mein Viereck nicht, es beleidigte ihn. Die Beduinen aus der Umgebung kamen, um mich zu trösten. Ich sah die offenen Wunden in ihren Augen, den Schmerz, den wir teilten, aber sie fühlten sich nicht wirklich wohl mit mir. Dinah versuchte auch, mich zu trösten. Leute, die ich nicht kannte, stellten mir Fragen, aber Bunim sagte mir am Telefon, »Es ist eine verlorene Sache, Josef; komm zurück und fang wieder mit der Arbeit an. Nach dem nächsten Krieg kannst du die Wüste anmalen, vielleicht erobern wir dabei noch eine Wüste. Dann hast du einen noch größeren Sandkasten zum Spielen.« Wenn ich heute zurückschaue auf das, was passiert ist, und versuche, mein Leben neu zu programmieren, so als wüßte ich, was ich falsch gemacht hatte, wo ich gestolpert war, als könnte ich noch einmal leben, dann weiß ich, daß dies der Augenblick meine größten Demütigung war. Ich stand dem Mann in der Wüste gegenüber und sah, daß nichts mir helfen würde. Er hatte bereits mit kalter Bösartigkeit entschieden, daß kein Araber eine jüdische Wüste anmalen würde. Es war erniedrigender als alle Durchsuchungen in Flughäfen und Autobussen, erniedrigender als Asuris Erzählungen von Enteignungen und Requisitionen, von seinen Onkeln, die von ihren Haustüren aus auf die grünen Felder der Kibbuzim blickten, auf den Grund und Boden, den man ihnen weggenommen hatte, erniedrigender als die Geschichten von Kassem und Laila und meiner anderen arabischen Freunde, erniedrigender als das große arabische Klagelied, das aus dem Land der jüdischen Flüchtlinge aufstieg. All das war noch irgendwie verständlich, es war Krieg, es gab Kämpfe, gerechte und ungerechte, jüdische Flüchtlinge gegen arabische Flüchtlinge, alles oder nichts. Ich weiß, Gerechtigkeit schmerzt. Ich habe es auf beiden Seiten erlebt. Unverzeihlich bleibt der Augenblick, als ich mit der effizienten Feindseligkeit hinter der unschuldigen und freundlichen Maske dieses netten Naturliebhabers konfrontiert wurde, Vater von zwei kleinen Mädchen, ehemaliger Offizier, beliebt bei Journalisten und Künstlern, ein echter Pionier und barfußiger Farmjunge. Er liebte sein Land und war für seine Klugheit, ja sogar für seine gemäßigten Ansichten, bekannt. Er war gar nicht einmal besonders gemein oder böswillig, aber der Gedanke, daß gerade ich der Künstler sein wollte, der seine Wüste mit Farbe besprühte, paßte ihm nicht ins Konzept. Und so war meine ganze Arbeit verlorene Mühe. Ein paar Tage später kam Wind auf, und die Farbe begann sich zu verflüchtigen. Weit und breit war kein einziger Panzer zu sehen, wie mir Ami später erzählte. Er sagte, »Schau mal, Josef, das ist ein eigensinniger Mann, und wenn er etwas nicht will, dann ist nichts zu machen.«

Dinah schrieb noch einen Artikel, Rami sammelte Unterschriften für eine Eingabe, aber es hatte alles keinen Sinn. Ich saß in meinem Zelt, ich wollte nicht nach Hause; wenn keiner bei mir war, weinte ich. Ich spürte den Haß anschwellen, dessen Wurzeln in mir seit meiner Kindheit gewachsen waren, anschwellen und hart werden, bis er wie ein Buckel auf meinem Rücken saß. Ich sagte mir, jetzt ist Schluß, mit denen arbeite ich nicht länger zusammen. Ich fuhr nach Hause und schloß mich in Käthes altem Zimmer ein. Franz versuchte, mit mir zu sprechen. Er war so wütend, daß er zitterte, wenn er davon sprach, was dieser Mann mir angetan hatte. Ich ging zu Bunim und sagte, »Bunim, ich arbeite nicht mehr für dich«, und Bunim sagte zu mir, »Du kannst nicht einfach aufstehen und weggehen. Es wird eine Untersuchung geben.« Ein junger Mann mit netten Augen und sachlichem Auftreten erschien, um mit mir zu sprechen. Er schaute mich interessiert an, er hatte von mir gehört, er hatte in den Zeitungen von meinem Kampf in der Wüste gelesen. Ich hatte das Gefühl, daß er mich verstand. Im Gegensatz zu Bunim gehörte er dem Mossad an, ohne ein Kreuzfahrer oder Jesuit zu sein. Er ging mit mir ins Nebenzimmer und ließ Bunim zähneknirschend in seinem Büro zurück. Ich erinnere mich noch genau an dieses Gespräch, es dauerte Stunden. Er sagte, »Du weißt doch, daß man nicht einfach gehen kann. Du bist aus freiem Willen zu uns gekommen, du weißt zuviel.« Ich sagte ihm, »Ihr könnt mich ja *verbrennen*.« Er tat so, als verstünde er nicht. »Was meinst du mit ›verbrennen‹?« fragte er, und ich sagte, »Ihr könnt den Terrororganisationen gegenüber durchsickern lassen, daß ich für euch gearbeitet habe, und die erledigen dann alles andere. Bei meiner ersten Auslandsreise legen sie mich um.« Er sagte, »Josef, so was tun wir nicht.« Ich sagte ihm, »Du weißt und ich weiß, daß ihr es tut und immer tun werdet. Ich nehme es euch nicht einmal übel, es ist nun mal euer Job. Was ich nicht verstehen kann, ist Gemeinheit um ihrer selbst willen. Dieser ehemalige Offizier hätte mich nicht daran hindern dürfen, mein Happening zu veranstalten.« Der junge Mann sagte, er würde mich verstehen, es sei aber Unfug, mich selbst zu isolieren. Nach einem Gespräch, das die ganze Nacht dauerte, und bei dem mir bei all seiner Freundlichkeit klar wurde, daß man mich tatsächlich *verbrennen* würde, wenn ich nicht zur Arbeit zurückkehrte, beschlossen sie, mich zu einem weiteren Gespräch in eines ihrer Quartiere, dem berühmten *Palast*, mitzunehmen. Dort hingen in einem gemütlichen Zimmer Reproduktionen von Cézanne und Manet an den Wänden; ich saß mehreren Männern gegenüber. Einer von ihnen trug eine dunkle Brille. »Sie sehen aus, wie ein Spion im Kino«, sagte ich zu ihm. Er lächelte höflich und starrte weiter durch mich hindurch auf die Wand. Ein freundlicher junger Mann unterhielt sich mit mir über konzeptionelle und konkrete Kunst. Er verstand wirklich etwas davon. Schließlich kamen wir zum Thema. Sie könnten mich nicht einfach laufen lassen, sagten sie, eine Bindung müsse bestehen bleiben. Ich hatte Angst, verbrannt zu werden. Das volle Ausmaß meiner Erniedrigung wurde mir erst später bewußt. Ich hatte Zeit, über den ehemaligen Offizier und seinen starren, gleichgültigen Blick nachzudenken; dieser vergrößerte Rami, der genau wie Bunim zuviel Krieg mitbekommen hatte und abgestumpft war. Vielleicht war das bei allen der Fall, vielleicht war es eine vererbte Krankheit, ausgelöst durch den Geruch der Feuer. Ich weiß es nicht. Ich sagte, »Gut, ich gehe zurück an die Arbeit, aber noch nicht sofort.« Man ließ mich gehen, aber ich durfte das Land nicht verlassen. Wenn ich ins Ausland wollte, mußte ich sie informieren. In der Zwischenzeit, so sagten sie, würden wir in Verbindung bleiben. Bunim knirschte mit den Zähnen und sagte, »Ihr werdet es bedauern, wenn ihr ihn gehen laßt.« Sie sagten zu mir, »Geh nicht fort, bleib in der Nähe, halte Kontakt mit uns, und sage uns Bescheid, wenn du wieder mal die Wüste anmalen willst. Wir haben Beziehungen, wir können dir helfen.« – »Siehst du«, sagte Bunim mit höhnischem Grinsen, »wir kümmern uns um unsere Araber.« Ich versuchte zu lachen, aber es gelang mir nicht, und in diesem Augenblick kam es mir vor, als hätte ich Nissan draußen auf dem Korridor vorbeigehen sehen. Ich bin nicht ganz sicher, ob er es war, aber ich dachte mir: Eines Tages werde ich sie alle hier treffen, Rami und Dinah und Franz und Käthe und meinen Lehrer Jakobowski und meine Mutter Chava.

Heute weiß ich, daß es wirklich Nissan war. Heute weiß ich auch, daß Bunim den ehemaligen Offizier angerufen und ihm gesagt hatte, »Was höre ich da? Ihr erlaubt den Arabern, im Grenzgebiet Umweltkunst zu betreiben.« Der frühere Offizier hatte Bunim gefragt, wovon er rede. »Dieser

Josef will die Wüste rot anmalen, das vergossene Blut unserer Soldaten entehren und über eine Lautsprecheranlage Hetzreden halten. Dafür müssen wir ihm nicht unsere Wüste geben. Wenn er etwas zu sagen hat, soll er es in die Zeitung setzen, eine Wüste voll mit Blut wird viel zuviel Aufsehen erregen.« Der ehemalige Offizier sagte, er wisse nichts davon und rief Ami an, und Ami erzählte ihm alles. Ami wußte schon eine Woche vorher, was passieren würde, aber er ließ mich weitermachen und sagte kein Wort.

17

Heute kommt mir alles wie ein Witz vor. Die panische Flucht vor den Organisationen, die haarsträubende Jagd in einem VW-Kombi durch die Straßen von Kopenhagen, die zwei jungen Männer, die man in israelischen Medien als *Angehörige der Minderheit* bezeichnet hätte, die mich verfolgten. Sie hatten von vornherein keine Chance. Sie hielten die Leute auf der Straße an, um nach dem Weg zu fragen. Ich entkam ihnen mit kränkender Leichtigkeit. Heute, in Paris, mache ich mir Gedanken über die Liebe. Ich denke an meine Mutter Chava, die erklärt hatte, die Liebe sei zehn Minuten nach neun gestorben. Das war, als sie vor der Leiche ihrer Mutter stand. Danach klammerte sie sich an Asuri, um sich zu retten, und begann zu sterben.

Ich sitze in einem kleinen Café am Centre Pompidou. Von weitem ist der Leierkasten zu hören, der für den Feuerschlucker aufspielt, und ich erinnere mich an die Liebe. Aus weiter Entfernung umarme ich die Liebe und fühle, wie ihre Krallen mich umschließen. Als ich noch an der Bezalel-Akademie in Jerusalem studierte, kam dort ein amerikanischer Regisseur an. Er beschloß, mit uns den *Dybbuk*, ein klassisches Melodrama aus dem russischen Ghetto, herauszubringen. Als Übung in Bewußtseinserweiterung. Und wen wählte er für die Rolle des Chanan, des toten Liebhabers, der am Hochzeitstag seiner früheren Verlobten in sie fährt und von ihrer Seele Besitz ergreift? Mich! Dinah war damals auf einem Lehrgang für Offiziere, aus dem man sie später meinetwegen hinauswarf, und sie kam, um sich das Stück anzusehen. Sie war als einzige davon überzeugt, daß die Rolle des Chanan genau zu mir paßte.

Während ich ihn spielte, dachte ich an meine Mutter. Nicht daran, wie sie mit dem Leben in ihrem neuen Land zurechtgekommen war, nicht an ihre Kindheit, erfüllt von Träumen nach einem anderen Ort, und der Eifersucht auf die Schönheit ihrer Mutter. Ich dachte an die Frau, die mich für Asuri geboren hatte. Ich dachte an Chava inmitten britischer Panzerwagen in Jerusalem, der geteilten Stadt, an den Kampf zwischen Juden und Briten, an die Schüsse von allen Seiten, an die Heldin wider Willen. Als Chava und Asuri zum Einwohnermeldeamt gingen, um sich dort als Ehepaar einzutragen (Asuri hat das in einem Tagebuch festgehalten, das ich manchmal lese), sagte eine Frau zu Chava, »Sehen Sie, meine Liebe, Sie sind ein Problemfall. Die Zeit wird das Problem lösen, aber nicht zu Ihren Gunsten.« In Paris kamen die Teufel ihrer Mutter sie heimzusuchen. Asuris Heimweh erfüllte sie mit einer dunkeln Angst, er würde anfangen, zu sehr wie ein Araber zu fühlen. Ich muß lachen, wenn ich daran denke, daß Asuri im Grunde nur ein freier Mensch sein wollte, ein Kommunist, der Nationalismus verabscheut. Chava fragte ihn, wonach er eigentlich Heimweh hätte; Olivenbäume gebe es auch in der Provence. Sie sah, wie die Straßen mit den gallischen Namen in ihm den Enkel des reichen Arabers wachriefen, der in der Bucht von Akko große Ländereien besaß. Asuri hängte über seinem Schreibtisch ein Bild von Akko auf. Chava hängte ein Bild von Tel-Aviv an die Wand, aber sie hatte kein Heimweh danach. Der Kampf zwischen ihnen war ein Spiel, das sie beide brauchten. Einer beschuldigte den anderen, um sich gegenseitig zu beweisen, daß ich außerhalb des Teufelskreises der Gegensätze aufwuchs, den sie zu durchbrechen versuchten. Chava sagte Asuri, er wolle jüdischen Boden mit den Zähnen zermalmen, und er sagte, jüdischen Boden gebe es nicht. Sie stritten über den Zionismus und die arabische Nationalbewegung, als bräuchten sie eine Waffe, um das Feuer zu löschen, das in ihnen brannte. In dieser Stadt, die mit der Liebe herumspielt wie ein gelangweilter Gourmet mit einem teuren Essen, liebten sie sich so sehr, daß sie glaubten, ihre Liebe wäre der Grund für ihre Kämpfe. Sie verglichen die Sehnsucht ihrer Vorväter nach Zion mit Asuris Sehnsucht nach Palästina. Aber Sehnsucht ist nicht meßbar, und jede dieser überflüssigen Diskussionen endete damit, daß sie einander noch näher kamen. Ich war damals drei oder vier Jahre alt und weiß das noch genau. Als ich im *Dybbuk* den Chanan spielte, versuchte ich, wie ein Jude aus der alten, vorzionistischen Zeit zu fühlen, und schon damals schreckte mich Asuris Gesicht aus meinen Träumen auf. Nie habe ich eine so gewaltige und verwünschte Liebe gekannt, wie die meiner Eltern, eine Liebe, die sie verzehrte und in den Wahnsinn trieb. Vielleicht waren sie sich zu spät begegnet, vielleicht war es der Fluch von Franz und Käthe, der auf ihnen lastete, vielleicht war es meinetwegen, das Kind, das nicht Chava, sondern ihre Mutter hätte gebären sollen – ich weiß es nicht.

Darum hörte es sich so seltsam an, als Chava vor dem Leichnam ihrer Mutter sagte, »Die Liebe ist zehn Minuten nach neun gestorben.« Auch auf dem Sterbebett hatte Käthe nie die zerbrochene Uhr abgenommen, für sie war die Zeit in jenem schrecklichen Augenblick stehengeblieben, als sie in Palästina ankam. Sie sagte immer, ›Hier will ich nicht bleiben‹, sagte aber nie, wo sie gern gewesen wäre. Sie haßte dieses Land so unmäßig, daß sie sich tagelang in ihr Zimmer einschloß, noch bevor sie so krank wurde, daß man sie ins Krankenhaus bringen mußte. Als sie im Sterben lag und alle um ihr Bett herumstanden, sah sie aus wie ein bei lebendigem Leibe aufgespießter Schmetterling, der noch ein wenig zitterte. In ihren Augen lag ein Lächeln; das Ende ihres Leidens war in Sicht, und sie wollte es auskosten. Zwei Tage lang lag sie im Sterben, den letzten Lebensfaden in der Hand. Es war ein trauriger Anblick, aber nicht ohne Schönheit.

Chava stand am Bett und bat ihre Mutter um Verzeihung, aber Käthe tat so, als hörte sie nicht, nicht aus Grausamkeit, sondern aus Geistesabwesenheit. Vielleicht empfand sie in den Tiefen ihres sterbenden Bewußtseins so etwas wie Mitleid für ihre Tochter. Mit Sicherheit begriff sie nicht, wofür Chava sie um Verzeihung bat. Der Anblick von Asuri machte sie zornig. Ihr Gesicht verzerrte sich vor Wut, als sie ihn sah, aber offensichtlich erinnerte sie sich nicht mehr, worüber sie so wütend war. Sie fragte, wer ich sei. Als sie es ihr sagten, fragte sie auf Deutsch, »Wessen Sohn? Wer ist mein Sohn?« Und dann verlor sich plötzlich ihr klarer Blick, sie streckte die Arme aus, ihr Leben begann abzulaufen, als wollte es ihr entkommen; sie versuchte, es noch ein wenig länger festzuhalten, um den herannahenden Tod auszukosten. Ihr Gesicht war mit einem Mal so schön wie der zerbrochene Wasserspiegel einer Quelle, und dann sahen wir ihre Seele entschwinden.

Chava sagte zu Asuri, »Deine erste Liebe weigerte sich, mir zu verzeihen.« Damals haßte sie Asuri. Sie drückte meine Hand so fest, daß es mir weh tat.

Kaum hatte ich meine Rolle als Chanan im *Dybbuk* zu Ende gespielt, warf man Dinah aus dem Offizierslehrgang hinaus. Bei einer Diskussion mit ihren Offizieren hatte sie sich für einen palästinensischen Staat Seite an Seite mit dem Staat Israel eingesetzt, mit den nötigen Sicherheitsgarantien und dem gegenseitigen Respekt für die Rechte beider Seiten. Einige gaben ihr sogar recht, aber es gab auch jemanden, dem es nicht gefiel, daß sie mit einem Araber zusammenlebte. Sie sagte nicht, daß ich Josef Rosenzweig heiße und im *Dybbuk* mitspiele. Heute erwähnt Dinah die militärische Episode ihrer Biographie nicht mehr. Damals wäre sie gern Offizier geworden und war entsetzt, als man sie meinetwegen aus dem Lehrgang hinauswarf. Später heiratete sie Rami, den süßen Rami, Liebling aller jüdischen Mütter, die mich als Junge aus dem Hause warfen, wenn ich meine Freunde besuchen kam und bei ihnen Musik hören wollte. Ich dachte überhaupt nicht daran, daß ich Araber war, aber die Mütter wußten es. Sie sagten, »Du mußt jetzt gehen, Josef.« Und ich rannte nach Hause zu Franz und weinte. Er schaute mich an mit Augen, in denen Käthes Teufel wüteten, und versuchte, mich zu trösten.

In der fünften Schulklasse schrieb ich einmal einen Aufsatz über die Fruchtbarmachung der Wüste. Unsere Lehrerin gab uns die Stichworte vor: Die Wüste, die Sümpfe, der Widerstand der Beduinen und Araber, die Pioniere, die Siedlungen des Barons Rothschild. Ich schrieb, wir seien in eine unwirtliche Einöde gekommen, voller Sümpfe, wir bekamen Malaria und wollten das Land besiedeln, fruchtbar machen, das einzige, das wir jemals besessen hatten, und auf das seit unserer Verbannung niemand Anspruch erhoben hatte. Ich schrieb über die gemeinen Araber, die nachts unsere Heuschober niederbrannten, über die tapferen zionistischen Pioniere. Es war ein dramatischer Aufsatz, aber die Lehrerin erlaubte mir nicht, ihn der Klasse vorzulesen. Als ich ihn Asuri vorlas, brach er in lautes Gelächter aus. Ich war wütend, ich wollte mich an den gemeinen Arabern rächen.

Ich sagte zu Asuri, »Wir werden alle Araber erschießen – bum, bum, bum«, und er sagte, »Al jahud fil surmaja – die Juden sind unter meinen Schuhsohlen«, ein Ausdruck, den Araber gebrauchten, als ihnen die Türken im ersten Weltkrieg freie Hand mit den Juden ließen. Ja, ich kenne die ganze Geschichte auswendig, sie rinnt in meinen Adern, und sie hängt mir zum Halse heraus.

Zweitausend Jahre lang gab es dort Araber, aber kein Land, schon gar kein Palästina. Die Juden hätten kommen können, aber sie kamen nicht. Die Tragödie begann, als die Juden sich zu spät erinnerten, und die Araber in Palästina plötzlich erkannten, daß sie eine Nation für sich waren. Ein Nationalismus nährte den anderen. Gerechtigkeit gehört Gott allein. Ich fische nach Erinnerungen an Käthe. Ihr Todestag, der Tag, an dem meine Mutter sagte, die Liebe sei zehn nach neun gestorben. Käthe ließ die Zeit stillstehen, sah die Welt wie durch einen Schleier und trug eine Uhr ohne Zeiger am Handgelenk. Sie sah uns voller Staunen und mit unterdrücktem Zorn an und begann zu zerfallen. Sie ließ den Tod in sich hinein, ihre Seele verschwand. Meine Mutter sagte, »Die Liebe ist zehn nach neun gestorben.« Sie klammerte sich an Asuri, sie drückte meine Hand, sie umarmte mich so fest, daß ich fast erstickt wäre. Franz stand da wie ein preußischer Offizier, grotesk und unpassend. Die Szene am Totenbett war vorüber, und wir traten hinaus in das grelle israelisch-palästinensische Licht, rieben uns die Augen wie nach einer Nachmittagsvorstellung im Kino, Franz ging aufrecht, nur Asuri sah aus wie ein alter gebrochener Jude.

Wir gingen zu Franz ins Haus. Gertrude hatte einen kleinen Imbiß vorbereitet. Franz – ein kleiner Hiob, der seine Eltern, seine Schwester, seinen Sohn und jetzt auch seine Frau verloren hatte – versuchte, sich an den Gedanken zu gewöhnen, daß sein Haus jetzt Käthe-frei war. Er sagte, »Käthe hat ein Testament aufgesetzt. Sie hatte darauf bestanden, Ernst kommen zu lassen, der Anwalt war, und hatte das Testament in seiner Gegenwart niedergeschrieben. Ernst ist tot, aber das Testament ist weiterhin gültig, und wir müssen es jetzt verlesen.« Ich verstand nicht, warum Franz nicht noch ein paar Stunden hatte warten können. Franz war in formellen Dingen ein Pedant. Asuri saß in einem Armsessel und tat so, als lese er die Zeitung. Er fühlte sich unbehaglich, machte sich Sorgen über Chava, über Chavas Schuldgefühle ihrer Mutter gegenüber. Er war immer der Mast unseres gestrandeten Schiffes gewesen.

Ein paar Freunde waren gekommen: Mosche, der Sekretär des Sinfonieorchesters, Walter Steppe aus Jerusalem mit seiner Frau und noch ein anderes Ehepaar. Gertrude nähte schon im Geiste an ihrem Hochzeitskleid. Einmal hatte ich eine hübsche Teetasse, aus der Käthe trank, zerbrochen. Als sie am Wochenende nach Hause kam und in ihrem seidenen Morgenrock durch die Wohnung ging, zählte sie die Scherben, die von ihr abfielen, und sagte zu mir, »Kind (sie nannte mich nie beim Namen), ich bin eine zerbrochene Tasse, meine Scherben liegen hier auf dem Boden, eins, zwei, drei, vier.«

Franz verlas das Testament. Es endete mit den Worten: Ich möchte verbrannt werden. Meine Scherben sind schon zu Staub zerfallen. (Hier fing sie an, Hebräisch zu schreiben.) Starke Sonne. Hartes Land. Meine Asche auf Akko werfen. Das Kind in Akko geboren. Dort kleine Zeremonie nur mit Familie, wenn jemand Gedicht vorlesen will, kann er. Eure unterwürfige Käthe Rosenzweig.

Alle schwiegen. Franz stand immer noch da wie eine Vogelscheuche und starrte auf das Bild von Klee. Der Rahmen mußte abgestaubt werden. Chava sagte, »Josef ist in Paris geboren, nicht in Akko.« Niemand beachtete sie, wir dachten alle an Käthe. Chava wußte, sie hätte das nicht sagen sollen. Die Tränen in ihren Augenwinkeln machten es auch nicht besser. Asuri begann mit übertriebenem Zorn zu argumentieren, das Testament einer offenbar geistesgestörten Frau dürfe nicht anerkannt werden. Aber Franz bestand darauf, Käthes letzten Willen auszuführen. Alle Anwesenden fühlten, daß das Testament Franz und Asuri betraf, Asuri mehr als jeden anderen, obwohl sein Name gar nicht erwähnt war. Franz sagte, »Wir haben sie nie verstanden, Asuri, und wenn sie uns darum bittet, müssen wir es für sie tun.« Er sprach mit der gleichen festen und zornigen Stimme, wie damals, als er in meiner Sache mit dem Generalstabschef sprach und ich draußen im Gang wartete. »Sie bekommt, was sie will, so schwierig es auch sein mag«, fügte er hinzu. »Nicht schwierig, sondern grausam«, sagte Chava, und Franz sagte, »Nein, nicht grausam. Wir – ich war grausam, nicht sie.« Und Chava sagte, »Ich war es«, und er sagte, »Nein, nicht du, Chava, nicht du – wir, Asuri und ich.« Er verließ das Zimmer. Tief in ihrem Herzen war sich meine Mutter Chava bewußt, daß sie der Kitt gewesen war, der Franz und Asuri an Käthe gebunden hatte. Als Käthe starb, fühlte sie, daß das Leben keinen Sinn mehr hatte. Es ist schon komisch, wie Frauen ihre Gefühle verdrehen können und einen Feind heiraten, weil sie ihren eigenen Zorn mißverstehen. Ich schaute ihn an und mußte an Dinah denken. Natürlich.

Franz wußte, was er tat. Chava klammerte sich weinend an Asuri, als wollte sie in ihn hineinkriechen. Sie haßte ihn so sehr, wie sie ihn liebte. »Nur deinetwegen sind all diese Katastrophen über uns hereingebrochen, auch die, daß wir überhaupt hergekommen sind«, sagte sie und Asuri wußte nicht mehr, welche Katastrophen sie eigentlich meinte.

Chava war bewegt von dem mitleidvollen Blick, mit dem Franz Asuri ansah, als er wieder ins Zimmer kam, wie er ihm den Arm um die Schultern legte und ihn zu sich zog. Asuri hatte sich in Franz festgesetzt, Chava in Asuri, und Asuri fühlte, daß er Chava genau an Käthes Todestag verlor. Chava umarmte mich ganz fest, vielleicht wegen der klaffenden Wunde, die sich in ihr auftat. Hundert Generationen von Kundschaftern, von Raubrittern, sowohl Lateiner als auch Araber, hatten Asuri mit seiner dunklen orientalischen Haut und den Augen wie nordische Seen gelehrt, großartige Träume mit Vorsicht aufzunehmen, so wie die Auferstehung der Umajjaden und den Zionismus, der zwangsläufig eine Verbindung von Gebeten und Grausamkeiten darstellte, von Ghetto und Verteidigungsministerium mit Kammermusik. Mit einem Mal fühlte er sich noch verlorener als sonst. Er dachte daran, daß man Käthes Asche bald über der Stadt ausstreuen würde, von der er Chava einmal gesagt hatte, sie sei so schön und gehöre ihr.

Alles war bereit. Franz war ein Mann mit Beziehungen und viel Geld. Türen öffneten sich, und Augen wurden zugedrückt. Das Bestattungsinstitut verdiente mehr daran, daß es Käthe nicht begrub, als wenn es sie begraben hätte. Man stellte eine Genehmigung aus, die Leiche nach Deutschland zu überführen. Ein untadeliger orthodoxer Rabbiner in einer Kleinstadt bei Hamburg stellte einen Begräbnisschein aus. Käthes Asche kam in einer Urne zurück, verpackt in einer Kiste mit der Aufschrift *Hochgiftig. Abzuliefern an Professor Franz Rosenzweig persönlich.* Die Hafenarbeiter hatten Angst, die Kiste zu berühren, und Franz fuhr nach Haifa, um sie abzuholen. An einem schönen warmen Tag fuhren wir nach Akko an einen Ort, den Asuri auswählen mußte. Von dort aus konnten wir die Stadt sehen, die sich längs des Ufers erstreckte, und deren Türme und Minarette in den letzten Strahlen der Abendsonne funkelten. Die See war so glatt wie Seide. Franz verstreute die Asche unter einem alten Feigenbaum gegenüber der alten Mauer, zwischen Rhododendren und Nesseln, und bedeckte sie mit trockenen Feigenblättern. Ich war ein Kind und fürchtete mich. Was war aus meiner schönen Großmutter geworden! Franz verlas Auszüge aus den Psalmen – auf Hebräisch. »ER vergibt deine ganze Schuld, heilt all deine Gebrechen. ER rettet dein Leben vor der Vernichtung, krönt dich mit Huld und Erbarmen.« Chava, abseits von den anderen, sang ein Schubert-Lied. Asuri las eines von Käthes Lieblingsgedichten vor, *Schöne Wiege meiner Leiden* von Heine.

Schöne Wiege meiner Leiden,
Schönes Grabmal meiner Ruh,
Schöne Stadt, wir müssen scheiden, -
Lebe wohl! ruf ich dir zu.

Lebe wohl, du heilge Schwelle,
Wo da wandelt Liebchen traut;
Lebe wohl! du heilge Stelle,
Wo ich sie zuerst geschaut.

Hätt ich dich doch nie gesehen,
Schöne Herzenskönigin!
Nimmer wär es dann geschehen,
Daß ich jetzt so elend bin.

Nie wollt ich dein Herze rühren,
Liebe hab ich nie erfleht;
Nur ein stilles Leben führen
Wollt ich, wo dein Odem weht.

Doch du drängst mich selbst von hinnen,
Bittre Worte spricht dein Mund;
Wahnsinn wühlt in meinen Sinnen,
Und mein Herz ist krank und wund.

Und die Glieder matt und träge
Schlepp ich fort am Wanderstab,
Bis mein müdes Haupt ich lege
Ferne in ein kühles Grab.

Die Sonne ging unter. Asuri deklamierte das Gedicht langsam und in seinem akzentuierten Deutsch. Ich fürchtete mich und trat näher an die Asche. Franz' Augen waren trocken, der Wind begann, die Asche zu verwehen, Kirchenglocken läuteten und die Glocke eines Fischerbootes, das auf die Mole von Abu Christo zusteuerte. Ich sagte, »Du warst die Größte und Gebrochenste und Wundervollste von allen, du hast nie mit mir gesprochen, und so habe ich dir nichts zu sagen. Gelobt sei der Herr, unser Gott, König der Welt, ich bin der Josef.« Und dann lief ich davon. Franz rannte mir nach, umarmte mich und sagte, »Sie hat dich geliebt, Josef.« Aber ich wußte, daß er log. Ich schaute ihn an. Der ganze Kummer, der sich weiter in ihm ansammeln sollte, erhärtete sich bereits in seinen Augen. Er nahm alle unsere Tränen in sich auf. Ich habe nie jemanden gekannt, der soviel Kummer in sich aufnehmen und ihn unter dem Kragen verstecken konnte. Ich fühlte in mir eine große Leere, die Schatten krochen langsam den Baum hinauf, der Wind wehte, und das Meer kräuselte sich. Chava, deren Liebe vor einem Monat um zehn nach neun gestorben war, ließ sich von Asuri in die Arme nehmen und sagte, »Auch wenn alles vorbei ist, bist du das einzige, was ich habe. Die Frage ist: Wie lange noch?« Ich fragte sie, »Mutter, und was ist mit mir?« Und da sah sie mich plötzlich mit Käthes Augen an, blinzelte, und ich konnte erkennen, daß sie sich nicht erinnerte, wer ich war. Asuri nahm mich bei der Hand und sagte, »Schau mal, hast du jemals solch einen Sonnenuntergang gesehen?« Er versuchte zu lächeln, und Franz streute noch ein paar Blätter aus, um seine Liebe zuzudecken.

18

Nach der Beerdigung gingen wir alle ins Haus von Asuri. Eine alte Frau, die Asuris Tante oder die Schwester seiner Stiefmutter sein konnte, servierte uns *Kubbe*, Reisfleisch, köstlich duftende *Tahina* und Salate. Wir saßen da, Franz schaute aufs nächtliche Meer hinaus, und die Lichter von Haifa glitzerten in der Ferne. Chava ging hinauf ins Zimmer von Asuri im zweiten Stock und kam im weißen Kleid zurück. Sogar ich wußte, daß man nach einer Beerdigung Schwarz trägt. Noch heute kann ich mich an winzige Einzelheiten erinnern, an Blicke, die man austauschte. Asuri sagte, »Chava trägt jetzt auch Weiß.« Franz sagte, »Josef hätte auch Käthes Sohn sein können« und lachte. Es klang schmerzhaft und ironisch. Asuri nahm seine Hand und küßte sie wie ein kurzsichtiger polnischer Graf. Später fuhren wir zurück nach Tel-Aviv. Chava kam nicht mit. Ich erinnere mich, daß Mosche, der Freund von Franz, das Auto fuhr und Franz mich den ganzen Weg im Arm hielt. Ich erinnere mich dunkel an meine Rückkehr nach Akko. Chava und Asuri müssen damals dort gewohnt haben. Asuri fing plötzlich an, in der Bucht zu angeln, was er, soweit ich weiß, vorher nie getan hatte. Die Frau, die entweder eine Tante oder die Schwester der Stiefmutter von Asuri war, prüfte mein Arabisch und lachte mich aus, wenn ich ein Wort nicht wußte oder falsch aussprach. »Er spricht wie ein Jahudi«, kreischte sie, »er spricht wie ein Jahudi!« als sei das wahnsinnig komisch.

Chava begann ziellos in ihrem Zimmer umherzuwandern. Ich erinnere mich, daß ich eine andere Schule besuchte, nicht in Tel-Aviv. Von diesem Jahr habe ich nur eine verschwommene Erinnerung. Ich wurde umgeschult. Eine Zeitlang besuchte ich eine christliche Schule in Haifa, trug blaue Hosen, ein weißes Hemd und eine Jacke. Es war heiß, und die Kinder lachten mich aus. Am Abend saß ich unter dem Feigenbaum und hielt Ausschau nach Käthe, die mir unbegreifbar gewesen war. Ich wußte, was morgen geschehen würde. Ich sagte, »Morgen wird es regnen«, und die Kinder lachten mich aus. Dann regnete es wirklich. Man holte einen Zauberdoktor in die Schule, der mir den *Jinn* austreiben sollte. Asuri kam und brüllte den Direktor an, er wolle mich nicht in einer solchen Schule lassen, und meldete mich ab. Asuri war so wütend, wie ich ihn noch nie erlebt hatte. Chava nahm dauernd Medikamente, ihre inneren Verletzungen machten ihr zu schaffen, sie stöhnte nächtelang. Sie wurde ins Krankenhaus nach Tel-Aviv gebracht. Franz stand die ganze Nacht bei ihr, während man sie operierte. Mir sagte man, sie habe eine schwere Grippe, aber ich wußte, daß man ihr die Gallenblase herausnahm. Danach operierte man sie noch einmal, und sie begann wieder zu hinken. Sie machte einen Eindruck, als würde sie verwelken. »Ich denke zu schnell«, sagte sie zu mir – und ich erinnere mich an jedes Wort. »Die Worte laufen mir davon, ich laufe ihnen nach, aber ich kann sie nicht einholen. Ich trage Tote im Bauch mit mir herum; ich weiß, sie sind in Wirklichkeit gar nicht da, aber ich träume von Hilda, meiner Tante, die sich umgebracht hat, und die ich nicht einmal gekannt habe.« Asuri machte sich große Sorgen und war sehr streng zu mir. Ich war ihm immer im Weg, und die alte Frau, Tante Choury, lachte über mein Arabisch, obgleich Asuri sagte, ich spräche ein ausgezeichnetes Arabisch. Nachdem man Chava aus dem Krankenhaus entlassen hatte, nahm sie eines Nachts das Auto und fuhr ohne

Licht bis nach Rosch Hanikra. Sie wurde festgenommen, man nahm ihr den Führerschein ab. Sie weinte und sagte zu mir, »Kümmere dich um deine beiden Väter.« Franz kam mit Gertrude und der ältesten ihrer drei dicken Töchter, die mit dem Insektenforscher aus Kiriat Bialik verheiratet war. Gertrude versuchte, Chava mit Gemüsesuppen und Fleischbrühe mit Nudeln zu füttern, ihrer Meinung nach ein Allheilmittel. Und dann, eines Nachts, nachdem sie eine Flasche Wein getrunken und Pillen geschluckt hatte, versuchte Chava, sich die wenigen Zitronenbäume, die die Juden stehengelassen hatten, an den Leib zu kleben, aber sie konnte keinen Klebstoff finden. Sie sagte mir, »Ich erinnere mich an die Wörter, aber nicht an deren Sinn.« Dann schlief sie ein, eine Tasse Kaffee in der Hand, mit offenem Mund, wie eine alte Frau. Franz versuchte, sie zu überreden, mit ihm nach Tel-Aviv zu kommen. Asuri flehte sie an. Sie sollte ihm erlauben, mit uns nach Tel-Aviv zurückzukehren. Chava wollte unbedingt in Akko bleiben, wo ihr die Leute auf der Straße zunickten. Sie saß oft in dem riesigen Hof des alten Khan, unter den herrlichen Kuppeln und betrachtete durch die Torbögen die untergehende Sonne.

Sie weinte im Schlaf, ihre Augen waren müde und voller Angst. Eine Art klagender Hoffnungslosigkeit umgab sie, und Asuri kümmerte sich um sie. Franz kam fast jeden zweiten Tag. Einmal – ich erinnere mich dunkel – saß ich bei ihr, als Asuri nach Haifa gefahren war; sie sagte zu mir, »Da ist ein Mann mit einem Schnauzbart, der wetzt Bajonette und will dich töten.« Ich sagte, »Niemand will mich töten, Mutter.« Sie stieg voll angekleidet in die Badewanne, und als sie wieder herauskam, hatte sie sich Toilettenpapier um den Kopf und die Finger gewickelt. Nasse Papierfetzen fielen auf den frischgeputzten Fußboden. Tante Choury schloß sich in ihr Zimmer ein. Asuri kam nach Hause und sagte zu Chara, »Denke doch an das Kind.« Und sie sagte, »Er ist Käthes Kind, nicht meines«, danach nannte sie mich »Mahlers unehelichen Sohn« und sagte, »Darum singe ich.« Asuri fragte sie, »Seit wann singst du denn?« Da fing sie an zu singen, und sie schickten mich aus dem Zimmer, aber ich konnte durch die Tür ihre lauten Stimmen hören. Sie fing so laut an zu singen, daß sämtliche Nachbarn es hören konnten.

So ging es weiter bis zum Abend. Asuri rief Franz an, und Franz bat ihn, sie sofort nach Tel-Aviv zu bringen. Asuri kleidete sie an, nahm ihr das Toilettenpapier ab, setzte sie ins Auto und fuhr noch spät abends mit ihr nach Tel-Aviv. Sie sang den ganzen Weg, Asuri zitterte und rauchte eine Zigarette nach der anderen. In der Nähe von Kfar Vitkin griff sie ihm ins Lenkrad. Asuri wehrte sich, versuchte, auf die Bremse zu treten, aber sie hatte den Fuß dazwischen, sie kitzelte und zwickte ihn und kreischte ihm ein Lied von Mahler über tote Kinder ins Ohr. Er konnte sich unmöglich aufs Fahren konzentrieren. Plötzlich war sie stark, so stark, wie kleine Kinder manchmal sein können. Er versuchte, sie wegzustoßen, aber der Wagen geriet ins Schleudern, und er konnte nicht bremsen. Er versuchte, auf die Seite zu fahren, aber sie riß das Lenkrad herum, mit dem Fuß auf der Bremse; er trat ihr auf den Fuß, konnte aber das Auto nicht anhalten, und dann . . .

Und dann fand man sie in dem umgestürzten Auto, Chavas leblose Hände am Steuer, ihr Kopf zur Seite gedreht, Asuri lag zwischen ihren Händen und dem Lenkrad eingeklemmt, zerkratzt und mit blutendem Kopf. Ein alter Mann aus Kfar Vitkin alarmierte die Polizei. Sie kamen und trafen auf einen leichtverwundeten Araber und eine tote Jüdin in einem umgestürzten Wagen. Sie nahmen Asuri mit auf die Polizeiwache und brachten Chava nach Hadera ins Krankenhaus. Die Polizisten beschimpften Asuri; einer schlug ihn sogar, aber er starrte ins Leere und schien nichts zu sehen. Später erklärte einer der Polizisten einem jüdischen Journalisten, Asuri habe einen Schock erlitten und nichts gesagt. Er gab zu, man hätte ihn etwas unsanft angefaßt, aber »Sie müssen verstehen, was die sich dabei gedacht haben, was für einen Eindruck sie gewonnen hatten, eine hübsche blonde Jüdin und ein Araber am Steuer, der nur ein paar Kratzer hatte, und sie war tot, ohne daß ein Tropfen Blut zu sehen war«. Asuri kam schnell wieder zu sich. Er wollte sie sehen, aber man ließ ihn nicht. Man fragte ihn, wer ihre Familie sei, und er sagte, »Ich!« Darauf lachten sie höhnisch und fragten, »Wer noch?« und er sagte, »Professor Franz Rosenzweig.« Mitten in der Nacht kam Franz, kalt und sachlich wie nie zuvor, und brachte, als sei er auf das Schlimmste gefaßt, auch den Pathologen aus dem Krankenhaus mit und seinen Freund Mosche vom Orchester, um noch einen Zeugen zu haben.

Mit verächtlichem Blick maß Franz den Polizeibeamten, der ihm demonstrieren wollte, wie fürsorglich man sich um seine tote Tochter gekümmert und gleichzeitig diesen Araber auf seinen Platz verwiesen hatte. Er sagte kein Wort und ließ seinen Freund, den Pathologen, Chava untersuchen, während ein Polizeiexperte zusammen mit jemand vom Krankenhaus an die Unfallstelle fuhr, um sich das Auto anzusehen. Sämtliche Spuren bestätigten Asuris Aussage, aber plötzlich behauptete Asuri, wie ein Verrückter gefahren zu sein und die Schuld an dem Unfall zu tragen. Die Polizisten wollten ihn weiterreden lassen, aber Franz verhinderte es. Daraufhin fingen Franz und Asuri an, sich heftig zu streiten. Der Zeiger im Tacho stand immer noch auf zwanzig, und alles wies daraufhin, daß Franz recht hatte. Man legte Asuri Handschellen an und erlaubte ihm, Chava zu sehen. Er hüllte die Leiche in eine Decke und drückte ihr die Augen zu. Einer der Polizisten fuhr ihn wütend an, »Wer bist du denn, etwa ihr Vater? Dreckiger Araber!« Der Richter, dem Asuri vorgeführt wurde, sagte, das Beweismaterial weise eindeutig darauf hin, daß Asuri unschuldig sei: der Gesundheitszustand der Verstorbenen, die Position, in der die Leiche gefunden wurde, und auch der Stand des Zeigers im Tacho. Die Polizei tat alles, um den Richter zu überzeugen, daß Asuri schuldig sein müsse, worauf dieser leise sagte – aber Asuri hörte es genau –, »Ich schäme mich, Richter in einem Land zu sein, wo Leute wie ihr bei der Polizei seid.« Ein Sergeant, der draußen vor der Tür stand, sagte, »Bei solchen Richtern ist es kein Wunder, daß sich die Terroristen hier breitmachen, Schöngeister wie er bringen uns noch alle um.« Und ein anderer sagte, »Gebt mir diesen Araber für zehn Minuten, und er legt ein Geständnis ab, daß er auch seine Mutter umgebracht hat.« Keiner konnte verstehen, daß Chavas Gesicht völlig unverletzt geblieben war und keine Schnitte von Glassplittern aufwies, als ob sie – wie Franz sagte – ihren Tod so geplant hätte, daß er keine Spuren hinterließ, ohne zu überlegen, wieviel Leid sie damit Asuri zufügen würde, oder vielleicht war das sogar ihre Absicht gewesen. Franz hätte so etwas nie gesagt, wäre er nicht vom Schmerz überwältigt gewesen, nachdem er durch Käthes verdammte Spinnweben die Wahrheit erkannt hätte, jene Spinnweben, die sie seit ihrer Ankunft in Haifa vor dreißig Jahren in ihren Koffern aufbewahrt hatte.

Später sagte ich zu Asuri, »Meine Mutter wollte die Liebe ihrer Mutter töten, aber es gelang ihr nicht, und sie mußte den Preis dafür zahlen.« Der Autounfall war nicht die Todesursache, sie starb schon ein paar Sekunden bevor der Wagen sich überschlug, das hatte die Untersuchung eindeutig bewiesen. Ein paar Jahre später wollte ich ihn verklagen, aber die Sache war verjährt, und er hörte sich geduldig meine Anschuldigungen an und sagte dann, »Du bist wirklich ein grausames Kind, Josef.« Ich brach in Tränen aus und sagte, ich wisse genau, daß Chava schon vor dem Unfall tot gewesen sei, daß sie sich Käthes Tod ausgeliehen und ihn zu ihrem eigenen gemacht hatte. Das hätte es ihr ermöglicht, einfach zu verschwinden, mich im Stich zu lassen, mich allein aufwachsen zu lassen. Sie konnte sich nicht mit der Vorstellung eines Lebens in einem Land abfinden, in dem Käthe nicht leben wollte, obwohl sie darauf bestanden hatte, herzukommen.

Franz sagt mir immer wieder, Chava müsse betrunken gewesen sein, denn sie habe Asuri zu sehr geliebt, um so etwas im voraus zu planen. Er sagte, alle Beweise deuteten darauf hin. Sie habe in das Lenkrad gegriffen, Tabletten geschluckt, Wein getrunken, sie sei eine kranke Frau gewesen. Asuri hätte das Unglück nicht verhindern können. Aber sie habe nicht einmal gewußt, was sie getan habe. Und er fügte hinzu, »Meine arme Tochter. Sie hätte noch jahrelang leben können. Warum mußte sie nur die Lebensfeindlichkeit ihrer Mutter erben?«

Aber ich wollte Asuri die Schuld zuschieben. Irgendwie lag die Schuld bei ihm. Wäre er ein besserer Autofahrer gewesen, wäre er vorsichtiger gefahren, hätte es keinen Unfall gegeben. Hätte er meine Mutter glücklicher gemacht, wäre sie nicht gestorben. Und deshalb konnte ich zu ihm sagen, »Du warst in Koloniya, Asuri, und hast sie erschossen. Du hast sie getötet.« Und er schwieg. Er glaubte tief in seinem Innersten, er wäre doch an dem Tod der einzigen Frau schuld, die er je geliebt hatte.

19

Als ich schon bei Franz wohnte und Asuri uns zweimal in der Woche besuchen kam, sagte Franz einmal zu mir, »Fünfmal am Tag sehe ich den Tod vor Augen. Ich habe alles verloren, außer dir und Asuri. Warum mußt du das langsame Abtropfen meines Kummers stören?«

Ich wußte, daß es nicht anständig war, aber es half. Jeden Abend vor dem Einschlafen dachte ich an Asuri, Asuri, den ich liebte, meinen Vater von Chavas Seite. Ich stellte ihn mir als Scharfrichter vor, und ich bemitleidete ihn und mich selbst und meine Mutter und Franz und Käthe. Aber der Gedanke verließ mich nicht. Vielleicht half es mir, daß ich ihn verriet. Ich nahm Rache, wie Bunim mit seiner Schwäche für Bibelzitate sagen würde, *Auge um Auge*.

Zugehörigkeit hat ihren Preis. Käthe wollte Franz und Chava retten, darum bestand sie darauf, nach Palästina zu gehen, doch haßte sie das Land, auch als sie noch gesund war. Sie sagte, »Ich will in diesem Land nicht leben!« Darum blieb sie auch nach ihrem Tod nicht hier; darum ließ sie ihre Asche in alle Winde verstreuen, während ich zu Bunim überlief. Bunim gab mir in mancher Hinsicht die Antwort auf die Alpträume, die Franz quälten, auf die zerstörten Existenzen, die uns umgaben, auf die Wunden jener, die über keinen moralischen Maßstab verfügten, an dem sie das Leid von Asuri und seiner Brüder messen konnten. Nach allem, was sie durchgemacht hatten, was man ihnen angetan hatte, erschien der Schmerz der Araber, die in zweiundzwanzig arabische Länder gehen konnten, unbedeutend. Er zählte nicht. Ich wurde sehr jung gezwungen, meine Wahl zu treffen, vermutlich nach dem Tod meiner Mutter, und ich entschied mich für Franz und damit gegen Asuri. Asuri setzte mich nicht unter Druck, er widersetzte sich nicht meiner Entscheidung. Sie wurde nicht von heute auf morgen gefaßt und feierlich verkündet, sondern entstand allmählich und nahm schließlich feste Formen an. Asuri verstand, daß ich eine Wahl treffen mußte. Er erzählte mir sogar später, er habe diese Möglichkeit in Betracht gezogen, als er Chava drängte, von Paris nach Israel zurückzukehren. Auch aus diesem Grund sei er nach Deutschland gefahren, um Chavas Wiedergutmachungsgelder abzuholen. Vielleicht war es die Verschlagenheit eines schlauen Arabers, inmitten von administrativen Beschränkungen und Hausarrest, Polizeischikanen und Demütigungen einen jüdischen Sohn aufzuziehen, als eine Art Schild gegen die tägliche Diskriminierung und Verfolgung, die jeder Araber in Israel nicht nur akzeptieren, sondern auch noch rechtfertigen soll.

Eigentlich war es weniger ein bewußter Entschluß als eine Folge der Umstände, verständlich und nicht immer angenehm. Eine Weile wohnte ich noch bei Asuri, der in die Wohnung in Tel-Aviv gezogen war und viel Zeit mit Franz verbrachte. Gertrude war den ganzen Tag mit Wischen und Putzen beschäftigt. Sie warf Jona hinaus. Franz zahlte ihr eine Abfindung, und Jona verließ fluchend das Haus. Viele Jahre hatte sie Käthe treu gedient, und jetzt würde eine andere Frau inmitten der Spinnweben wohnen, die die dahinsiechende Königin hinterlassen hatte. Gertrude wollte Franz für sich allein haben, ihre Träume waren in Farbe und Breitwand gemalt. Ihre übergroße Nase schnupperte begierig. Allmählich begann ich, mehr und mehr Zeit dort zu verbringen. Asuri veröffentlichte sein neues Buch über die

Geschichte der arabischen Nationalbewegung, das von den einen mit Verwünschungen und Feindseligkeit, von den anderen aber mit Beifall aufgenommen wurde. Es gab Übersetzungen in mehrere Sprachen; Asuri war sehr gefragt, reiste nach Paris, New York und London, um Vorträge zu halten und an Seminaren teilzunehmen. Während er weg war, wohnte ich bei Franz, dann wurde ein Dauerzustand daraus. Franz wollte mich bei sich haben. Ich war alles, was ihm in dem leeren Haus noch geblieben war. Er fing an, in einem anderen, größeren Krankenhaus zu arbeiten, wo ihn alle den *Professor* nannten. Er hielt Vorträge bei internationalen Kongressen und unterrichtete an der Medizinischen Hochschule. Zeitweise war er Dekan. Ich ging zur Schule, die anderen Kinder kümmerten sich nicht darum, wer meine Eltern waren, ich erzählte keinem, daß ich Asuris Sohn war, und er hielt sich von der Schule fern. Wenn die Lehrer meinen Vater sprechen wollten, kam mein Großvater, aber die Mütter wußten Bescheid, es hatte sich durch den Sumpf der Latrinenparolen verbreitet. Wann immer ich eine Mitschülerin besuchte, deutete mir ihre Mutter an, es wäre jetzt Zeit, nach Hause zu gehen. Nie wurde etwas deutlich ausgesprochen, immer konnte man das Gesagte anders interpretieren. Ich war ein Kind, ich wollte mich als Teil der Gemeinschaft sehen, in der ich lebte. Ich bemühte mich, nicht an Asuri und Akko zu denken, an das Blut, das in meinen Adern floß, mich hinterging und verrückt machte mit diesen Träumen, die von dem berühmten Schwert von Abu-al-Misk ibn Kafur handelten, den ich nie gekannt hatte. Ich hatte einen Traum, der sich häufig wiederholte, von einem großen Haus auf einem Berg mit einem prächtigen Garten am Hang. Ich erzählte Franz davon, und er beschrieb mir den Garten von Abu-al-Misk Kafur Scharara. Seine Worte besaßen nicht die farbenprächtige Lebendigkeit meines Traumes, Franz beschrieb ihn mir als eine Art kunstvoll gewebten Teppich, der sich dreimal täglich zu einer Symphonie herrlicher Düfte spann. In meinem Traum wurde der Garten zu einem Schwert, erschaffen, um mich gegen namenlose Feinde zu verteidigen. Mit zwölf Jahren verliebte ich mich in Dinah, die eine Klasse unter mir war. Ich sah sie regelmäßig auf dem Schulhof, versuchte aber nie, mich an sie heranzumachen. Ich wartete, sie starrte mich an und lief davon; vielleicht wollte sie, daß ich ihr nachlief. Ich hatte Angst, meine Lüsternheit erschreckte mich. Ich stellte mir vor, ich hielte sie nackt in den Armen. Vielleicht, so dachte ich, war es der Araber in mir, der sie auf diese Art begehrte. Wann immer ich meinen Freund Giora besuchte, dessen Vater Nachie ein großer Gegner der Militärverwaltung im arabischen Teil Israels war, begrüßte sein Vater mich und führte lange Gespräche mit mir, in denen er erklärte, ich sei der Erbe zweier großer Kulturen. Einmal sagte er sogar, ich sei der jüdischste Jude, den er kenne. Als ich dreizehn wurde, zwang ich Franz, mir eine Bar Mitzwa zu machen. Es kamen Freunde und ein paar Verwandte, und Asuri stand ganz hinten in der Synagoge und hörte zu, wie ich den Abschnitt aus der Thora las. Im Rückblick erscheint mir das unnütz, aber unumgänglich. Der Rabbiner, der mich *Mischnajot* und *Haftara* gelehrt hatte, wußte nichts von mir, nur meinen Namen. Damals gab das Innenministerium noch keine *schwarzen Listen* heraus; der Rabbiner wußte nicht, daß mein Vater Araber war. Selbst wenn er es gewußt hätte, hätte er sich nicht weigern können, mich zum Bar Mitzwa zu machen, denn nach jüdischem Gesetz war ich Jude, weil meine Mutter Jüdin war. Nachie sagte immer zu mir, »Du bist eine Minderheit in deinem eigenen Land, du bist Jude, und du bist der Jude der Juden.« Diese Redensart, die ich von Nachie gelernt hatte, murmelte ich in stiller Wut vor mich hin, als Nachie mich im Zorn, den er selbst nicht verstand, aus dem Haus warf. Ich war zu ihm gekommen, um ihm nach dem Tod seines Sohnes mein Beileid auszusprechen. Giora und ich nahmen zusammen mit Gioras Vater an Demonstrationen teil. Wir gingen als Juden, und Asuri lachte und sagte, »Du demonstrierst für mich, Josef.« Ich demonstrierte nicht für Asuri, sondern für Giora und Nachie. Ich war nicht einmal sicher, ob die Araber nicht doch gefährlich waren, eine potentielle

Fünfte Kolonne, oder ob es wirklich eine gute Idee wäre, die Militärverwaltung mit all ihren Beschränkungen abzuschaffen. Die Bitterkeit und Enttäuschung, die Asuri stillschweigend in sich hineinfraß, war voll verzweifelter Sehnsucht nach Chava, während er einen Weg zu mir suchte, einen Weg, den Sohn zu erreichen, der immer weiter von ihm abrückte.

Ich war mir vollkommen darüber im klaren, daß Israel die zwangsläufige, wenn auch unmögliche Antwort auf den Holocaust war. Ich war von Kindern umgeben, deren Eltern den Holocaust erlebt hatten. Ihre Leidensgeschichten berührten mich viel stärker als meine Freunde, die normale Israelis sein wollten. Sie wollten nicht über *Sonderaktionen* der SS nachdenken, auch nicht an die Skelette, die Eichmann an das Institut für Rassenforschung geschickt hatte. Ich las alles über den Holocaust, was ich bekommen konnte, und identifizierte mich völlig mit den Opfern. Die Eltern vieler meiner Freunde sprachen von der Grausamkeit der Araber im Krieg von 1948, von Massakern und Folterungen. Einer von ihnen, dessen Sohn später im Juni-Krieg verwundet wurde, erzählte von Juden, deren Köpfe man auf Pfähle gespießt hatte. Von Zeit zu Zeit versuchte Asuri, mir seine Seite der Geschichte zu erzählen, aber ohne Leidenschaft und Überzeugung – über die Ausweisungen und Enteignungen, die Art, wie Juden die Araber zur Auswanderung *ermuntert* hatten, über das Massaker von Dir Jassin, die Festnahmen, die Schläge und Folterungen, aber trotz allem konnte ich mich nie völlig mit ihm identifizieren. Ich verstand, daß er vom Schmerz sprach, aber der wirkliche Schmerz war der, dem Chava hatte entfliehen können, meine Mutter auf der Seite von Franz. Demütigung und Erniedrigung, die Verzweiflung, sich in einer Welt wiederzufinden, in der alle Türen versperrt waren, in der jeder die Augen schließt und es geschehen läßt, daß man dich zum Schlachthaus führt. Ich las die Tagebücher von Anne Frank. Ich schrieb einen Aufsatz über sie, zeichnete ein Portrait von ihr, verliebte mich in sie und versuchte, nachts von ihr zu träumen. Giora erzählte mir von den Makkabäern und von der Palmach. Ich war stolz auf sie, verführt von ihrem Mythos. Asuri wußte, daß er mich verlor, aber das war das Risiko, das er auf sich genommen hatte. Es war ihm klar, daß ich eine Identität brauchte und die, die er mir geben konnte, war nicht stark genug, wenigstens damals nicht. Die große und schreckliche Gerechtigkeit stand immer noch auf meiner Seite. Nachie demonstrierte, Asuri wurde unter Hausarrest gestellt und verprügelt, aber ich sagte mir im stillen: Niemand steckt ihn in eine Gaskammer, die Welt ist ihm nicht verschlossen, die Welt ist voller Araber, voll arabischer Staaten, in denen er Familie hat, er gehört der großen arabischen Nation an, hundert Millionen, er kann immer irgendwohin, aber Nachie nicht. Ich identifizierte mich völlig mit Nachie, ohne zu begreifen, welch absurde Position ich einnahm. Ich wollte Dinah haben, aber ich fürchtete mich. Giora und ich träumten von Mädchen, sahen uns Fotos von nackten Frauen an, und eines Tages lernte Giora die Kusine eines Freundes kennen, die in Jerusalem wohnte. Franz verschaffte uns eine Unterkunft bei Bekannten in Jerusalem, und wir fuhren hin. Wir hatten Sommerferien und waren gerade vierzehn Jahre alt. Die Kusine von Gioras Freund gab eine Party. Da war ein Mädchen namens Nina mit ganz großen Brüsten, die ihr Kleid fast zum Platzen brachten. Ich sah ihr zu, wie sie in ihrem Minirock tanzte, sie muß etwa achtzehn gewesen sein, und ich merkte, daß ich ihr gefiel. Sie kam auf mich zu und fragte mich mit einem fremden Akzent, ob ich gerne tanzen würde. Ich sagte, »Nein, ich will ficken«, was gar nicht zu mir paßte, weil ich ziemlich schüchtern war. Aber Giora und ich hatten das den ganzen Weg nach Jerusalem geübt, und hatten beschlossen, wenn uns irgendein Weibstück um einen Tanz bitten würde, zu sagen, »Nein, ich will ficken.« Wir wollten wie Profis wirken, wir glaubten, richtige Männer kommen gleich zur Sache, und es funktionierte tatsächlich. Sie stand auf so was, musterte mich von oben bis unten wie ein Pferd, vielleicht nicht gerade die Zähne, aber sonst überall. Giora sah noch aus wie ein Baby, aber ich sah aus wie mindestens siebzehn. Ich erzählte ihr, ich wäre achtzehn, und sie glaubte es. Dann erzählte ich ihr schreckliche Geschichten über eine Geheimorganisation, der ich angehöre, und die nachts äußerst gefährliche Aufträge jenseits der Grenze ausführe. Damals sprach man viel über die Vergeltungsangriffe der berühmten Spezialeinheit 101. Ich spielte die Rolle eines Kämpfers, der nachts jenseits der Grenze mal schnell ein paar arabische Terroristen umlegt, und an solchen Geschichten putschte sie sich auf. Wir gingen in den Park, es war ein warmer Abend, und ich nahm sie in die Arme. Ich war wie verrückt vor Aufregung, und sie fragte, »Was hast du denn, Süßer? Hast du noch keine Erfahrung mit Mädchen?« Aber sie war ebenso erregt wie ich. Ich hatte mit Giora verabredet, ich würde als erster ins Zimmer gehen und das Licht ausmachen, und er würde später nachkommen. Wir hatten eine leere Handgranate an die Wand gehängt, die Giora von seinem Vater hatte, und während ich schnell einen Kampf erfand, der zu der Granate paßte, zog ich ihr die Kleider aus und sah zum erstenmal den nackten Körper eines Mädchens. Sie war so weiß und weich wie frische Sandhügel am Strand. Eine Zeitlang balgten wir uns keuchend, dann drang ich in sie ein. Sie ließ mich ganz in sich hinein, und da merkte ich, daß es nicht klappen würde, aber es war zu spät, ich war drin. Ich kniff die Augen fest zu und rief Dinah zu Hilfe. Sie erschien, als hätte sie die ganze Zeit auf meinen Pupillen gesessen. Ich dachte mir, ich wäre vielleicht in Dinah verliebt, aber ich wollte jetzt nicht an sie denken. Plötzlich, als ich gerade im siebten Himmel war, wollte ich davonlaufen, weil es nicht Dinah war. Dann stellte ich mir vor, Nina wäre Dinah, und alles war wieder in Ordnung. Später kam Giora und grinste übers ganze Gesicht. Auch er hatte ein Mädchen aufgetrieben, das ihm zwar nicht alles erlaubt hatte, aber fast. Er hatte sich in sie verliebt, sie hieß Rina, er würde ihr schreiben, und sie würde ihn in Tel-Aviv besuchen kommen. Ich wollte Dinah. Giora wollte noch in Jerusalem bleiben. Ich lud

Nina ins Kino ein, flüchtete aber im letzten Moment nach Tel-Aviv. Tagelang drückte ich mich um Dinahs Haus herum, ging aber nicht zu ihr hinauf. Ich rief sie an, ihre Mutter hob ab, und ich warf den Hörer auf die Gabel. Franz dachte, ich sei krank und rief Asuri an. Asuri kam, sah mich an und sagte, »Er ist liebeskrank.« Franz lachte. Für ihn war Asuri ein Fachmann auf diesem Gebiet.

Dann, bei unserem Schulausflug nach Akko, begann meine Liebesgeschichte mit Dinah. Das war etwas ganz anderes, als wären wir dazu geboren, zusammen zu sein, ohne jede Scham. Ihre Eltern kamen zu Franz; sie wollten sich beim Schulleiter beschweren, aber irgendwie wurde ihr Widerstand besiegt. Dinah war ein Mädchen mit sehr viel Willenskraft, und die Eltern mußten nachgeben. Ihre Traurigkeit berührte mich; ich verstand, daß ich noch immer nicht dazugehörte, ein Fremder war, ein Außenseiter. Der Schmerz, den sie von *dort* mitgebracht hatten, blieb mir verschlossen. Das begann, mich zu zermürben. Und dann, zum Ende des Schuljahrs, erhielten meine Klassenkameraden ihre Stellungsbefehle zum Militärdienst, und ich wartete und wartete, aber für mich kam keiner.

20

Ich betrachtete mich als Kind von Überlebenden des Holocaust. Ich phantasierte davon. Für die meisten meiner Altersgenossen war der Militärdienst ein Zeichen der Auflehnung gegen alles, was *damals* passiert war. Für mich war es ein Fortbestand, keine Auflehnung. Wegen dem, was *damals* geschehen war, wollte ich Soldat werden. Ich träumte nicht von einer Karriere bei der Armee. Ich wollte Künstler werden und besuchte Abendkurse an der Kunstakademie. Aber ich war kräftig, ich hatte einen festen, schlanken Körper und war groß für mein Alter. Meine Durchschnittsnote an der Schule war Neunzig (von Hundert), Naturwissenschaften war mein Hauptfach; mehrere Sprachen beherrschte ich perfekt: Hebräisch, Arabisch, Französisch; ich konnte Englisch lesen und sprechen, und auch mein Deutsch war ganz gut. Ich hatte die Protokolle des Eichmann-Prozesses im Original gelesen; das war in der Zeit, als mein Zugehörigkeitsgefühl zum Judentum so stark war, daß ich mir eine entsprechende Vergangenheit ausdachte. Asuri war ausgelöscht, ich nannte ihn »Onkel Asuri« und fuhr nicht mehr nach Akko. Dann kamen die Einberufungen, aber nicht für mich. Giora meinte, es müsse sich um ein Versehen handeln, und ich würde meine Papiere bald bekommen. Ich empfand Beklemmung und Demütigung. Dinah kam und saß bei mir. Einmal weinte ich, und sie war entsetzt. Meine Tränen waren so groß wie die von Asuri, und sie sagte später, alle Araber weinten so riesige Tränen. Dinah ging nach Hause, und Franz kam aus seinem Zimmer; er hatte Musik gehört und fragte mich, was los sei. Ich sagte es ihm, und er fragte, wie lange ich schon wartete. Zwei Monate, sagte ich. Er nahm seinen Hut und ging aus dem Haus. Ich blieb allein. Gertrude war nach Hause gefahren, sie wohnte damals noch nicht ständig bei uns, und wir waren oft allein, Franz und ich. Ein Foto von Käthe mit Chava auf dem Arm hing an der Wand. Ich machte das Radio an, hörte eine Weile arabische Lieder, und dann erzählte der Sprecher ein paar blöde politische Witze. Seine Klugscheißerei ging mir auf die Nerven, aber ich blieb am Radio kleben. Franz kam nach einer Stunde zurück und sagte, »Ich habe mit Nachie gesprochen. Morgen werden wir Nachforschungen anstellen.« Ich wollte wissen, was Nachie gesagt hatte, aber Franz wollte nicht darüber sprechen. Wir saßen in dem Zimmer, das früher Käthe gehört hatte, draußen schien der Mond, und Franz erzählte mir, wie er damals erfahren hatte, daß Chava verwundet worden war, und wie er sie im Krankenhaus besuchte hatte, die Tränen standen ihm in den Augen. Mit einem Mal war sie meine Mutter, nicht von Franz' Seite oder Asuris Seite, sondern von meiner Seite. Ich fragte ihn, ob sie mich geliebt habe. Er nahm mich in die Arme und sagte, »In ihrem ganzen Leben hat sie nur zwei Menschen geliebt, dich und Asuri. Vielleicht mußte sie sterben, weil sie dich zu sehr geliebt hat.« Ich schaute ihn an, den alten Herrn, und beneidete ihn um seinen Schmerz, um den Anstand und die Würde, mit der er ihn ertrug, und darum, daß er seiner würdig war. Am nächsten Morgen holten wir Nachie mit Franz' neuem Wagen ab, einen blauen Ford, und fuhren zu einem Militärlager in der Nähe von Tel-Aviv, ich weiß nicht mehr genau, wo. Nachie zeigte seinen Ausweis vor, er war Reserveoffizier, und man führte uns in ein Zimmer, in dem ein Feldwebel an einem Schreibtisch saß. Nachie sagte, »Ich muß jetzt gehen, noch etwas erledigen. Bis später.« Der Feldwebel schlug eine Akte auf, sah uns an und sagte, ich solle hineingehen. Franz wollte mitkommen, aber der Feldwebel sagte, »Sie bleiben hier, Mister.« Franz setzte sich auf eine Holzbank; vielleicht erinnerte sie ihn an die Bänke, auf denen er als Jude in Berlin nicht sitzen durfte. Ich ging hinein, und die Tür schloß sich hinter mir. Ich sah noch Franz' betrübtes Gesicht, die Zeichen der Niederlage in seinen Augen, sein schiefes Lächeln und seinen vornehmen weißen Haarschopf. Es sah aus, als wartete er darauf, daß ihm Asuri seinen Judenstern wieder annähte.

Nach dem Gespräch, das nun folgte, dachte ich, ich würde nie wieder derselbe Mensch sein. Von meiner heutigen Perspektive aus gesehen, während ich hier sitze und dieses Bekenntnis niederschreibe, weiß ich, daß die Zerstörung meiner Arbeit in der Wüste und die willkürliche Gemeinheit jenes naturverbundenen Ex-Offiziers von viel größerer Bedeutung für mich waren. Das heißt, für mich, so wie ich heute bin.

Ich saß drei Offizieren gegenüber; einer von ihnen kaute an einem Bleistift und versuchte, mir zuzulächeln. Er kam mir irgendwie bekannt vor. Heute ist mir klar, daß er mich an Rami erinnerte. Natürlich kannte ich Rami damals noch nicht, aber all diese Rami-Typen, von denen ich so gern einer gewesen wäre, waren dabei, mir das zu nehmen, was mir rechtmäßig gehörte. Einer der Offiziere fragte mich mit kaum versteckter Gereiztheit, »Vielleicht erklärst du uns mal, was du hier tust, und warum du Nachie in diese Sache hineinziehen mußtest? Niemand hat dich gebeten hierherzukommen. Also, was willst du?« Die einfache Logik dieser Frage brachte mich in Verlegenheit, und ich suchte nach einer einleuchtenden Antwort. Ich brauchte Zeit zum Nachdenken. Dies war ein kritischer Moment für mich. Die Figur, die ich aus den Scherben meiner Existenz aufgebaut hatte, war jetzt auf dem Prüfstand. Ich bedauerte Franz und dachte an meine Mutter. Diesmal war Asuri der Feind. An der Wand hing ein kitschiges Bild eines Mirage-Kampfflugzeugs. Ich schwieg. Die drei Männer tauschten einen Blick aus, dann sagte einer, »Du bist nicht militärpflichtig und wirst nicht eingezogen. Wozu die Aufregung? Warum machst du soviel Wind?« Ich antwortete, ich sei Jude und müsse deshalb eingezogen werden. Er sagte, »Willst du mir weismachen, du wüßtest besser als ich, was ich zu tun habe? Vielleicht läßt du die Armee entscheiden, wer eingezogen wird und wer nicht.« Er schien müde zu sein und wollte das Ganze schnell hinter sich bringen. Der Offizier mit dem Bleistift zwischen den Zähnen sagte, »Wenn du keinen Stellungsbefehl bekommen hast, wirst du nicht eingezogen, und damit hat es sich.«

Ich schaute sie an und sagte, »Meine Mutter war Jüdin, ich bin in diesem Land geboren, und mein Großvater ist ein Überlebender des Holocaust (was der Wahrheit wenigstens nahekam), das Militärdienstgesetz gilt auch für mich. Sie müssen mich einziehen!«

Der Offizier, der ganz rechts saß, hatte vorhin, bevor die Tür zuging, versucht, einen Blick auf Franz zu werfen. Jetzt redete er in einem Ton, der gleichmütig klang, aber voller Härte und Entschlossenheit war, als dächte er über ein schwieriges philosophisches Problem nach, während er mit einer Hand eine Mücke zerquetschte. Er sagte, »Dein Vater ist ein Araber namens Asuri! Er wurde viermal unter Hausarrest gestellt, ist Mitglied einer anti-zionistischen Partei. Er hat Bücher veröffentlicht, die dem Staat Israel sehr geschadet haben. Ich mache dir daraus keinen Vorwurf, du kannst nichts dafür, wer dein Vater ist. Aber so sind die Fakten. Asuri hat Verwandte in Jordanien, am Westufer und im Libanon.« – »Das stimmt«, sagte ich, »aber ich habe auch noch eine andere Seite, die Seite meiner Mutter. Sie verdächtigen doch wohl nicht meinen Großvater. Asuri ist meines Wissens noch nie wegen irgendeines Verbrechens angeklagt worden. Und wenn ja, was hat das mit mir zu tun? Ich heiße Josef Rosenzweig, bin Israeli, habe eine israelische Schule besucht, und ich lebe hier. Was gibt euch das Recht, mich meiner Dienstpflicht zu berauben ...« – »Das ist ein Privileg!« schrie der Offizier, und ich wiederholte, »Meiner Dienstpflicht. Es ist meine Pflicht, in der Armee zu dienen. Die Deutschen hätten mich zu Seife verarbeitet, wenn Asuri meine Großeltern nicht gerettet hätte, aber das gehört nicht zur Sache, und das geht euch auch nichts an. Worauf es ankommt, ist, daß ich diensttauglich bin und dienen will. Ich habe keinerlei Gewissenskonflikte, mein Vater hat keine Einwände, es ist meine Pflicht als Bürger dieses Landes, in der Armee zu dienen, und ihr werdet mich nicht davon abhalten.« Der Offizier sagte, »Du kannst dich ja freiwillig melden. Dann werden wir darüber nachdenken.« Ich sagte, »Nein, ich werde mich nicht freiwillig melden. Es gibt in diesem Land ein Militärpflichtgesetz, das sich auch auf mich bezieht. Warum sollte ich gezwungen werden, um Gefälligkeiten zu bitten, die man mir dann verweigert? Wie könnt ihr mich einfach ausschließen, ohne daß etwas Persönliches gegen mich vorliegt? Wenn ich etwas Ungesetzliches getan habe, will ich wissen, was. Dann nehme ich mir einen Anwalt und bringe euch vor Gericht. Ich werde gegen euch kämpfen. Auch ich habe meine Rechte!« Der Offizier, der am Bleistift kaute, verlor die Geduld und sagte, »Es gibt Araber (fast hätte er gesagt »gute Araber«, aber er verkniff sich das), die in der Armee dienen, aber die dienen als *Araber.* Du gehörst nicht zu denen. Oder willst du etwa mit vielen Drusen zusammen bei der Grenzpolizei dienen? Willst du ein Beduine bei den Spähern sein? Was willst du eigentlich? Wozu brauchst du das? Wir wollen hier nicht das gleiche erleben, was unseren Vätern und Großvätern im Ersten Weltkrieg passiert ist, als sie auf beiden Seiten kämpften, Bruder gegen Bruder, Vater gegen Sohn.« Ich erklärte ihm, das sei meine Angelegenheit und allein meine Entscheidung. Ich sagte, »Wenn ich einen Einberufungsbefehl bekommen hätte und würde nicht gehen wollen, hätte ich Einspruch erheben können. Was gibt euch das Recht, für mich Einspruch zu erheben?«

Einer von ihnen sagte, »Ich bin ein Jude, der für sein Land kämpft. Das ist mein Recht und mein Privileg.« – »Und ich?« fragte ich ihn. »Du?« sagte er mit Hohn in der Stimme, »Du? Was bist du eigentlich?«

Ich fühlte mich krank und zerschlagen. Die Verkleidung, die ich jahrelang getragen hatte, fiel von mir ab. Vor diesen verächtlichen Augen kam ich mir vor wie die Verkörperung ihres Klischees vom grausamen, primitiven Araber mit dem Dolch zwischen den Zähnen, der diese reizenden Offiziere ins Meer werfen will. Ich war wütend und verzweifelt, aber ich sagte nur, »Es ist meine Entscheidung, nicht eure.« Darauf nahm der Bleistiftkauer den Bleistift aus dem Mund. Seine Stimme war ruhiger als alles, was ich je gehört hatte. Er sprach langsam und fast sanft. »Josef, begreifst du nicht, daß du nicht erwünscht bist? Das ist nichts Persönliches, es ist eine Frage von Prinzipien. Warum bestehst du darauf, dich aufzudrängen, wo du nicht erwünscht bist?«

Da verlor ich die Beherrschung und brüllte ihn an, »So können Sie mit mir nicht reden, meine Mutter war genauso jüdisch wie Sie, ich bin ein Jude! Ich wollte immer einer sein, ich habe gelernt, einer zu sein. Was soll das heißen, ich bin nicht erwünscht?« Und darauf sagte er in Worten, die einander kaum berührten, »Warum mußte deine Mutter ausgerechnet einen Araber heiraten?« Und fügte einen Augenblick später hinzu, »Verstehst du nicht, daß das nur zu deinem Besten ist? Du hast schon genug für deine Mutter zahlen mussen. Jetzt hast du Gelegenheit, zu studieren und vorwärtszukommen. Wir leben in einem freien Land, verstehst du nicht, daß es ein Vorteil für dich ist, nicht zur Armee eingezogen zu werden? Verstehst du nicht, daß wir vorsichtig sein müssen? Sei doch nicht so eigensinnig!«

Ich war den Tränen nahe, ließ mir aber nichts anmerken. »Ich will in der Armee dienen«, sagte ich. »Ich werde gegen euch kämpfen. Ihr seid nicht gerecht, ihr habt weder wirkliche Stärke noch Verständnis.« Der Bleistiftkauer brüllte, »Ich bin aus Europa gekommen, Junge, ich habe das alles mitgemacht, ich bin zwischen Bergen von Leichen herumgelaufen und habe den Toten die Scheiße aus dem Arsch gedrückt. Man hat mich gequält und geschlagen. Du wirst mir nicht erzählen, was Verständnis und Mitgefühl sind. Ich bin hier verantwortlich für die Einberufung von

Soldaten, und ich will in meiner Armee keine Araber. Du wirst gegen niemand kämpfen, du wirst den Schwanz einziehen und dich davonschleichen, wie es sich für einen Araber gehört. Du wirst mich verfluchen und mir vielleicht im Dunkeln eine Kugel in den Rücken jagen, ich kenne euch.« Er stand auf, warf mir einen Blick voll kalter Verachtung zu, und verließ den Raum. Die beiden anderen taten so, als wäre nichts geschehen und sagten, »Du wirst vorwärtskommen, du wirst allen deinen Freunden drei Jahre voraus sein. Wenn die von der Armee kommen, hast du schon die Universität beendet und kannst dir den Job aussuchen, den du haben willst. Was willst du denn? Im Endeffekt tun wir dir doch nichts Böses, es ist nur zu deinem eigenen Vorteil.«

Einer der beiden schaute mich an, und ich sah, daß es ihm wirklich leid tat. Er sagte, »Wie könntest du denn die Waffe auf deine eigenen Verwandten richten, auch wenn sie nur zur Hälfte deine Verwandten sind? Deine Mutter ist tot, dein Großvater ist schon alt. Du hast einen arabischen Vater mit einer großen Familie. Gegen die würdest du kämpfen müssen. Wie willst du in der Lage sein, sie zu töten? Glaube mir, Junge, es ist hart, einen Menschen zu töten, und einen Verwandten zu töten ist noch viel härter, auch wenn du ihn nicht kennst . . . das ist doch völlig unnötig!«

»Es ist nötig«, sagte ich mit schwacher Stimme, »aber vielleicht traut ihr mir nicht.« – »Das kannst du so auslegen, wenn du willst«, sagte der andere Offizier ungeduldig und fügte hinzu, »Das wäre alles. Deine Freistellungsurkunde wird dir mit der Post an Asuris Adresse in Akko zugestellt.« Ich sagte, »Sie wissen doch, daß ich in Tel-Aviv lebe. Seit Jahren wohne ich bei Franz Rosenzweig in Tel-Aviv. Sie haben das in ihren Unterlagen. Warum versucht ihr mit Gewalt, aus mir einen Feind zu machen?«

»So wirst du vielleicht begreifen, wer du wirklich bist und aufhören, uns alle verrückt zu machen«, meinte der Offizier trocken. »Die Urkunde wird dir zugestellt. Du bist vom Dienst in der Armee befreit. Ich habe nur eine Bitte: Du hast Freunde, die jetzt ihre Stellungsbefehle bekommen, in knapp einem Jahr werden sie Soldaten sein. Ich möchte dir raten, ihnen keine überflüssigen Fragen zu stellen, wo sie dienen und was sie tun. Freundschaftliche Zusammenkünfte, meinetwegen, aber du mußt verstehen, daß jede Armee Geheimnisse hat, die die Zivilisten nichts angehen. Kümmere dich nicht um etwas, was nicht deine Angelegenheit ist.« Ich fing an zu schreien; der Offizier mit dem Bleistift kam zurück und sagte, »Wenn es umgekehrt wäre, und deine Araber hätten den Krieg gewonnen, würdest du nicht hier stehen und rumbrüllen. Du würdest mit dem Kopf nach unten an einem Baum hängen. Sie würden dir die Eier abschneiden. Noch ein freundlicher Rat von mir: Stell keine Fragen. Wenn du Freunde hast, die daran denken, eine Araberin zu heiraten, erkläre ihnen, daß auch das Ficken seinen Preis hat.« Er ging zur Tür und schrie, »Der Nächste!«

Ich saß zu Hause und weigerte mich, auf die Straße zu gehen. Ich ging nicht einmal zu Dinah. Sie kam an die Haustür, aber ich öffnete ihr nicht. Franz hatte sich in seinem Zimmer eingeschlossen. Gertrude sagte, »Sieh nur, was du ihm angetan hast.« Ich brüllte sie an, sie rannte aus dem Haus und weinte. Nach ein paar Tagen rief Franz den Innenminister an, den er noch aus Berlin kannte. Er bat und drängte und nutzte Beziehungen aus, bis man ihm einen Termin beim Chef des Generalstabs verschaffte. Ich ging mit ihm. Das Ganze war eine üble Komödie. Mir war es schon egal. Ich kam mir vor, als hätte man mir Asuri in den Hals gestopft und ihn durch den Arsch wieder herausgezogen. Der arme Franz hatte seine deutsche Offiziersuniform aus dem Ersten Weltkrieg angzogen, mit sämtlichen Orden und Auszeichnungen. So ging er zum Generalstabschef. Als er eintrat, salutierte er. Seine Stimme klang trocken und steif; sie ließ einen Schmerz spüren, als würde er mich in diesem Augenblick gebären. Franz eignete sich in keiner Weise für die Rolle des Hanswursts, aber er war wie ein Mann, der vom Teufel geritten wurde, umnebelt von einem Schmerz, der so tief ging, daß nicht einmal ich, nach all den Demütigungen, die ich erlitten hatte, ihn ermessen konnte. Wie eine bejahrte Vogelscheuche in einer abgetragenen Uniform mit uralten Orden stand er vor dem Generalstabschef. Der hatte ihm einmal einen Blumenstrauß und ein Dankschreiben nach einer Operation an seinem Vaters geschickt. Franz begann zu reden. Der Generalstabschef war ein vielbeschäftigter Mann, der sich um die Kriegsführung zu kümmern hatte. Er hätte Franz auch nicht empfangen, wenn ihn nicht einige Kabinettsmitglieder, denen der Innenminister den schwarzen Peter zugeschoben hatte, dringend darum gebeten hätten. Jetzt saß er in der Falle. »Josef hätte die Identität seines Vaters annehmen können«, sagte Franz. »Er tat es nicht. Er beschäftigte sich mit Herz und Seele mit unserer Geschichte, bis in Einzelheiten hinein, die nicht mal ich kenne. Er hätte sich den Terroristen anschließen können, aber er tat es nicht. Er ist mein Enkel, der Sohn von Chava, die mit Ihnen zusammen vor Jerusalem gekämpft hat. Er ist auch – warum sollte man es leugnen – der Sohn eines Vaters, eines loyalen Bürgers unseres Landes. Was gibt Ihnen das Recht, ihm den Dienst am Vaterland zu verweigern? Ich weiß, wie ihm zumute ist – die meisten meiner Freunde gingen damals nicht zum Militär und nahmen am Krieg nicht teil, aber ich sagte, es ist Krieg und ich bin Deutscher, und ich meldete mich freiwillig. Keiner hinderte mich daran, meine Pflicht zu erfüllen, nur weil ich Jude war, und die Deutschen gehören, wie Sie wissen, nicht zu unseren größten Bewunderern. Manche unter meinen Offizieren mögen meine Beweggründe nicht verstanden haben, aber keiner hätte gewagt, mir das zu sagen, was jüdische Offiziere – nach allem, was unser Volk durchgemacht hat – zu Josef gesagt haben. Es ist wahr, wir befinden uns im Krieg zwischen unserem Staat und dem Volk, dem sein Vater angehört, aber meine Familie in Deutschland hatte Verwandte in Rußland, und wir kämpften gegeneinander. Das war hart, vielleicht unmenschlich, aber es war selbstverständlich. Wir waren Patrioten und gute Staatsbürger. Hat uns etwa jemand davon abzuhalten versucht? Sie beteiligen sich an etwas, das zu einem gefährlichen Wendepunkt der zionistischen Idee werden und sie zu einem nationalistischen Abenteuer machen könnte, beladen mit engstirnigen religiösen Vorurteilen. Sie entfesseln jüdische Teufel, selbstgerechte Teufel, die nur sich selbst kennen und keinen anderen, die nur über andere urteilen, nie über sich selbst, mit einer Paranoia, die alles zerstören wird, was wir uns erträumt haben. Sie machen einen Fehler, General, einen sehr großen Fehler!« Der Generalstabschef versuchte, ihn zu beruhigen, aber Franz hörte nicht einmal hin. Er folgte einer Vision und sagte sich: Ich werde alles aussprechen, was augesprochen werden muß, ich halte Wache! Zum Generalstabschef sagte er, »Josef ist ein Jude, weil er sich als Jude fühlt, aber Sie wollen ihn zum Araber machen, zu seinem eigenen Feind. Verstehen Sie denn nicht, was Sie ihm antun?«

Der Generalstabschef verlor die Geduld. Er hatte Wichtigeres zu tun. Ich konnte ihm ansehen, was er dachte: Die Komplexe eines deutschen Juden. Ein guter Chirurg, aber ein Dummkopf. Er konnte seine Tochter nicht davon abbringen, ihr Leben zu ruinieren, und jetzt soll ich die Scherben zusammenkehren. Laut sagte er, »Jeder bereitet sich sein eigenes Bett, Herr Rosenzweig, und muß dann darin liegen.«

Drei Tage lang kam Franz nicht aus seinem Zimmer. Ich saß und hielt Wache. Dinah kam, und ich ließ sie herein; Gertrude kam, aber Franz ließ sie nicht ins Zimmer.

Dann fing ich an, meine Freunde zu bestehlen. Ich pumpte mir Geld von ihnen und gab es nicht zurück. Millionen von Rachegedanken flitzten mir durchs Hirn; ich ging sogar mit Dinah ins Bett, als sei es ein Racheakt. Franz versuchte, mich aufzumuntern und mir zu erklären, was für ihn selbst unerklärlich war; und sogar Asuri machte den Versuch, mich zu trösten. Ich mußte jetzt umdenken, umlernen. Jedes Gespräch meiner Klassenkameraden auf dem Schulhof erschien mir wie eine Verschwörung, mich von ihren Geheimnissen auszuschließen. Aber in Wirklichkeit waren sie nur verwirrt. Ich war letztendlich ein Araber, so erfuhren sie auf offiziellem Briefpapier. Sie hatten wirklich Angst, in meinem Beisein über ihre Vorbereitungen für den Militärdienst zu sprechen. Nachdem wir die Schule beendet hatten, wurden sie Soldaten, und wenn sie Urlaub hatten, achteten sie sehr darauf, sich mit mir nur in der Öffentlichkeit zu treffen, in Diskotheken oder im Kino, und in meiner Gegenwart nicht über das Leben beim Militär zu sprechen. Sogar meine Freundschaft mit Giora begann in die Brüche zu gehen. Er war ein guter Freund, er hatte mich wirklich gern. Bei ihnen zu Hause war ich stets willkommen, sein Vater bedauerte ehrlich, was man mir angetan hatte. Aber jetzt hatte er einen Sohn in der Armee, er machte sich Sorgen um ihn. Es gab Gerüchte über einen unmittelbar bevorstehenden Krieg. Ministerpräsident Eschkol hielt eine Rede in Galiläa. Er warnte die Araber, er führe genau Buch über alles, was geschehe. Am Abend des Pessachfestes wurden sieben syrische MIG-Jäger abgeschossen, und die Wartezeit begann. Ich besuchte Bekannte, spürte jedoch, daß ich nicht erwünscht war. Ich wollte mit Franz reden, aber er war beschäftigt. Sein Schmerz war vergangen oder hatte nachgelassen, er kümmerte sich darum, das Krankenhaus für die Aufnahme von Verwundeten einzurichten. Alles war in Alarmbereitschaft, die Faust war geballt. Asuri versteckte sich bei einem Freund. Er wollte nicht von den Sicherheitskräften verhaftet werden. Sie hatten schon am ersten Tag der Mobilmachung nach ihm gesucht. Er war sicher, daß sie wiederkommen würden. Am Kriegsende waren die meisten seiner Freunde unter Hausarrest gestellt, oder sie saßen in Verwaltungslagern. Natürlich gab es für sie keine gerichtlichen Anhörungen, und keiner sagte ihnen, welches Verbrechen man ihnen zur Last legte. Asuri, der das alles schon einmal mitgemacht hatte, rief mich an und sagte, »Ich verstecke mich bei einem Kollegen, ein Jude aus Südamerika, ein Parteigenosse und guter Freund. Gestern ist er zum Militär eingezogen worden. Jetzt sitze ich hier mit seiner Frau und seiner kleinen Tochter und bete. Wofür soll ich beten, Josef?« Ich sagte, »Bete für einen arabischen Sieg. Bete, daß man diese selbstgerechten Hurensöhne ein für allemal fertigmacht!« Er lachte und sagte, »Nein, ich weiß wirklich nicht, wofür ich beten soll. Ich hoffe nur, daß es nicht zum Krieg kommt. Ich habe Angst um meine Freunde, um den Mann dieser netten Frau, andererseits habe ich Familie in Jordanien und einen Bruder im Libanon. Ich bin innerlich zerrissen, Josef. Vielleicht hatten sie recht, als sie dich nicht zum Militär ließen. Ich kümmere mich um die Frau meines Freundes und helfe ihr, das Kind zu versorgen. Sie weiß nicht, wo ihr Mann ist. Er ist gegen den kommenden Krieg, aber er mußte gehen, wie alle anderen auch. Das ist alles nicht leicht, du mußt durchhalten, Josef.« Ich sagte zu ihm, »Ich will, daß ihr den Krieg gewinnt«, und Asuri fragte mich, »Wen meinst du mit ›ihr‹?«

21

Als der Krieg beendet war, kam ich mir vor wie der Mann in einer Karikatur, die ich in der Zeitung gesehen hatte. Da war ein bürgerlicher Freidenker abgebildet, der sich krank ärgerte, weil der erste Mai auf einen Sabbath gefallen war. Ich hatte bis zum Ausbruch des Krieges auf eine jüdische Niederlage gehofft und die Flammen meines Hasses mit Rachegedanken geschürt. Jetzt saß ich da und lachte. Die Araber hatten eine vernichtende Niederlage erlitten, und ich war stolz darauf und wurde von der allgemeinen Begeisterung mitgerissen. Aber nicht lange. Mein erster Besuch im besetzten Gebiet am Westufer war ein Schock. Die Araber dort waren ganz anders als jene, die ich bisher gekannt hatte. Ich sah die Flüchtlingslager, den Schmerz in den Augen der Menschen. Ich traf mich mit Asuris Bruder; wir tranken Tee miteinander, er schaute mich traurig an und bat mich, *meinen Einfluß bei den Behörden* (als israelischer Araber!) zu nutzen, damit er nach Amman in seinen Laden zurückkehren dürfe. Alle waren wie in Trance. Nachie hatte mich aus dem Haus geworfen, als ich ihn über Gioras Tod hinwegtrösten wollte. Jetzt verstand ich das volle Ausmaß meiner Einsamkeit.

Ich dachte mir im stillen, euch werde ich alle fertigmachen, aber ich wußte nicht, was ich mit mir anfangen sollte; je mehr ich nachdachte, um so apathischer wurde ich. Ich war benommen und verwirrt, hilflos und ohne

Hoffnung, und schämte mich wegen des dreifachen *Neins* der arabische Gipfelkonferenz in Khartum. Ich wollte Rache, aber nicht einmal die ersten arabischen Terrorakte verschafften mir Genugtuung. Ich wußte, daß Entsetzliches geschehen war und noch geschehen würde; nichts würde mehr so sein wie früher. Ich wußte, daß ich mich entscheiden mußte, war aber noch nicht bereit dazu. Ich wollte einen bequemen Platz in der Mitte; ich wollte beide Seiten mit gleicher Heftigkeit hassen. Ich malte wie wild und erhielt eine Studienbeihilfe vom amerikanisch-israelischen Kulturfonds. Man schickte mich für zwei Monate nach Florenz, und ich nahm Dinah mit. Es war herrlich. Wir vergaßen alles, schliefen im Wald, und ich malte. Ich malte weder gut noch schlecht. Dinah meinte, ich sei zu intellektuell für einen Künstler. Alle waren gegen mich, und ich war gegen alles. Wenn ich meine Freunde beklaute oder sie anpumpte, verspürte ich eine gewisse Erleichterung. Aber ich klaute auch bei Dinah und Franz und Asuri. Ich kam mir vor wie in einer Falle, sie waren gegen mich, ich gegen sie. Dann erschien Bunim auf der Bildfläche, und er war für mich wie ein Rettungsring, den man einem Ertrinkenden zuwirft. Durch ihn konnte ich mich an allen rächen. Ich sagte zu Franz, der schon lange aufgehört hatte, Tonscherben zu sammeln, und abends erschöpft und zerschlagen aus dem Krankenhaus kam, »Du bist kein altmodischer deutscher Offizier mehr, der vor dem Chef des Generalstabs den Helden spielt, du bist ein alternder Flüchtling. Bei deiner Ankunft wußtest du nicht, daß du gekommen warst, um Asuri zu berauben. Du wußtest nicht, daß jede Tragödie zwei Wahrheiten hat, nicht nur eine.« Und er schaute mich an, mein Großvater, der mich auf seine loyale, schwerfällige Art liebte, schon etwas gebeugt und erschöpft von den Jahren des Kampfes, und nahm meine Hand in seine sensiblen Chirurgenhände, die ihm internationalen Ruf eingebracht hatten. Im Zittern dieser Hände spürte ich die Last der Trauer und Einsamkeit, und wie sehr er sich nach Käthe und Chava sehnte. Jetzt waren Asuri und ich alles, was ihm noch geblieben war. Es war die Zeit, in der das ganze Land sich als Weltreich aufspielte, von einer Grenze Großisraels zur nächsten rannte und mit einer neuen Stimme sprach, laut, drohend, unharmonisch, berauscht von dem Sieg, der die größte Niederlage in einer Geschichte darstellte, an der ich keinen Anteil mehr hatte, die aber immer noch die meine war. Franz spürte die niederschmetternde Last von allem, was er verloren hatte.

Dinahs Heirat mit Rami gab mir den Rest. Ich fuhr nach Haifa und klopfte mitten in der Nacht an Lailas Tür. Ich war schon im Begriff aufzugeben, da machte sie plötzlich die Tür auf. Ich hörte Schritte im Nebenzimmer, wo früher ihre Schwester Silwa gewohnt hatte, bevor sie nach Amerika ging. Die Schritte erstarben. Laila sagte, »Du siehst müde aus, Josef.« Ich sagte, »Ich bin verzweifelt, Laila. Wer versteckt sich in Silwas Zimmer?« Sie legte ihren Arm um mich und drückte mich fest an sich. Sie hatte soviel Liebe und Zärtlichkeit für jemanden, der ihrer würdig war, aber es gab keinen. Die Schritte im Nebenzimmer gehörten zu Kassem. Sie arbeiteten zusammen an einem neuen Bühnenstück, und Kassem übernachtete bei ihr. Er wollte nicht herauskommen, weil er Angst hatte, mich eifersüchtig zu machen. Ich umarmte sie und sagte Kassem, er solle herauskommen. Ich erzählte ihnen von Rami und Dinah; Laila machte mir einen ausgezeichneten Salat, den ich aufaß. Kassem ging schlafen.

Laila saß da und schaute mich mit müden Augen an. Sie sagte, »Alles ist soviel schwerer, weil die Teufel keine Hörner zeigen: Das Grauen hat eine fast menschliche Verkleidung angelegt. Jemand hat mir erzählt, die Syrer hätten fünfundzwanzigtausend Menschen lebend in Beton begraben – wen kümmert das schon? Die Juden spielen *die Guten* auf schlüpfrigem Untergrund. Neue Stimmen tauchen von der anderen Seite der jüdischen Nacht auf und schreien, sie hätten weißes Blut. Menschen kehren aus dem Vergessen der Geschichte zurück, besessen von dunklem, tödlichen Rassismus. Die Katastrophe wartet in den Kulissen. Im Zentrum der Bühne zeigt sich die Gewalt nur sporadisch. Es gibt in Wirklichkeit niemand, mit dem man kämpfen kann. Die Fatah spielt nicht nach meinen Regeln, aber ich kann meine Augen nicht vor ihrem Zorn verschließen; auch sie haben das Recht auf ihrer Seite. Es sind Mörder, aber sie morden, damit ich den Kopf aufrecht tragen kann . . . Josef, wie willst du überleben?«

Ich schlief diese Nacht bei ihr. Es war so schön, sie zu küssen, so traurig, zu sehen, wie sie sich nach Liebe sehnte, wie sie dahinwelkte, weil es niemand gab, dem sie ihren herrlichen Körper schenken konnte, diese festen Brüste. Sie verschwendete sich bei dem unbeholfenen Versuch, einen Dialog zwischen Blinden und Gehörlosen herzustellen. Sie mußte nach anderen Josefs suchen und würde sie in ihrem Bett finden, zu allem bereit, außer der Anerkennung der einfachen Wahrheit, die sie kannte, aber nicht in Worte zu fassen wußte. Unsere Hilflosigkeit machte mich verrückt, ich war halb Rami und halb Laila, aber Laila selbst war schon aufgerieben. Sie und auch Kassem sprachen voll Trauer und einem gewissen Neid von dem arabischen Dichter Mohamed Darwisch, der ausgewandert war, aber sich zurücksehnte. Er hätte alles gegeben, um zurückzukommen, hatte sich aber den Terrororganisationen angeschlossen, für sie geschrieben, und was war ihm geblieben? Er war weder hier noch dort, er mordete nicht, er legte keine Bomben, er schrieb nur, aber er schrieb im Auftrag der Mörder – flach und pathetisch. Laila erzählte mir, ein paar jüdische Freunde von ihr hätten sich an Mosche Dajan gewandt und ihn gebeten, Darwisch die Heimkehr zu gestatten, aber er habe abgelehnt. »Schade«, sagte sie, »nur hier hätte er etwas ausrichten können.«

Laila sagte das, als gäbe sie sich einem Teufel mit Hörnern hin, einem Feind, den sie ohne Gewissensbisse bekämpfen könnte. Sie haßte den Sohn von Chava, aber ich hatte auch viel von Asuri an mir, und Asuri war ein Mann, den sie respektierte; Dinah nannte ihn den attraktivsten Mann schlechthin. Und mußte nicht jeder Asuris herzliche, grausame Ehrlichkeit bewundern? Laila lag mit einer blassen Kopie von ihm im Bett; was konnten wir einander geben? Ich wunschte ihretwegen, ich ware jemand, dem einfache Parolen genügen, schwarz oder weiß, vollkommen gut oder vollkommen böse, alles, um mich davor zu bewahren, der Araber der Juden zu sein.

Ich sagte zu Laila, sie ficke wie eine Hure der Spitzenklasse, und sie sagte, »Was weißt du denn von den Huren der Spitzenklasse?« Ich sagte, »Laila, das ist keine arabische Pfuscharbeit.« Sie lachte, vielleicht weinte sie auch. Mir wurde bewußt, wie gedemütigt ich mich fühlte, weil die arabischen Arbeiter aus Gaza und vom Westufer in die jüdischen Städte strömten. Sie machten die Dreckarbeit, fieberten nach jedem Job, der ihnen angeboten wurde. Sie waren billige Arbeitskräfte für die Juden, die nur zu gerne bereit waren, sie auszubeuten. Ihr unterwürfiger Blick demütigte mich. Diese armen unterwürfigen Araber, ausgebeutet und mit Herablassung behandelt von ihren jüdischen Herren. Laila war in Nablus, in Jenin und in Hebron gewesen und hatte gesehen, was sich dort abspielte; sie war dort Fanatikern begegnet, mit denen sie nichts gemeinsam hatte. Sie war auf einem Kongreß in Moskau gewesen, hatte dort Araber aus der ganzen Welt getroffen, die sie bedrohten, die sie eine Araberin der Juden nannten. Die Syrer beschimpften sie, die Iraker erschienen ihr wie Barbaren, und ihre Genossen vom Westufer waren ihr fremd. Was konnte sie tun? Sie träumte von einem arabischen Zionismus, von einem prächtigen Josef im bunten Hemd. Ich wollte sie nackt zeichnen, mitten in der Nacht, so wie ich Dinah einmal in Akko gezeichnet hatte. Sie setzte sich auf, und ich malte ein Bild von ihr. Sie sagte, »Du solltest Rechtsanwalt werden, Josef, oder Schriftsteller oder Arzt, aber kein Maler. Du hast nicht die Natur eines Abenteurers, Josef, du bist voller Zärtlichkeit.« Ich war wütend, ich wollte nicht voller Zärtlichkeit sein. Dinah wußte, wieviel Zärtlichkeit ich geben konnte, aber ich wollte nicht. Am Morgen saßen wir da und tranken Kaffee, Laila, Kassem und ich. Über der Bucht lag ein melancholisches Licht. Akko, auf der anderen Seite der Bucht, war mit violetten Wolken behangen, die Luft war dunstig, das Meer dunkelblau, fast lila. In eleganten Formationen flogen die Vögel in Richtung Heimat. Wir saßen über den Tränen, die Haifa in die Bucht vergoß, Tränen für den zerstörten Garten von Abu-al-Misk Kafur. Was konnten wir tun, wohin konnten wir gehen? Wir konnten für die Partei arbeiten, einen Platz für uns finden, uns ihrer Disziplin unterwerfen, schließlich trugen wir alle Fesseln irgendwelcher Art. Tief im Herzen wußte jeder von uns, daß wir betrogen worden waren, daß wir uns selbst betrogen hatten. Der Krieg zwischen Juden und Arabern war vorüber; die Juden hatten gewonnen. Sie hatten *Alles oder nichts* gespielt, wir hatten ihre Teufel geweckt, und die Teufel hatten sich in Könige verwandelt. Jetzt waren sie die Herren; all unsere armen Freunde mit ihren ergreifenden Gedichten und den rührenden Schlagworten von Brüderlichkeit und Freundschaft hatten etwa soviel Chancen wie eine Fliege im Schneesturm.

Was nützte uns die Koexistenz von ein paar Intellektuellen in einem progressiven Klub in Tel-Aviv? Solange sie Zionisten waren (solange wir Zionisten waren), solange wir (sie) einen jüdischen Staat befürworteten, würden die Araber (sie) kämpfen müssen. Der Krieg war vorbei, die Juden hatten alles bekommen. Wir, das heißt die Araber, könnten vielleicht noch ein paar Gefechte gewinnen, dann würden die Juden so über uns herrschen, wie die Weißen in Südafrika über die Schwarzen. Sie wären dann nicht beliebt. Na und? Seit wann sind Juden je beliebt gewesen? Keiner hat sie (uns) je geliebt, noch bevor sie Territorien eroberten und die Araber unterwarfen, sie die Nacht über in ihren Läden einsperrten, damit sie morgens in den Restaurants von Haifa und Tel-Aviv Geschirr spülen und für die Zionisten am Westufer Häuser bauen konnten, jenem Westufer, das sie mit der unterdrückten Sehnsucht von zweitausend Jahren *Judäa und Samaria* nannten.

Es war ein trauriger und bewegender Morgen. Wir wußten, daß wir verloren waren, und saßen Hand in Hand. Ich sagte zu Laila, »Wenn ich dich wirklich lieben könnte, ohne Einschränkung, und du mich, dann wären wir gerettet. Aber ich habe Dinah, nur gehört sie jetzt zu Rami. Du fürchtest dich vor mir, du könntest nie mit Chavas Sohn leben, das wäre zuviel für dich, ein Zeichen deiner Niederlage. Du wirst allein bleiben, ich werde allein sein und Kassem auch. Was soll aus uns werden?« Und Laila sagte, »Wir müssen lernen, eine Brücke zu bauen«, worauf ich ihr antwortete, »Ich kann nicht einmal eine Brücke zwischen Josef und Jussuf bauen, zwischen mir und mir, dem Sohn von Chava auf der Seite von Franz und dem Sohn von Chava auf Asuris Seite. Die einzigen, die das konnten, waren Chava und Asuri, und was ist aus ihnen geworden? Sie haben keine Tapferkeitsmedaille bekommen, sie bekamen nicht einmal die Entschädigung und die Rente, die jedem Kriegsverwundeten zusteht. Sie blieben ganz allein. Chava starb, um sich weitere Leiden zu ersparen. Asuri sitzt im Stadtrat von Akko unter einem Portrait von Lenin, an den er ebensowenig glaubt wie ich an die Göttlichkeit einer Coca-Cola-Flasche. Schau hinaus auf die Bucht! Sie gehört mir, sie gehört dir, sie gehört allen Menschen, die hier seit viertausend Jahren gekämpft haben. Das Land gibt sich niemals geschlagen, es beugt sich, und dann wirft es die Eroberer ins Meer, wo sie verschwinden, bis wieder neue kommen. Nur die Menschen des Landes bleiben, und ihr seid die Menschen vom Land, Laila. Einmal warst du Phönizierin, einmal warst du Griechin, dann Römerin, christliche Araberin, und einmal warst du auch die Geliebte von Josef ibn Asuri, und du hast ihn geliebt und er dich, und beide liebten wir Rami und Dinah, und sie uns. Sie haben den Krieg gewonnen, aber sie sind genauso besiegt worden wie wir, wie du. Wir sind geschlagen. Sie sind geschlagen. Als ich noch zur Schule ging, waren wir im Kadettenkorps. Sie brachten uns zum See Genezareth. Ich war zusammen mit meinem Freund Giora. Er starb vor drei Jahren. Sein Vater war ein Held der Friedensbewegung; er kämpfte gegen die Militärverwaltung und für die Rückkehr der arabischen

Flüchtlinge in ihre Dörfer. Er warf mich aus seinem Haus! Ich kam, um ihm zum Tod seines Sohnes mein Beileid auszusprechen. Mit einem Mal war ich ein dreckiger Araber, dessen Eltern liquidiert gehörten, um »das Reproduktionspotential zu vernichten, ein für allemal«, in den unsterblichen Worten der jüdischen Eroberer von Dir Jassin.

Wir hatten unser Camp in der Nähe von Tiberias aufgeschlagen, und in der Umgebung waren einige Sabotageaktion verübt worden. Wir sollten Autobusse durchsuchen, und anscheinend hatte man vergessen, daß ich ein halber Araber war. Jetzt war ich ein jüdischer Hilfspolizist mit einer Schleife am Ärmel. In einem der Busse war ein Araber aus Bak'a al Gharbieh; er schaute mich an und versuchte, in meinem ausdruckslosen Gesicht zu lesen. Ich durchsuchte seine Taschen, während die jüdischen Fahrgäste mir zusahen. Ich kam mir großartig vor, Laila, es war ein großartiges Gefühl, plötzlich die Macht zu haben, andere Leute durchsuchen zu können. Er hatte ein paar Feigen und Oliven in der Tasche, und dann fühlte ich eine Messerklinge. Ich zog das Messer nicht heraus, ich sah ihn nur an, und er mich, und ich sagte kein Wort. Ich besaß die Macht, ich hätte ihn festnehmen können. Ich wollte schon den Offizier rufen, der draußen auf und ab ging und uns zurief, »Habt ihr was gefunden, Jungs? Ihr müßt lernen, wo diese Scheißkerle ihre Waffen versteckt haben.« Ich sagte kein Wort, ich konnte nicht, nicht einmal, um meine Macht noch etwas länger auszukosten. Ich stieg aus dem Bus und sah, wie er vom Fenster auf mich hinunterschaute. Weißt du, wie er mich ansah? Mit Verachtung. Er wollte mir zeigen, daß er stärker war als ich, dieser elende arabische Bauer. Er hätte im Gefängnis sitzen können; sie hätten ihn zusammengeschlagen wegen eines lausigen Messers, das vielleicht nicht mal zum Traubenstehlen taugte – aber er schaute mit Verachtung auf mich herab, weil ich ihn nicht verraten hatte. Ich erwiderte seinen Blick, ging auf die andere Straßenseite, wo mir die Sonne auf den Kopf brannte, und kotzte.

22

Laila sagte, »Ich bin müde, ich mische mich in nichts mehr ein, ich tue, was ich tun muß. Ich lebe, ohne zu wissen warum. Am Ende wird alles vorbei sein.« Ich fuhr nach Tel-Aviv zurück. Rami und Dinah riefen mich an, und ich legte wortlos auf. Franz nahm mich mit zu einem Konzert. Als sie Bach spielten, fing ich an zu weinen. Ich vergoß Tränen für die Laila der vorigen Nacht.

Nachdem ich beschlossen hatte zu fliehen, und Bunim begriff, daß ich einen Weg aus dem Land suchte, tat er nichts, um mich aufzuhalten. Plötzlich hatte er das Interesse an mir verloren. Als ob sein langer Krieg jetzt beendet sei. Ich bat Dinah, mir zu helfen; sie wurde verlegen und wußte nicht, was sie sagen sollte. Rami war zum Reservedienst einzogen worden. Ich beschimpfte sie und lief davon. Am Ende gelang es mir auszureisen. Die Polizei am Flughafen wußte nicht einmal, wen sie suchte. Bunim war nicht länger programmiert. Vielleicht versuchte er, mir zeigen, daß ich ohnehin *verbrannt* sei und mich ruhig aus dem Staub machen könne. Er hatte mich aufgegeben, jetzt sollte die andere Seite ihre Chance haben, mich in eine Falle zu locken. Ich flog nach Rom und von dort nach Zürich, wo ich Nabil traf. Er sagte, »Wir haben von dir gehört und was du gemacht hast. Warum fängst du nicht an, für uns zu arbeiten?« – »Ich habe gar nichts gemacht«, sagte ich, und er sagte, »Hör mal, du hast für den Mossad gearbeitet, das ist ein offenes Geheimnis, und jetzt ist es an der Zeit, die Rechnung zu begleichen.« Ich erwartete jeden Moment eine Kugel im Rücken, aber offenbar hatte jemand beschlossen, daß es lohnender sei, mich am Leben zu lassen. Schließlich wußte ich Sachen, die sonst niemand wußte. Ich war zur Hälfte einer von ihnen, meine Mutter war Chava, die Heldin von Koloniya. Es würde sich für sie lohnen, mich erst einmal am Leben zu lassen. So dachte ich zumindest. Nabil forderte mich auf, mit ihm nach Beirut zu fliegen, und ich war einverstanden. Mein Onkel, der ältere Bruder von Asuri, lebte dort.

Während wir Zypern überflogen, erzählte mir Nabil, der schon ziemlich viel Whisky getrunken hatte, ein paar Geschichten, denen ich entnahm, daß Bunim sich entschlossen hatte, mich bis zuletzt zappeln zu lassen. Vielleicht – und das sage ich mit Vorbehalt und aus meiner heutigen Sicht, während ich hier in Paris auf meine schicksalbestimmende Begegnung warte und mein Bekenntnis zum dritten Mal niederschreibe – vielleicht wollte er mich sogar schützen. Vielleicht war es die Tatsache, daß wir alle durch seine Hände gegangen waren, meine Mutter, meine Großmutter, und jetzt ich, daß er Franz damals auf dem Weg nach Akko aufgehalten hatte, daß er Kommandeur des Hafens in Haifa war, als Franz und Käthe 1936 ins Land kamen, vielleicht war all das ein Grund für ihn, den Mund zu halten, *verbrannt* auf meine Akte zu schreiben, aber das Streichholz nicht daran zu halten. Nabil wußte nur das, was er in den israelischen Zeitungen gelesen hatte. Das war nicht viel und äußerst ungenau.

Kaum hatte ich Israel den Rücken gekehrt, ließ man gewisse Andeutungen an die Presse durchsickern. Die Reporter fingen an, im Kassit herumzuschnüffeln. Chedva und Nissan redeten sich den Mund fusselig und erzählten haarsträubende Geschichten; es war zum Heulen. Rami hielt den Mund. Auch Dinah sagte nichts. Laila sagte etwas ganz Eigenartiges. Sie kamen zu ihr in die Wohnung, und Laila sagte, »Josef ist verwirrt, ihm fehlt das politische Rückgrat, die pragmatische Einstellung zum Palästinenserproblem. Er ist ein Romantiker und ein Mischling. Seine Mitarbeit beim Mossad war mehr gegen ihn selbst gerichtet als gegen die Araber.« Kassem sagte, er wisse genau, ich hätte nichts verraten und der einzige Grund für meine Kollaboration mit dem Mossad sei die Tatsache gewesen, daß ein Araber einmal versuchte hatte, meine Mutter umzubringen. Kassem hatte ein hochentwickeltes Gespür für das Dramatische. Leider nutzte er es immer für die falschen Ziele. Seine Bühnenstücke waren palästinensische Propaganda; sie handelten von armen werktätigen Arabern unter dem Joch des zionistischen Imperialismus. Mit seinem Talent hätte er ein arabischer Tschechow sein können, aber statt dessen schrieb er billige Unterhaltung für gelangweilte Kommissare. Seine Gedichte, die in hebräischer Übersetzung erschienen, waren Klagelieder voll hypnotisierender Lyrik. Jedenfalls brachten die Reporter nicht viel aus Kassem heraus, außer ein paar albernen Geschichten über Laila und mich. Laila schrieb einen wütenden Leserbrief an die arabische Zeitung *Al-Ittihad*, in dem sie sich darüber beschwerte, wie man meinen Namen in den Dreck zog. Die Zeitschrift *Ha-Olam Haseh* übersetzte den Brief ins Hebräische. Asuri und Franz wurden festgenommen und verhört. Das war Bunims dreckiges Spiel. Er wußte, daß keiner der beiden ihm etwas zu berichten hatte, aber als alternder Sadist wollte er sich das Vergnügen gönnen, sie einzeln zu verhören und ihr Blut zu saugen. Er war eifersüchtig auf ihre Liebe zu mir. Bunims Sohn war tot, und er war ein harter, einsamer Mann. Er hätte Japaner sein sollen, Harakiri zu begehen wäre für ihn so einfach gewesen wie eine Portion Eiscreme zu essen. Er hatte dem Tod so oft ins Auge gesehen, daß es für ihn wie ein Schachspiel war – man plant die nächsten Züge, bringt den König um, trinkt dann eine Tasse Tee, geht zu Bett und schläft wie ein Hund. Wie ein toter Hund.

Bunim saß da und genoß die bewußt zur Schau gestellte, illusionslose Verachtung für Asuri, den er möglicherweise im Geheimen wegen seiner Geduld und inneren

Kraft bewunderte. Vielleicht hätten Bunim und Asuri gemeinsam die Grundlage für einen neuen Staat schaffen können, für den Traum eines jüdischen Staates nach dem Holocaust, eine Zuflucht für Menschen, die die Bedeutung von verschlossenen Türen kannten. Möglicherweise war dieser Traum schon verloren, nicht nur für Asuri, der sich daran die Finger verbrannt hatte, sondern auch für Bunim. Ein neuer Geist regte sich bei den Juden. Bunim war bereits überholt, galt als die Stimme der Mäßigung und Zurückhaltung. Der neue religiöse Nationalismus hatte ihn weit hinter sich gelassen. Bunim war nicht mehr im Rennen. Er saß Asuri gegenüber und tat so, als würde er ihn ausquetschen. Asuri merkte sehr bald, daß er im Grunde nur die eigene Stimme hören wollte, die Sachen sagte, die anderen gegenüber gesagt werden sollten, wozu aber Bunim der Mut fehlte. Er befragte Franz, als hätten sie ein gemeinsames Geheimnis und wären Komplizen bei einem Verbrechen. Franz war gekränkt, hielt sich jedoch an Bunims Spielregeln. All dies ließ man an die Presse durchsickern, und ich las es in der Zeitung. Keiner hatte genau benannt, was ich eigentlich beim Mossad getan hatte, keiner hatte den Reportern erzählt, ich hätte den Regen ins Kassit gebracht. Nein, das stimmt nicht, Nissan und Chedva hatten es erwähnt, aber keiner nahm sie ernst. Seriöse Quellen ließen nichts davon verlauten. Es kam mir vor, als wäre ich weniger *verbrannt*, als auf Eis gelegt. Nabil wußte nichts Genaues darüber, was ich beim Mossad gemacht hatte. Er dachte, ich hätte Übersetzungen vom Arabischen ins Hebräische gemacht, die arabische Presse gelesen und in der graphischen Abteilung ausgeholfen. Nichts, worüber man prahlen konnte, kein Grund, einen Agenten zu *verbrennen* – aber das hatte man ihm erzählt, und anscheinend glaubte er es. Ich fühlte mich erleichtert. Es machte mir nichts aus, von den Lesern der hebräischen Zeitungen für einen Verräter gehalten zu werden, mein Leben war ohnehin vorüber. Es gab für mich keinen Zufluchtsort und keine Hoffnung mehr, aber ich wollte nicht, daß man erfuhr, ich hätte den Regen ins Kassit gebracht. Niemand sollte wissen, daß ich ins Kassit gekommen war, um dort Liebe und Freundschaft zu finden. In meiner Phantasie gebärdeten sich Rami und Dinah wie läufige Hunde und hatten Kinder, und es war kein erbaulicher Anblick. Franz wurde alt, Käthe und Chava waren tot, Asuri stand vor dem Kassit und wartete auf mich, und ich versuchte, ihm aus dem Weg zu gehen. Manchmal konnte ich mein Doppelleben nicht länger ertragen, und dann wartete Asuri auf mich mit der Geduld eines arabischen Bauern. Ich ging zu ihm, wir fielen einander um den Hals und mimten zum wiederholten Mal die Heimkehr des verlorenen Sohnes. Dann saßen wir da und führten stundenlange Gespräche, die manchmal die ganze Nacht dauerten. Er hatte verstanden. Er wußte, daß ich irgend jemandem die Schuld zuschieben mußte, und er das nächstliegende Opfer war. Als er vor dem Kassit auf der Straße stand und ich mich weigerte, ihn anzuschauen, konnte er das hinnehmen, wie er mir sagte, nach Akko zurückzufahren, in Haifa an der Universität zu unterrichten und mir ein so langes Stück Strick zu geben, daß ich mich daran hätte aufhängen können, wenn ich dann zu ihm käme, um mich auszuweinen. Er wartete auf meine Tränen wie ein Bauer auf den Regen. Wir saßen bei Abu Christo oder am Strand, tranken eisgekühlten Wein und schauten auf die Bucht hinaus. Eines Abends saß ich am Meer, die Sonne war im Begriff unterzugehen, und ich warf Steinchen in die Wellen. Ein kleiner Junge kam zu mir und fragte auf Arabisch, was ich mir wünschte. »Was meinst du?« fragte ich, und er sagte: »Was wünschst du dir vom Wasser? Wenn jemand Steine ins Wasser wirft, dann wünscht er sich etwas.« Asuri kam dazu, hörte den letzten Teil unseres Gesprächs und sagte, »Er wünscht sich, Haifa läge an der Bucht auf der Seite von Akko und Akko drüben, auf der Seite von Haifa.« Ich lachte, denn genau das hätte ich mir gewünscht, wenn ich gewußt hätte, von wem. Aber jetzt waren wir beide schon müde, erschöpft von den zähen Kämpfen, die hinter uns lagen, und bei denen er oft meinetwegen riesige Tränen vergoß, die Zeiten des Kassit waren vorbei, Rami und Dinah lebten zusammen in meiner Wohnung, und ich verbrachte meine Zeit bei Asuri und Franz. Sie wußten, daß ich vorhatte, mich abzusetzen. Ihnen war klar, daß ich für *die Regierung*, so umschrieb ich es, etwas anderes tat, als die Wüste rot zu färben. Sie verstanden, daß ich – genau wie sie – in der Falle saß. Ich war besiegt, und am Ende waren sie nicht überrascht, daß ich davonlief. Geld hatte ich genug, sie hatten beide schon vor Jahren in der Schweiz größere Summen für mich hinterlegt; auf mich wartete ein ordentlicher Betrag. Ich bin ein reicher Mann und hätte Nabil mehr als nur eine Flasche zollfreien Whisky schenken können, den ich von der Lufthansa-Stewardess kaufte, die sich so sehr über mein vornehmes Deutsch wunderte. Ich sprach ein Deutsch, wie es in Deutschland nicht mehr gesprochen wurde. Sie erkannte nicht, daß es das Deutsch von Schiller und Heine, von Karl Kraus und Goethe war. Ihr Deutsch war das der Zeit nach den Nazis, während meines aus vorsintflutlicher Zeit stammte. Sie hätte sich gern bei mir auf den Schoß gesetzt, wenn sie sich getraut hätte, wahrscheinlich hielt sie alle Araber für heißblütige Wüstlinge. Sie wußte, was man mit den deutschen Mädchen in Beirut anstellte. Ich lachte und sagte in gebrochenem Deutsch, »Ich Araber, sehr heißes Blut.« Sie lachte auch, aber ihre Augen lachten nicht mit. Sie waren kalt und ausdruckslos.

Vor genau zwei Jahren kam ich in Beirut an. Seitdem ist dort sehr viel passiert. Ich ging mit Nabil in ein kleines Hotel, das nach Whisky und Haschisch stank. Die Zimmer waren voll mit den Mätressen der Anführer der Organisationen, und ihre Kinder larmten in den Gangen. Dies waren die Führer, an die Laila wie an Heilige glauben wollte. Ich nahm ein Taxi und fuhr zum Haus meines Onkels. Es war fünf Uhr nachmittags, und die Stadt sah aus wie ein einziger großer Basar; Autos fuhren wie verrückt mit irrsinniger Geschwindigkeit herum. Bewaffnete Soldaten hatten die Stadtviertel unter sich aufgeteilt und schossen wahllos auf jeden, der sich in diesem Wirrwarr nicht auskannte. Jede politische Gruppierung besaß ihre eigene Armee. Gelangweilte syrische Soldaten patrouillierten durch die Straßen wie Polizisten. Ich kam zum Haus meines Onkels George. Er schaute mich mit der ruhigen, fast fatalistischen Überraschung an, die ich bald auf den Gesichtern der Christen in Beirut wiederfinden sollte, für die jedes Klopfen an der Haustür ein frohes Ereignis oder jähen Tod bedeuten konnte. Als ich ihm sagte, wer ich sei, kam plötzlich Leben ins Haus. Meine Tante küßte mich ab, meine hübsche Kusine hielt mir dezent die Wange zum Kuß hin, und man tischte ein großartiges Abendessen auf. Das Dienstmädchen servierte ein köstliches Gericht nach dem anderen. Draußen wurde die Nacht von Schüssen und entferntem Kanonendonner zerrissen. Niemand schien zu wissen oder sich viel darum zu kümmern, wer hier auf wen schoß. Mein Onkel erwartete von den Israelis die Rettung. Er lebte hier in Beirut als maronitischer Christ. Meine Tante war mir gegenüber von ausgesuchter Höflichkeit. Sie beide arbeiteten an der Amerikanischen Universität von Beirut. Die Tochter saß kalt und abweisend an ihrem Platz und hielt den Blick starr auf ein Bild über dem Klavier gerichtet. Ich erkundigte mich nach dem Maler, und mein Onkel sagte, das Bild sei von meiner Kusine Annette gemalt worden. »Ein schönes Gemälde«, sagte ich, und mein Onkel sagte, sie habe an der Akademie der Schönen Künste in Paris studiert. Wir sprachen über Israel, den Libanon und Asuri. Das Gespräch war nicht ohne Peinlichkeit, weil sie die Ankunft der Israelis kaum erwarten konnten, vor denen ich geflüchtet war. Die Höflichkeit verbot ihnen, sich nach dem Zweck meines Besuchs zu erkundigen. Sie wären nie darauf gekommen, daß ich hier war, um ihren Feinden zu helfen. Über ihre sogenannten Freunde wußten sie auch nicht viel. Sie kannten Bunim nicht.

Mein Onkel überschüttete mich mit Erinnerungen, die so alt waren, daß sie schon fast Schimmel angesetzt hatten. Er erinnerte sich an Paris, als ich ein Jahr alt gewesen war. Wir fingen an, Französisch zu sprechen, tranken immer mehr Wein, und von der Straße her ertönte arabische Musik. Nebenan übte jemand ein Tschaikowskij-Konzert auf der Geige. Dann fragte mich mein Onkel, ob ich gern meine Kusine sehen wolle. »Die Malerin?« fragte ich. Er sagte, »Ja.« Er und seine Frau führten mich ins Schlafzimmer. Es war ein großer Raum, über dem Bett war ein geschlossenes Fenster, und unter dem Fenster hing ein kleines Kruzifix. Die Wände waren kahl, bis auf ein riesiges Foto gegenüber dem Bett mit der glänzenden gelben Tagesdecke. Mein Onkel machte das Licht an, das so grell war, daß ich fast geblendet war. Ich betrachte das Foto an der Wand. In fünf Kästen, die man nebeneinander aufgestellt hatte, lag der zerstückelte Körper eines jungen Mädchens. Das Gesicht war zerschnitten, man hatte ihr die Augen ausgestochen, und die ausgestochenen Augen lagen in dem Kasten, wo auch ihr Gesicht war. »Darf ich dir deine Kusine vorstellen«, sagte mein Onkel. »So haben wir sie gefunden. Sie haben sie gefoltert, bevor sie sie getötet haben, aber die Augen haben sie ihr erst später ausgestochen.« Meine Tante sagte, »Ich habe das Foto aufgenommen.« »Wie groß ist es?« war alles, was ich herausbrachte. »Ein Meter auf ein Meter zwanzig«, sagte sie. Ich versuchte, mir die Nächte vorzustellen, wenn sie hier im Bett ihrer Tochter gegenüberlagen, und mir wurde schrecklich übel. Am liebsten wäre ich davongelaufen, aber sie führten mich zurück in den Salon. Die andere Tochter setzte sich ans Klavier und spielte die Mondscheinsonate.

Mein Onkel wirkte wie ein ausgedörrter Asuri, der vor Gift triefte, von dem ein verhaltener Haß ausging, der durch die Nase sprach und nur auf die Gelegenheit wartete, einen aristokratischen Tod zu sterben. Seine Frau besaß eine Privatarmee von fünf bewaffneten Jungens, die vor dem Haus neben einem nagelneuen Mercedes warteten. Meine Kusine sagte, »Erzähl uns doch etwas von dir, wir wissen so wenig.« Die gespenstischen Fotografien zerstückelten mein Hirn, ich saß die ganze Nacht und erzählte ihnen von Asuri und Chava und von mir und unserem Leben. Ich merkte, daß ich eine Rede hielt, die von Bunim hätte stammen können. Ich ekelte mich vor mir selbst. Mein Haß erschien unwirklich, mein Zorn unbedeutend. Was mir grausam vorkam, erschien ihnen wie ein höfliches Geplänkel. Es kam mir vor, als sei Akko, wo Asuri saß, nicht fünfzig oder sechzig Kilometer weit entfernt, sondern hundert Jahre.

Gegen Mitternacht setzten wir uns zu einem späten Imbiß an den Tisch. Meine Tante sagte, »Probier mal den Salat, wir werden diese Palästinenser schon fertigmachen, ihnen die Eier abschneiden und ihnen die Augen ausstechen, koste doch mal die Garnelen.« Ich konnte nichts essen. Ich fragte meinen Onkel, »Bist du denn kein Palästinenser?« »Ich?« sagte er. »Ich habe Akko vor vierzig Jahren verlassen, ich bin ein libanesischer Christ. Als ich von dort wegzog, gab es noch keine Palästinenser, es waren die Juden, die in ihrer Dummheit ein Heimatland für Asuri schufen. Damals gab es nur eine britische Mandatsmacht und den panarabischen Traum von einem Groß-Syrien. Jetzt tanzen wir alle nach der Pfeife der Syrer, und jeder mordet im Namen Allahs und des heiligen besetzten Landes. Hier sind alle bestechlich, verrottet bis in die Knochen, es gibt hier keine Soldaten, sondern nur die gedungenen Meuchelmörder der arabischen Versager. Nein, ich bin kein Palästinenser. Und du, Josef? Bist du ein Palästinenser?« Ich sagte, ich wisse nicht mehr, wer ich sei, meine Mutter war eine Jüdin, mein Vater war Asuri. Wer und was ist Asuri? Mein Onkel sagte, »Was für ein schöner Junge Asuri doch war ...«.

23

Nabil holte mich vom Hotel ab und nahm mich mit ins Hauptquartier. Unterwegs besuchten wir die palästinensische Bibliothek. Hier traf ich einen Arzt aus Akko mit aristokratischen Manieren, der Asuri kannte. Wir tranken Kaffee. Er redete nicht viel und schaute mich sehnsüchtig mit müden traurigen Augen an. Er sah mich an und versuchte in mir die Dschassar-Moschee zu sehen. Er sprach verzweifelt von Haifa und der Bucht. Ich wurde zu einem Dichter gebracht, den wir in Haifa alle sehr verehrt hatten. In Schwermut versunken saß er mir gegenüber und trank um elf Uhr morgens bereits Whisky aus der Flasche. Das Fenster stand offen, und wir sahen den Hafen von Beirut im Sonnenlicht liegen. Ich war ihm schon einmal ganz kurz in Haifa begegnet, als ich noch auf dem Gymnasium war. Asuri hatte mich mitgenommen zu einem Treffen jüdischer und arabischer Schriftsteller im Parteiclub in der Deutschen Kolonie. Er erzählte nichts von seiner Flucht oder was ihm seither zugestoßen war. Vielleicht tat ich ihm leid, vielleicht war sein Haß zu bitter, um ihn in Worte zu kleiden. Er war anders als die meisten Leute, denen ich in Beirut begegnet war. Für ihn war ich ein Feind, nicht weil ich für den Mossad gearbeitet hatte, sondern weil ich für ihn ein Jude war, die schmerzhafte Wunde eines Mannes, der von seinem eigenen Schatten verfolgt wird, denn hier war auch er eine Art Jude. Vielleicht fürchtete er sich vor dem

Spiegelbild, das wir einander boten. Nach ein paar Minuten fingen wir an, Hebräisch zu sprechen, als besäße die Sprache eine eigene Wirklichkeit, als würden wir etwas berühren, das außerhalb dieser vier Wände existierte: die Schulter eines geliebten Bruders, Haifa, die Stadt, die er voller Haß in seinen Gedichten beschrieb, und die er immer noch liebte. Wir sprachen über unbedeutende Dinge, vielleicht wollte er mich warnen. Nur zu gerne wäre er zurückgegangen und hätte den Preis dafür gezahlt, aber er hatte schon zu viele Brücken hinter sich abgebrochen, und ich konnte seine Furcht und seinen Schmerz verstehen. Ich erzählte ihm von der ersten Begegnung zwischen Franz und Asuri im Garten von Abu-al-Misk Kafur. Er schaute mich mit glasigen Augen an, als wollte er durch mich nach Haifa zurückkehren, um seine Toten zu betrauern und ihre Gräber zu zählen.

Ich traf mehrere Führer der Organisationen, die Informationen aus mir herausquetschen wollten. Das Ganze war eine Schmierenkömodie. Alles, was ich ihnen geben konnte, waren Worte. Ich konnte ihnen nicht das geben, weswegen ich hergekommen war. Plötzlich tat mir meine Flucht in der Seele weh. Ich bot ihnen nur nutzlose Informationen an, unbedeutende Einzelheiten. Ich verbarg mein Talent vor ihnen. Von mir sollten sie nicht bekommen, was meines Erachtens Franz oder auch nur Asuri und Laila schaden konnte. Die Arbsurdität der Situation wurde mir bewußt, als ich mich mit einem ihrer höchsten Männer unterhielt. Ich hatte gehört, daß er als gemäßigt galt. Er war ein harter Bursche mit unruhigen Augen und tat sein Bestes, etwas aus mir herauszuholen. Seine militärischen Kenntnisse waren gleich null. Im Vergleich zu Bunim war er ein Dilettant, und Rami hätte mit einer Hand Hackfleisch aus ihm machen können. Er war ein Ideologe, der sich für einen Freiheitskämpfer hielt, aber gewitzt genug, um sich darüber klar zu sein, daß er eine Rolle in einer grausamen Farce spielte. Er tat mir ebenso leid wie ich mir selber. Am Abend führte mich Nabil in ein elegantes Nachtlokal, wo sich Freiheitskämpfer unter verzweifeltem Kampfgeschrei, in den Händen Gewehre mit aufgepflanztem Bajonett, auf ihre nackten Mätressen stürzten. Nabil wollte mir das Nachtleben der Freiheitskämpfer zeigen. Vielleicht war es auch der Geist von Abu-al-Misk Kafur Scharara, der mir mein Erbe vorführen wollte, mir die Ruinen seiner ruhmreichen Träume in all ihrer verkommenen Brutalität zeigen wollte. Ich konnte die Erinnerung an das Foto mit der zerstückelten Leiche meiner Kusine nicht loswerden. Mein Onkel bemühte sich, Kontakt mit mir aufzunehmen, aber Nabil meinte, es wäre unklug, neben einem Verräter wie ihm gesehen zu werden. Spät nachts kam ich in mein Hotelzimmer; dort wartete eine Frau auf mich, die Nabil geschickt hatte. Sie saß in einem Sessel, trank Whisky und sprach mich, warum auch immer, auf Englisch an. Sie sagte, »Leben hier sehr traurig. Mein Freund tot, war Offizier, Dynamit, Explosion, weg. Ich bin bei Organisation, und du?« Ich erklärte ihr, ich sei Insektenforscher in Kiriat Chaim und Kirat Bialik, verheiratet mit einer dicken Frau, die als Sanddüne verkleidet war, und meine Mutter, eine Frau namens Gertrude, sammle alte Männer, die sie heiratete, bevor sie starben. Ich war betrunken. Ich legte mich neben sie; sie versuchte, mir die Kleider auszuziehen. Man hatte sie schon bezahlt, aber ich wollte keine Frau, ich wollte sie röcheln hören und den Gestank einer ideologischen Hure riechen. Ich sagte ihr, sie solle mich zufriedenlassen, machte die Augen zu und versuchte, mich an etwas zu erinnern, das sich an der Grenze meines Bewußtseins regte. Dann war es da: Dinah. Dinah in voller Uniform am Tor ihres Militärlagers. Es war Unabhängigkeitstag, und überall im Land hatte man gegen die Enteignung arabischen Bodens demonstriert. Ich war in Asuris Volvo gekommen, um Dinah zu besuchen. Unterwegs wurde ich angehalten und durchsucht. Ich wurde gestoßen, geschlagen, beschimpft und verspottet. Ich sagte ihnen, ich wolle nur meine Freundin besuchen. »Und was ist mit eurem Grund und Boden, du beschissener kleiner Araber«, sagten sie,

»mit dem vergewaltigten arabischen Land, dem heiligen arabischen Land?« Ich sagte, »Nur ein toter Araber ist ein guter Araber.« »Das hast du gesagt, nicht wir«, sagten sie. Einer von ihnen war ein Druse von der Grenzpolizei, sein Bruder war ein Dichter, den ich aus Haifa kannte. Er stieß mir seinen Gewehrkolben in den Bauch, und ich fragte ihn, »Was machst du hier bei denen?« Er schaute sich nach seinem jüdischen Offizier um, der ein paar Meter weiter weg stand, und sagte, »Die sehen es gerne, wenn wir ihnen eine Vorführung bieten.« Mir war zum Weinen zumute, aber ich weinte nicht. Eine Stunde lang hielten sie mich fest, quälten mich und stießen mich herum. Sie hatten nichts gegen mich persönlich, aber ich war der einzige Araber, der vor ihrer Straßensperre aufgetaucht war. Also holten sie aus mir heraus, was rauszuholen war. Danach ließen sie mich weiterfahren und warnten mich, ich solle mich bei keiner Demonstration blicken lassen. Bevor ich weiterfuhr, kam ein Mann in Zivil zu mir und sagte, »Warum machst du so ein beleidigtes Gesicht. Es ist doch Krieg, oder?« Ich sagte, »Ja, es ist Krieg, und du bist ein großer Held.« Er zeigte mit dem Finger auf mich und sagte zu den anderen, »Seht ihr diesen Affen hier? Dieser Affe bleibt stehen, bis die Ampel rot zeigt. Dann will er fahren. Aus denen kann man keine Menschen machen.«

Ich kam zu dem Militärlager, parkte den Wagen und ging zum Tor. Dinah stand da mit einer Uzi-Maschinenpistole und erwartete mich. Ich stand ihr gegenüber, und sie sah, daß ich geschlagen worden war. Ich fragte sie, »Kannst du dir vorstellen, daß du mich erschießt?« Und sie sagte, »Ich hasse Schußwaffen. Sie haben mich gezwungen, die Uzi zu tragen, aber sie ist nicht geladen.« Um uns herum fand ein großes Picknick statt, Eltern hatten ihren Töchtern Kuchen und Süßigkeiten mitgebracht. Auf offenen Feuern kochte Kaffeewasser. Dinahs Eltern würden später kommen. Sie wollten nicht mit mir fahren. Dinahs Mutter hatte gesagt, »Fahr nur vor, Josef, uns bringt später jemand hin.« Ich wußte, daß sie sich ein Taxi nehmen würden. Es tat mir weh, daß sie nicht mit mir fahren wollten. Ich sah mir das riesige Picknick an, vergnügte Mütter und begeisterte Väter, die Aufnahmen von ihren Soldatentöchtern machten, die in kriegerischer Haltung neben alten Panzern posierten. Junge Soldaten tanzten um ihre Freundinnen in Uniform herum. Wir standen schweigend abseits. Ich war traurig und sagte, »Ich habe dir Schokolade mitgebracht«, und gab sie ihr. Sie verschlang die Schokolade gierig. Ich nahm ihr die ungeladene Maschinenpistole ab, richtete sie gegen mich. Mit dramatischer Stimme – sie hätte Kassim alle Ehre gemacht – sagte ich, »Josefs letzte Worte: Es ist gut, für unser Land zu sterben.« (Der berühmte Ausspruch von Josef Trumpeldor, einem der ersten zionistischen Pioniere, der von Arabern erschossen wurde)

Dann drückte ich auf den Abzug. Dinah schrie auf, und ich sagte, »Das Ding ist doch nicht geladen.« Sie sagte, »Es kann immer passieren, daß eine Kugel im Lauf steckt.«

Ich sagte zu der Frau neben mir im Bett, »Es kann immer passieren, daß eine Kugel im Lauf steckt«, und sie sagte, »Laß uns ficken, die haben schon bezahlt, du riechst gut.« Schließlich ließ ich mich von ihr vergewaltigen, und ihr Orgasmus war ein Meisterstück mechanischer Kunst, sie stöhnte genau im richtigen Moment, als stammten die Anweisungen, wie man Juden umbringt und wie man einen Orgasmus vortäuscht, aus demselben Handbuch der Organisation.

Ich wurde von Offizieren verhört, die längst jede Hoffnung aufgegeben hatten, irgend etwas von Bedeutung aus mir herauszukriegen. Ich erwähnte nicht einmal Bunim. Er soll mich ruhig verbrennen, wenn er will, ich werde ihn nicht verbrennen. Mich ekelte das alles an. Alles, was ich bis jetzt gesehen hatte, war rührseliges Selbstmitleid, billiges Geld und vergebens vergossenes Blut. Ich gehörte weder zu ihnen, noch zu Bunim, aber wenigstens fühlte sich Bunim mir irgendwie verbunden; er bekämpfte mich mit den Händen meiner Mutter, und es machte ihm Spaß zuzusehen, wie sich sein heiliger Eifer und sein müder Haß auf meinem Gesicht widerspiegelten. Die Freiheitskämpfer empfanden keinen wirklichen Schmerz, ich war ihnen scheißegal. Das ganze Getue um ihr heiliges Land erinnerte mich an die Rabbiner im israelischen Fernsehen, die den faulen Eiern eines religiösen Fanatismus entschlüpft waren, der so viele Jahre im Verborgenen geschlummert hatte. Jetzt wetteiferten sie mit einem Khomeini. Eines Abends sagte ich zu Nabil, »Ich fühle mich hier wie ein Fremder«, und er sagte, »Hör mal, Josef, der Name dieses Spiels ist das Spiel selbst. Du sitzt mittendrin, verbrannt von beiden Seiten.«

Ich blieb drei Monate in Beirut. Ich war ein kompletter Versager, und die Leute an der Spitze ließen Anzeichen von Ungeduld erkennen. Der Propagandawert, den ich mitgebracht hatte, schwand dahin; die israelische Presse hatte mich längst vergessen. Sie wollten Blut sehen, und ich hätte es ihnen geben können. Sie wußten das und spürten, daß ich etwas vor ihnen zurückhielt. Sie versuchten es mit Einschüchterungen, mit Drohungen und sogar mit Drogen. Ich dachte daran, wie ich einmal zu Bunim gesagt hatte, »Ich tue alles, was du mir sagst, ich bringe dir den Regen ins Kassit, aber meine Freunde und Bekannten werde ich nie verraten.« Er hatte gesagt, »Das macht nichts, dafür haben wir andere und bessere Stinker als dich.« Ich hielt mein Wort und rettete damit die Ehre jener besseren Stinker. Dasselbe machte ich auch in Beirut, nur daß ich hier nicht den Regen ins Kassit brachte. Ich hatte meinen eigenen Ehrenkodex, ich war ein Nachkomme der Familie Salomon aus Deutschland und von Abu-al-Misk Kafur Scharara. Ich fürchtete den Tod nicht, vielleicht sehnte ich mich danach, daß jemand mich erschießen würde. Ich wollte nur Schaden von Franz und Asuri abwenden. Beide saßen jetzt im selben Boot. Ein paar Tage später rief ich meinen Onkel an und bat ihn, ins Hotel Commodore zu kommen und Geld mitzubringen. Er erschien, verkleidet als Falangist. An seinem alten Körper sah die Uniform lächerlich aus. Ich sagte zu ihm, »Ich muß hier weg, und du mußt mir dabei helfen.« Er stellte keine Fragen. Ich wußte, daß man mir nachspionierte. Wir fuhren durch unbelebte Seitenstraßen bis nach Dschunja. Dort versteckte mich mein Onkel bei einem jungen Offizier, der auch keine Fragen stellte, sondern mir erst mal Zigaretten brachte, und ein ganz junges Mädchen, fast noch ein Kind. Er servierte uns den besten Kaffee, den ich je getrunken hatte. Noch in derselben Nacht brachten sie mich auf ein Schiff, das nach Zypern fuhr. Bevor wir ablegten, sagte mein Onkel zu mir, »Rufe Asuri an und sage ihm, er soll mir meine Tochter wiedergeben.« Dann ging er weg. Die Reise war kurz, aber ich hatte fürchterliche Angst, entdeckt zu werden. Ich lag im Dunkeln in meiner Kabine, grinste vor mich hin wie ein Idiot und atmete den Geruch der stürmischen See ein, die ich durch das Bullauge sehen konnte. Ich bat die Fische im Meer, Grüße an Akko auszurichten. Ich fühlte mich Akko mehr verbunden als je zuvor, und ahnte, daß ich der Stadt wohl nie wieder so nahe kommen würde.

In Zypern wurde ich erwartet und auf Umwegen zum Flughafen gebracht. Man sagte mir, ich würde überall gesucht. Nabil hatte Rache geschworen, seine Leute waren hinter mir her, aber ich entkam ihnen. Als das Flugzeug abhob, atmete ich erleichtert auf, wußte aber immer noch nicht, ob ich in Sicherheit war. Wir flogen nach Kopenhagen, und dort verfolgte mich ein Volkswagen. Zu diesem Zeitpunkt nahm ich das nicht mehr sehr ernst, über ihre Ungeschicklichkeit mußte ich lachen. Ich entkam nach Zürich. Nachmittags um fünf ging ich in ein Hotel, legte mich in den Kleidern, die mir mein Onkel gegeben hatte, aufs Bett und schlief bis zum nächsten Morgen. Ich stand in einer Telefonzelle, die Faust voller Schweizer Münzen, und rief Asuri an. Ich sagte ihm, »Mach dir keine Sorgen, Asuri, es ist alles in Ordnung. Ich rufe in ein paar Tagen wieder an. Grüße Dinah und Franz von mir.« Am nächsten Morgen holte ich mir Geld von der Bank und flog nach Paris.

Bevor ich Israel verließ, war ich mit Franz in Tel-Aviv in ein Café gegangen. Gertrude hatte ihn bereits vollständig am Wickel. Aus jedem Winkel des Hauses grinsten mich ihre dicken Töchter an. Ich konnte ihr Haus nicht ertragen, ich suchte immer nach Käthe. Franz war alt geworden. Mit achtundsiebzig sah er aus wie ein getrockneter Schmetterling. Er trug einen leichten Sommeranzug und nippte langsam an seinem Eiskaffee. Sein vornehmes Gesicht war von schwer definierbaren Linien durchzogen. Er sah aus, als hätte er sein ganzes Leben im Niemandsland verbracht, unberührt von den Bomben, die auf beiden Seiten einschlugen. Keine Spuren der Katastrophen, die er durchgemacht hatte, waren seinem Gesicht abzulesen. Er operierte nicht mehr, ging nur von Zeit zu Zeit ins Krankenhaus, um sich mit den jungen Ärzten zu unterhalten. Für sie war er ein Relikt aus einer fernen Vergangenheit. Er rührte seinen Kaffee so penibel um, wie jemand, der einem anderen Zeitalter angehörte. Die sanften Bewegungen, das weiche und lächelnde Gesicht, kamen aus einer längst vergangenen Welt.

Hier auf der Terrasse des Kaffeehauses, im grellen Licht der Tel-Aviver Sonne, war deutlich erkennbar, wie sehr er gealtert war, in seinen Augen lag eine kalte, würdige Hoffnungslosigkeit. Franz ertrug das Alter mit Gelassenheit. Wie Dinah glaubte Franz nicht, daß ich zum Maler geboren war. Meine Malerei erschreckte ihn; mein Versuch in der Wüste hätte diesem Traum ein Ende setzen müssen. Die Wahrheit ist, daß ich nicht länger male. In Beirut hatte ich die Artikel und Geschichten, die ich für die Zeitungen der Organisationen schrieb, nicht mehr mit Bildern illustriert. Die Männer an der Spitze fragten sich, »Hat er wirklich beim Mossad nur als Graphiker gearbeitet? Vielleicht war er viel wichtiger, als wir angenommen haben, und sie haben ihn hierhergeschickt, als sei er verbrannt, um uns in eine Falle zu locken?« Sie hatten mich im Verdacht, ein Betrüger zu sein, und sie hatten recht. Ich hatte alle betrogen, ich hatte von allen etwas gestohlen – Liebe, Freundschaft, Geld, Kriegsandenken, nur mich selbst habe ich nie getäuscht. Dinah war es gelungen, sich zwischen mich und mich selbst zu stellen; sie konnte ich niemals täuschen. Was Franz und Asuri betraf, sie waren die letzten Naiven dieses

Jahrhunderts, die letzten Aristokraten. Sie glaubten wirklich, sie könnten mit Liebe Brücken bauen. Sie erkannten nicht, wie weit die Kluft war, die sich zwischen ihnen auftat; sie hatten es auch 1917 nicht erkannt, als sie sich im Garten von Abu-al-Misk Kafur begegneten. Sie wußten es auch nicht, als der Krieg vorüber war.

Die Organisationen versuchten, mich zu fangen. Nachdem ich aus Beirut geflüchtet war, fanden sie heraus, daß ich beim Mossad eine ganz andere Aufgabe erfüllt hatte, als sie vermutet hatten, und daß ich den Regen ins Kassit gebracht hatte. Auch heute noch kann ich, wenn ich die Augen schließe, Dinge voraussehen, die sich morgen oder übermorgen ereignen werden. Ich tue das kaum noch. Gutes habe ich nicht zu erwarten, und von dem Schlechten will ich im voraus nichts wissen. Ich bemühe mich, das Bild von Franz bei unserer letzten Zusammenkunft festzuhalten. Er war zutiefst erstaunt über die unausweichliche Logik der Tragödie seines Lebens. Das Leben erschien ihm wie ein verzweigtes, schreckenerregendes Labyrinth, aus dem er sich nur retten konnte, indem er alles opferte, was ihm teuer war. Alles, was ihm noch blieb, war die Erinnerung an Asuri aus alten Zeiten und ein Enkelsohn, der im Begriff war, ihn für immer zu verlassen. »Künstler spielen verbotene Spiele mit der Gewalt«, hatte er zu mir gesagt, »du solltest dich der Forschung widmen und wissenschaftliche Abhandlungen schreiben über die Situation der Juden, der Israelis, der Araber, über alles, was hier geschehen ist. Warum wird dieses Land dauernd von Kriegen heimgesucht, die auch die größte Liebe nicht verhindern kann? Was ist das für ein Land, in dem man sich noch am Ende des zwanzigsten Jahrhunderts an Menschen orientiert, die seit zweitausend Jahren tot sind?« Wir verließen das Café. Die Straße war voller Menschen. Wir erreichten das alte Haus, umgeben von hohen, stämmigen Bäumen. Wir gingen in das Zimmer von Franz. An den Wänden hingen Bilder von Käthe und Chava. Er machte das Radio an, und wir hörten eine Sinfonie von Haydn. Ich hatte immer verstanden, warum er

Angst vor mir hatte. Er befürchtete, meine Malerei würde ausdrücken, was mit uns geschehen war. Das wäre eine Katastrophe. Diese Geschichte, es war verboten, sie zu erzählen. Sie war gefährlich – für beide Seiten ...

Sollte dieses Buch jemals veröffentlicht werden, wird Franz es nicht mehr lesen können. Er ist vor einem Monat gestorben. Gertrude hatte ihn zwei Jahre für sich allein, zwei Jahre gestohlenen Glücks, aber auch sie, so erzählte mir Asuri am Telefon, habe nicht die Absicht, lange zu überleben. »Der Insektenforscher aus Kiriat Bialik ist dem Netz entkommen«, sagte Asuri lachend, »das heißt, der Wunderknabe hat Gertrudes dicke Tochter verlassen und sich eine Rumänin angelacht, die durch ihn eine Einreisegenehmigung nach Deutschland bekommen wollte.«

»Wir dürfen unsere Teufel nicht in Gemälden und Büchern darstellen«, hatte Franz zu mir gesagt, nachdem wir die Haydn-Sinfonie gehört hatten. »Ich kenne die kranke Seite des Lebens, ich habe Tausende von Lungen operiert. Hüte dich vor der Krankheit, Josef. Ich habe damals dem Generalstabschef gesagt, was ich sagen mußte. Aber ich weiß, wenn wir 1942 einen jüdischen Staat gehabt hätten –« (Er sagte das, als wollte er sich dafür entschuldigen, daß ich hier geboren war) »–, wären zwei Millionen Juden gerettet worden. Roosevelt und Churchill und die anderen Führer und Bürger der Welt wollten sie nicht haben. Sie mußten sterben, obgleich sie hätten am Leben bleiben können. Und jetzt hat man aus dem jüdischen Staat eine Art Gefängnis gemacht. Millionen Juden, die umgekommen sind, hätte man hier nicht begraben können, weil ihr Blut für die neuen Rabbiner nicht rein genug war. Auch dein Blut ist ihnen nicht rein genug, Josef. Man wird dich auf der anderen Seite der Mauer begraben, obwohl deine Mutter eine Jüdin war, meine Tochter Chava, die lieblichste Tochter, die ein Mann haben konnte.« Franz wurde im Alter immer sentimentaler. Ich küßte ihn und ließ ihn bei der Suppe sitzen, die Gertrude ihm hingestellt hatte. Die ewige Schönheit der Musik rettete ihn. »Solange wir noch Haydn haben, ist nicht alles verloren«, sagte er zu mir. Jetzt schwimmen keine toten Fliegen mehr in seiner Suppe. Der riesige Zypressenbaum ist schon so hoch gewachsen, daß er den Balkon berührt. Franz ist nicht mehr da, um ihn zu sehen, oder das Meer durch seine Zweige. Aber er sah noch, wie sein Enkel die Flucht ergriff, in seiner Ehre verletzt. »Asuri hat mir den Judenstern an die Jacke genäht«, sagte Franz, und Gertrude sagte, »Iß nur, Franz.« Und Franz sagte, »Erinnert ihr euch, wie das Büro des Generalstabschefs eingerichtet war? Geschmacklos. Alles voll mit Kitsch. Diese schrecklichen Fotos von Panzern und Flugzeugen in Pastellfarben. Blümchenalben über die Kriege in den Regalen. Und die Sekretärin mit dem zerknitterten Rock, die dauernd Kaugummi kaute. Kein Sinn für Ästhetik, die könnten noch so manches von Asuri lernen.«

24

Der Abschied von Asuri fiel mir sehr schwer. Er hatte Angst um mich, und ich sagte, »Warum wollte Käthe, daß wir ihre Asche in Akko ausstreuen, wo sie doch dieses Land so haßte?« Und er sagte, »Josef, die Antwort darauf weißt du doch oder du glaubst wenigstens, sie zu wissen. Atme tief durch und vergiß es. Und paß gut auf dich auf. Josef.«

Jetzt bin ich in Paris. Eine große schöne Stadt, in der ich ein Fremder bin. Hin und wieder fahre ich in die Schweiz, nach Italien oder nach Belgien. Ich telefoniere mit den Menschen, die ich liebe. Stundenlang stehe ich in Telefonzellen, die Taschen voller Münzen. Ich spreche mit Asuri und mit Gertrude. Sie erzählt mir von Franz' Beerdigung, von der Gedenkfeier beim Ärzteverband. Der Sohn von Mosche, dessen Vater auch gestorben ist, hat über ihn in der Zeitung geschrieben. »So ein schöner Artikel«, sagte Gertrude mit erstaunlicher Herzlichkeit, als ob sie mich nach Franz' Tod näher bei sich haben wollte. Ich spreche auch mit Dinah, die jetzt allein lebt. Rami war nach Europa gefahren, um mich zu suchen, aber unverrichteter Dinge wieder zurückgekommen. Dinah erzählte mir das. Ich weiß, daß Bunim meinen Aufenthaltsort kennt. Ich denke über mein merkwürdiges Verhältnis zu Bunim nach. Es ging so tief, daß dieser müde alte Krieger seine Verachtung für mich überwunden hat. Bunim war kein Liberaler wie Nachie, der an Demonstrationen teilnahm, für die Koexistenz zwischen Juden und Arabern kämpfte, und mich dann im Zorn aus dem Haus warf. Bunim überlegt sich jeden Schritt, den er tut, und heute weiß ich, daß er mich nie gänzlich *verbrannt* hat. Er hat gewollt, daß ich wiederkomme. Und wenn ich je zurückkehre, wird er mir vielleicht sogar helfen. Aber ich gehe nicht wieder zurück; ich bin nicht bereit, den Preis dafür zu zahlen. Tief im Herzen bin ich davon überzeugt, daß es kein Verbrechen war, als ich nach Beirut fuhr. Oder was ich sonst getan habe. Aber das Gesetz kümmert sich nicht um Gerechtigkeit oder Ungerechtigkeit. Der Kampf geht weiter, und ein Ende ist nicht in Sicht. Asuri und Franz werden sich noch viele Jahre gegenseitig umbringen. Dinah und Laila werden mit blanken Bajonetten aufeinander losgehen.

Dinah ist auf dem Weg zu mir. Das ist die Begegnung, von der ich sprach. Die Begegnung, die ich sehnsüchtig erwarte. Dinah war nach Europa gekommen, hatte mich überall gesucht und schließlich meine Spur gefunden. Sie setzte sich mit mir in Verbindung. Ich sagte ihr, sie solle in Genf auf mich warten. Jetzt sitzt sie in einem Hotel in Genf und wartet darauf, daß ich komme oder ihr sage, sie soll zu mir kommen. Sie will mich sehen, sie will wieder von vorne anfangen. Ich fragte sie am Telefon, » Was willst du von mir, Dinah?« und sie sagte, »Die Liebe, die du in mir zurückgelassen hast.« Ich sagte, »Ich bin ein dreckiger Araber«, und sie sagte, »Und ich bin eine verdammte Jüdin.« Ich sagte, »Nur ein toter Araber ist ein guter Araber.« – »Ich brauche dich«, sagte sie. »Ich brauche deinen Giftstachel, Josef. Meine Gedichte, die ich in mir habe, sind tot. Laila hat mich besucht, und wir haben um dich geweint. Ich lag neben ihr im Bett. Ihre Haut ist so weich und zart. Wir wollten uns gegenseitig streicheln – ohne Leidenschaft, nur wie zwei Menschen, die vom Kampf erschöpft sind. Die ganze Nacht streichelten wir einander, und du lagst zwischen uns, Josef. Du gehörtest zu mir und zu ihr und zu Asuri und Franz und Chava. Laila sagte zu mir, ›Du riechst gut für eine Jüdin, du bist für Josef bestimmt und er für dich. Ich bin sein Zuhause, aber er will in einem Hotel wohnen. Du bist das Hotel.‹«

Ich hatte schreckliche Sehnsucht nach ihnen, besonders nach Dinah. Meine geliebte Dinah, meine launische Geliebte. Jetzt sitze ich hier, die Hand auf dem Telefonhörer. Mein Bekenntnis ist geschrieben. Bunim wartet auf mich und hätte gerne gewußt, was ich über ihn sagen werde. Auch Laila erwartet mich. Wenn ich zurückkomme, werden sie alle so tun, als würden sie mich kennen. Dinah sitzt in ihrem Hotel, und die Teufel klettern ihr auf den Balkon. Ich sehne mich nach ihr und ihren traurigen Augen. Ich bin schon zweiunddreißig Jahre alt. Dinah ist dreißig. »Wir sind keine Kinder mehr«, sagte ich zu ihr am Telefon. Soll ich sie anrufen? Soll ich nach Genf fliegen, und sie morgen früh überraschen? Und Bunim? Wartet er wirklich auf mich? Werde ich zurückgehen? Bin ich ihnen wirklich so wichtig?

Ich bin lediglich ein historischer Irrtum, eine Mißgeburt, auf Selbstzerstörung programmiert, nicht einmal eine Kugel wert. Ich bin von Geburt an gespalten, und gespalten werde ich sterben. Chava, meine Mutter von Asuris Seite, und Asuri, mein Vater von Chavas Seite, hatten versucht, eine Brücke zu errichten. Übriggeblieben ist die seelische Narbe bei Franz. Sie stammt von den fanatischen Studenten in Berlin, die ihn verhöhnten, während der Dekan hilflos dabeistand und gezwungen war, Franz zu entlassen.